D1668971

rororo studium

Herausgegeben von Ernesto Grassi
Universität München

rororo studium ist eine systematisch konzipierte wissenschaftliche Arbeitsbibliothek, die nach Inhalt und Aufbau die Vermittlung von theoretischer Grundlegung und Handlungsbezug des Wissens im Rahmen interdisziplinärer Koordination anstrebt. Die Reihe orientiert sich an den didaktischen Ansprüchen, der Sachlogik und dem kritischen Selbstverständnis der einzelnen Wissenschaften. Die innere Gliederung der Studienkomplexe in EINFÜHRENDE GRUNDRISSE, SCHWERPUNKTANALYSEN *und* PRAXISBEZOGENE EINZELDARSTELLUNGEN *geht nicht vom überlieferten Fächerkanon aus, sondern zielt auf eine problemorientierte Zusammenfassung der Grundlagen und Ergebnisse derjenigen Wissenschaften, die wegen ihrer gesellschaftlichen Bedeutung didaktischen Vorrang haben. Kooperation und thematische Abstimmung der mitarbeitenden Wissenschaftler gewährleisten die Verknüpfung zwischen den einzelnen Bänden und den verschiedenen Studienkomplexen.*

E. G.

Sozialwissenschaft

Ralf Lisch / Jürgen Kriz

Grundlagen und Modelle der Inhaltsanalyse

Bestandsaufnahme und Kritik

Rowohlt

Herausgeberassistent: Eginhard Hora (München)
Redaktion: Ulrich Martsch

Veröffentlicht im Rowohlt Taschenbuch Verlag GmbH,
Reinbek bei Hamburg, März 1978
Copyright © 1978 by Rowohlt Taschenbuch Verlag GmbH,
Reinbek bei Hamburg
Alle Rechte vorbehalten
Umschlagentwurf Werner Rebhuhn
Satz Aldus (Linotron 505 C)
Gesamtherstellung Clausen & Bosse, Leck/Schleswig
Printed in Germany
1380-ISBN 3 499 21117 3

Inhalt

Vorwort

Der vorliegende Band soll eine wesentliche Lücke in der sozialwissenschaftlichen Literatur schließen. Bisher gab es nämlich keinen deutschsprachigen Titel, der sich in ausführlicher Weise mit Inhaltsanalyse befaßt. Im englischsprachigen Bereich existieren zwar einige – allerdings mittlerweile schon recht alte – Darstellungen der Inhaltsanalyse, aber es mangelt auch dort an einer kritischen Auseinandersetzung mit den unterschiedlichsten Ansätzen. In der Reihe rororo studium soll mit diesem Buch der Bereich der «Methoden»-Bände weiter vervollständigt werden, zumal bereits in drei Titeln die Inhaltsanalyse angesprochen wurde (Friedrichs 1973, Kriz 1975, Büschges/Lütke-Bornefeld 1977), ohne jedoch über sehr kurz gefaßte und auf wenige Aspekte beschränkte Darstellungen hinauszugelangen.

Mit diesem Buch wenden wir uns an Studenten und empirisch arbeitende Fachkollegen aller sozialwissenschaftlichen Disziplinen. Dabei verfolgen wir mehrere Ziele: Zunächst einmal soll der Text eine Einführung in die Problemstellung der Inhaltsanalyse mitsamt ihren theoretischen und methodischen Implikationen geben. Darüber hinaus soll der empirisch forschende Sozialwissenschaftler in die Lage versetzt werden, eigene inhaltsanalytische Untersuchungen durchführen zu können. Schließlich geht es darum – und diesem Aspekt messen wir besonderes Gewicht bei –, aufbauend auf einer Kritik des bisherigen Verständnisses von Inhaltsanalyse und ihrer verschiedenen Ansätze auf eine Neuorientierung hinzuwirken, die unseres Erachtens Voraussetzung für eine adäquate weitere Arbeit an und mit dem Modell der Inhaltsanalyse ist.

Fuldabrück/Kassel,   Ralf Lisch
Lotte/Osnabrück,   Jürgen Kriz
im August 1977

1. Einleitung

Üblicherweise wird der Inhaltsanalyse in der empirischen Sozialforschung eher eine Randstellung zugewiesen: In den meisten Lehrbüchern über empirische Forschungs«methoden» findet man die Inhaltsanalyse nach differenzierten Darstellungen über unterschiedliche Aspekte und Anwendungen von Befragung, Beobachtung, Experiment usw. nur kurz mit einigen eher programmatischen Ausführungen und dem Abstract von zwei oder drei der wichtigsten Ansätze umrissen. So beschränkt sich z. B. Friedrich (1970) in seinem Lehrbuch zur marxistisch-leninistischen Sozialforschung auf einen Hinweis in einer Fußnote; die beiden von König (1972a, 1972b) herausgegebenen Bände «Praktische Sozialforschung» behandeln zwar Interview, Beobachtung und Experiment, ignorieren jedoch die Inhaltsanalyse; und dort, wo Autoren einmal etwas ausführlicher werden, beschränken sie sich im wesentlichen auf die Massenkommunikation als Gegenstandsbereich der Inhaltsanalyse und konzentrieren ihre Beispiele auf Zeitungsartikel, Plakate, Filme, Schlager, Bücher o. ä. Während es zur Befragung, Beobachtung, Soziometrie und zum Experiment jeweils umfassende Gesamtdarstellungen gibt, die häufig auch kritisch Stellung nehmen, befindet sich die Inhaltsanalyse – von wenigen Ausnahmen abgesehen – immer noch auf dem Stand der Arbeiten von Berelson (1952), der erstmals eine systematische Aufarbeitung des methodischen Stands der Analyse von Texten bot, sowie von Pool (1959), der mit der Darstellung verschiedener inhaltsanalytischer Modelle den damaligen methodischen Entwicklungsstand verdeutlicht – eine hinreichend umfassende (und gar kritische) Darstellung vorhandener Modelle und Ansätze gibt es im deutschen Sprachraum nicht. Inhaltsanalyse wird somit offenbar weitgehend als relativ spezieller Forschungsansatz für einen recht begrenzten Aufgabenbereich (vorzugsweise Probleme der Massenkommunikation) gesehen.

Demgegenüber wird in diesem Band dezidiert die Auffassung vertreten, daß Inhaltsanalyse *das* zentrale Modell zur Erfassung (bzw. Konstituierung) sozialwissenschaftlicher Realität ist. Wie insbesondere in Kapitel 3 noch gezeigt wird, stellen sich nämlich die Probleme, den Inhalt von sozialen Handlungssituationen zu bestimmen und zu analysieren, grundsätzlich in jedem empirisch-sozialwissenschaftlichen Forschungsansatz. Da bei Befragung, Beobachtung usw. aber das Problem, was die mittels solcher «Techniken» erhobene soziale Interaktion («Daten») überhaupt zu bedeuten hat, weitgehend in technisierte Handlungsanweisungen verdrängt wird (nämlich in Operationalisierungen, welche hinsichtlich ihres theoretischen Stellenwertes kaum je diskutiert werden), entsteht nur zu oft (fälschlicherweise) der Eindruck, diese Modelle würden «objektivere» oder gar «exaktere» Ergebnisse liefern als die vergleichsweise «vage» Inhaltsanalyse. Tatsächlich werden bei der Inhaltsanalyse aber eine Reihe von Fragen *explizit* aufgeworfen, die bei anderen Ansätzen *implizit* – und damit in der Regel unreflektiert – ebenfalls entschieden werden müssen.

Die Beschäftigung mit Inhaltsanalyse ist daher nicht nur eine Auseinandersetzung mit einem speziellen Erhebungsmodell, sondern ist zugleich methodologische Grundlagendiskussion für andere Datenerhebungsmodelle – Probleme der Inhaltsanalyse sind somit Probleme der empirischen Sozialforschung schlechthin.

Diese – zunächst vorläufigen – Ausführungen zum Stellenwert der Inhaltsanalyse sollten auch denjenigen Leser, der sich erstmals über Inhaltsanalyse informieren will, besser in diesen Band einführen, als es eine Definition des Begriffs «Inhaltsanalyse» leisten könnte. Zudem ist der Begriff «Inhaltsanalyse» als Übersetzung des englischen «Content Analysis» mehrfach als zu wenig zutreffend kritisiert worden, da es um mehr gehe als um die Analyse von Inhalten. Dem entgegengesetzt wurde vor allem der Terminus «Aussagenanalyse» (z. B. Bessler 1972). Aber auch er trifft nicht das, worum es in dem Spektrum der unterschiedlichen Forschungsansätze geht, wie in den folgenden Kapiteln noch gezeigt wird. Ebenso weckt der von Atteslander (1975) verwendete Begriff «Dokumentenanalyse» sicherlich zunächst Assoziationen, daß nur Geschriebenes analysiert wird. Atteslander faßt den Begriff «Dokument» zwar sehr viel weiter: «Dokumente sind für ihn [den Sozialforscher] sämtliche gegenständlichen Zeugnisse, die als Quelle zur Erklärung menschlichen Verhaltens dienen können» (S. 62), auch unternimmt er einen Klassifikationsversuch vorhandener Dokumente, doch nachdem der Begriff «Inhaltsanalyse» der am meisten in der deutschsprachigen Literatur verwendete ist, gab es keinen hinreichenden Grund, hier von dieser Bezeichnung abzuweichen.

Wenn Inhaltsanalyse auch allgemein jede fixierte Art menschlicher Interaktion zum Gegenstand hat, so wird in diesem Band dennoch der Schwerpunkt auf die Analyse verbaler Kommunikation gelegt. Die Bedeutung nonverbaler Kommunikation soll damit keineswegs gemindert werden – gerade Film, Fernsehen, Plakat usw. spielen eine ganz erhebliche Rolle für unser tägliches Leben –, jedoch sind Probleme ihrer wissenschaftlichen Analyse noch weitaus komplizierter als die Untersuchung sprachlichen Materials (eine neuere Auseinandersetzung mit nonverbaler Kommunikation und Hinweise auf weitere Literatur dazu bietet Scherer 1974). Eine weitere Einschränkung des Gegenstandsbereichs «Inhaltsanalyse» erfolgt im Rahmen dieses Bandes dadurch, daß Darstellung und Beispiele auf sozialwissenschaftliche Aspekte im engeren Sinne zentriert sind: Insbesondere die recht umfangreiche Literatur über linguistische und psychotherapeutische Forschungen mit Hilfe der Inhaltsanalyse konnte nur ganz am Rande berührt werden.

Der vorliegende Text kann in zwei Teile gegliedert werden. Zunächst werden im ersten Teil (zweites bis siebtes Kapitel) allgemeine methodologische und methodische Probleme der Inhaltsanalyse behandelt. Darauf aufbauend werden dann im zweiten Teil (achtes bis elftes Kapitel) die verschiedenen inhaltsanalytischen Modelle mit ihren Anwendungsregeln vorgestellt und kritisch diskutiert.

Der erste Teil beginnt mit einem Kapitel zur Geschichte der Inhaltsanalyse. Dabei wird nach zwei Prinzipien verfahren; zum einen wird die Entwicklung in ihrem chronologischen Ablauf betrachtet, zum anderen erfolgt eine Orientierung an Inhalten, um so die wesentlichsten Themenschwerpunkte inhaltsanalytischer Untersuchungen zu erfassen. Zusätzlich wird auf die wichtigsten Quellen bei der Arbeit an und mit Inhaltsanalysen verwiesen. Das dritte Kapitel befaßt sich mit den methodologischen Grundlagen der Inhaltsanalyse. Dazu gehören Überlegungen zum Stellenwert der Inhaltsanalyse innerhalb der empirischen Sozialforschung, eine Kritik verschiedener üblicherweise mit Inhaltsanalyse verbundener theoretischer Überlegungen und, ausgehend von dieser Kritik, eine Betrachtung der Inhaltsanalyse als Rekonstruktion sozialer Realität mitsamt den daraus resultierenden Implikationen. Abschließend wird im dritten Kapitel der Ablauf einer inhaltsanalytischen Untersuchung dargestellt.

Im weiteren werden einige spezielle Probleme der Inhaltsanalyse ausführlicher betrachtet. Dazu gehört zunächst die Stichprobenauswahl, auf die das vierte Kapitel eingeht. Darin werden die speziellen Auswahlprobleme bei inhaltsanalytischen Untersuchungen diskutiert, da in Lehrbüchern auf Stichproben üblicherweise nur in Verbindung mit Befragungen eingegangen wird. Zusätzlich werden die wichtigsten Stichprobenmodelle vorgestellt und Fragen des Stichprobenumfangs diskutiert. Das fünfte Kapitel geht auf Fragen der Kategorienbildung ein, da dieser Schritt einer inhaltsanalytischen Untersuchung im allgemeinen mit besonderen Schwierigkeiten verbunden ist. Es werden zunächst die prinzipiell an Kategoriensysteme zu richtenden Forderungen angeführt, wozu dann im weiteren verschiedene Kategoriensysteme vorgestellt werden. Außerdem werden die Möglichkeit standardisierter Kategoriensysteme und Fragen der Aufzeichnung und Darbietung von Kategorien behandelt. Da sich auf jeder Stufe einer Untersuchung Reliabilitäts- und Validitätsprobleme stellen, ist diesen beiden Kriterien einer empirischen Untersuchung ebenfalls ein Kapitel gewidmet. In diesem sechsten Kapitel werden die üblicherweise mit Reliabilität und Validität verbundenen Konzepte kritisch betrachtet und weiterführende Überlegungen angestellt. Das letzte, siebte Kapitel des ersten Teils befaßt sich mit Problemen des EDV-Einsatzes in der Inhaltsanalyse. Dazu werden bestehende Ansätze vorgestellt und ihre besonderen Schwierigkeiten sowie Perspektiven für weitere Möglichkeiten des EDV-Einsatzes aufgezeigt.

Der zweite Teil des Buches beginnt mit einem Kapitel über Modelle, die der Ermittlung der Richtung und Intensität von Einstellungsäußerungen in Texten dienen sollen. Dazu gehören einfache Häufigkeitsauszählungen, die sowohl als eigenständiger Ansatz als auch als Vorstufe anderer Modelle

Verwendung finden, die Symbolanalyse, der Coefficient of Imbalance, die Wertanalyse und die Bewertungsanalyse. Das darauf folgende neunte Kapitel befaßt sich mit Trenduntersuchungen, die sich im Rahmen von Inhaltsanalysen einfacher als etwa bei Interviews, Beobachtungen usw. durchführen lassen. Zu den vorgestellten Modellen gehören die Funktionale Distanzanalyse, die speziell für inhaltsanalytische Zwecke entwickelt wurde, und der Cochran-Q-Test, Friedman-Test und Rangkorrelationen als Beispiele für die Anwendung allgemeiner statistischer Modelle bei Inhaltsanalysen. Ein weiterer wichtiger Bereich inhaltsanalytischer Untersuchungen befaßt sich mit Assoziationsstrukturen, wozu im zehnten Kapitel die Kontingenz- und die Bedeutungsfeldanalyse vorgestellt werden. Im elften Kapitel wird schließlich die Lesbarkeitsforschung mit drei unterschiedlichen Ansätzen, dem Flesch- und dem Dale-Chall-Modell sowie der Cloze Procedure, behandelt.

Ralf Lisch

2. Geschichte der Inhaltsanalyse

Eine Betrachtung der Entwicklung der Inhaltsanalyse kann prinzipiell auf zwei verschiedene Arten erfolgen; man kann sich einerseits an der Zeit orientieren und die Entwicklung von den Anfängen bis heute in ihrem chronologischen Ablauf verfolgen, andererseits kann man sich an Inhalten orientieren und zudem prüfen, ob es Zeitabschnitte gibt, zu denen bestimmte Inhalte, Darbietungsformen o. ä. verstärkt untersucht wurden. Hier sollen beide Möglichkeiten angewandt werden, wobei im ersten Fall der Schwerpunkt stärker auf der methodischen und methodologischen Entwicklung liegt, während im zweiten Fall naturgemäß mehr auf bisher durchgeführte inhaltsanalytische Untersuchungen eingegangen wird. Überschneidungen werden sich bei dieser Kombination nicht ganz vermeiden lassen, und auch eine Abgrenzung zu mehreren der noch folgenden Kapitel ist teilweise schwierig, jedoch erscheint dieser Ansatz eines zusammenhängenden Überblicks über die Geschichte der Inhaltsanalyse angemessener als ihre Verteilung über die gesamte Arbeit.

2.1. Quellen

Wie das Literaturverzeichnis zeigt, konzentrieren sich die Arbeiten zur Inhaltsanalyse auf relativ wenige Quellen. Den größten Teil aller wichtigen Aufsätze enthält das «Journalism Quarterly», in dem Jahr für Jahr zwanzig und mehr relevante Artikel, eine Reihe kurzer Hinweise und eine laufende Bibliographie veröffentlicht werden. Zu fast dem gesamten Spektrum möglicher Untersuchungsgegenstände sind Arbeiten zu finden, ebenso kann man im «Journalism Quarterly» die wesentliche methodische und methodologische Entwicklung verfolgen. So erschienen dort – um nur einige Beispiele zu nennen – die Arbeit von Bush «A System of Categories for General News Content» (1960), «Content Patterns of Small and Metropolitan Dailies» von Stempel (1962) und auch «The Politically Significant Content of the Press: Coding Procedures» von Lasswell u. a. (1942).

Eine weitere Zeitschrift, die sich stark der Inhaltsanalyse gewidmet hat, ist das «Public Opinion Quarterly». Im zahlenmäßigen Vergleich mit dem «Journalism Quarterly» erscheinen im POQ zwar nur wenige Arbeiten, andererseits sind darunter aber so bekannt gewordene Aufsätze wie z. B. «Majority and Minority Americans: An Analysis of Magazine Fictions» von Berelson und Salter (1946), «The Content Characteristics of Best-Selling

Novels» von Harvey (1953) und «The Challenge of Qualitative Content Analysis» von Kracauer (1952). Allerdings ist im POQ kein durchgängiges oder sogar steigendes Interesse für die Inhaltsanalyse zu beobachten, wie etwa im «Journalism Quarterly», vielmehr kann man eine Verlagerung auf allgemeinere Aspekte der öffentlichen Meinung feststellen, was Schramm schon früher anmerkte (1957, 93) und was sich bis heute fortgesetzt zu haben scheint.

Neben diesen beiden wichtigsten Quellen inhaltsanalytischer Arbeiten gibt es noch einige weitere Zeitschriften, in denen immer wieder einmal relevante Aufsätze zu finden sind. Dazu gehören im wesentlichen das «Journal of Communication», das «Journal of Broadcasting», die beiden in Deutschland erscheinenden Zeitschriften «Publizistik» und «Rundfunk und Fernsehen», das «Audio Visual Communication Review» sowie «The American Journal of Sociology» und «The American Sociological Review». Den Titeln entsprechend, lassen sich zwischen diesen Zeitschriften leichte Unterschiede in den Forschungsgebieten, denen die jeweiligen Aufsätze entstammen, ausmachen.

Neben den Zeitschriften, die sich mit Inhaltsanalysen befassen, sind Bibliographien eine wichtige Quelle bei der Suche nach relevanter Literatur. Aus deutschsprachigen Publikationen sollen hier zwei wichtige Bibliographien angeführt werden. Die eine ist im «Handbuch der empirischen Sozialforschung» (König 1974 c) im Anschluß an den Artikel von Silbermann zur «Systematischen Inhaltsanalyse» enthalten, wobei es sich wohl um die im Augenblick aktuellste Bibliographie handelt, denn durch die Neuauflage als Taschenbuch konnte die ursprünglich von 1962 stammende Sammlung aktualisiert werden und reicht nun bis 1973. Eine noch umfangreichere (sie umfaßt 1423 Titel), allerdings nur bis 1967 reichende Bibliographie stammt von Wersig (1968). Sie hat leider den großen Nachteil, daß darin zahlreiche Fehler und teilweise unvollständige Nachweise enthalten sind und zudem für Zeitschriftentitel oftmals dermaßen verstümmelte Abkürzungen verwendet werden, daß deren Beschaffung in der Praxis kaum noch möglich ist.

In der englischsprachigen Literatur findet man eine Reihe weiterer Literatursammlungen. Den seltenen Fall einer kommentierten Bibliographie, die zudem auch zahlreiche Dissertationen mitsamt dem Hinweis, wo sie zu erhalten sind, aufführt, bieten Budd und Thorp in ihrer Einführung in die Inhaltsanalyse (1963). Ebenfalls kommentiert ist die sehr umfangreiche Bibliographie (309 Titel) in Budd, Thorp, Donohew (1967).

Titel zur Inhaltsanalyse bis einschließlich 1950 enthält die Bibliographie bei Berelson (1952). Bis 1966 reicht die Sammlung bei Holsti (1968). Ebenfalls recht umfangreich ist die Bibliographie in dem von den Teilnehmern der Annenberg School Conference herausgegebenen Buch «The Analysis of Communication Content» (Gerbner u. a. 1969), auf das später noch ausführlicher eingegangen wird.

Die wohl umfangreichste Sammlung von Literatur zur Inhaltsanalyse bietet mit weit über 1700 Titeln Barcus (1959), der sich zudem nicht auf das Sammeln beschränkt, sondern die Literatur in der Form einer «Content Analysis of Content Analysis» (Untertitel) vor allem im Hinblick auf Trends in der Forschung von 1900 bis 1958 untersucht. Speziell darauf wird im folgenden noch Bezug genommen.

2.2. Methodische Entwicklung

Je nachdem, was man unter «Inhaltsanalyse» subsumiert, wird man zu unterschiedlichen Anfängen ihrer geschichtlichen Entwicklung kommen. Silbermann (1974) nennt Sigmund Freuds Buch «Die Traumdeutung», das 1900 erschien, als wichtigen Anfangspunkt (Silbermann 1974, 253). Koszyk, der die Aufgabe der Inhaltsanalyse im wesentlichen auf die Analyse der Absichten des Kommunikators beschränkt, bezeichnet Karl Kraus mit seinem 1933 erschienenen Buch «Die dritte Walpurgisnacht», das die national-sozialistische Publizistik untersucht, als Vater der Inhaltsanalyse. Gleichzeitig spricht er allerdings den Amerikanern das Verdienst ihrer theoretischen Formulierung zu (Koszyk 1962, 142). Wiederum einen anderen Beginn nennt Schramm. Er geht aus von Lasswells Untersuchungen der Propaganda im 1. Weltkrieg (Lasswell 1927) als wesentlichem Beginn der Inhaltsanalyse und nennt als eine der ersten bemerkenswerten Inhaltsstudien MacGill Hughes' Untersuchung «News and the Human Interest Story» aus dem Jahre 1940 (Schramm 1957, 105). Besonders weit zurück in der Geschichte geht Dovring in einem Aufsatz über Inhaltsanalysen im 18. Jahrhundert in Schweden (Dovring 1954), wobei hier allerdings der Begriff der Inhaltsanalyse sehr weit gefaßt ist.

Diese wenigen Beispiele machen deutlich, daß es müßig ist, über einen geschichtlichen Beginn «der» Inhaltsanalyse zu diskutieren, zumal bei der Vielzahl wissenschaftlicher Arbeiten kaum ausgeschlossen werden kann, daß irgendeine noch früher erschienene Inhaltsanalyse übersehen wird. Deshalb sollen sich die folgenden Ausführungen im wesentlichen auf die Zeit seit dem Beginn des 20. Jahrhunderts als die für die Entwicklung der Inhaltsanalyse relevante Periode beschränken, wie es z. B. auch Barcus in seiner Analyse von 1719 Veröffentlichungen zur Inhaltsanalyse von 1900 bis 1958 getan hat (Barcus 1959).

Typisch für die Entwicklung der Inhaltsanalyse ist ein steiler Anstieg der Zahl der Publikationen, die sich mit diesem Modell in irgendeiner Form befassen. Dies beweist Tabelle 2.1, die der bereits erwähnten Arbeit von Barcus (1959, 79) entnommen ist (eine entsprechende Entwicklung konstatiert auch Berelson 1952, 22). Darin sieht man, daß neben einer allgemeinen Zunahme sich speziell die Beschäftigung mit theoretischen und methodologischen Problemen verstärkt hat. Leider ist keine Zusammenstellung entsprechender Arbeiten über den doch mittlerweile schon rund zwanzig Jahre

Tabelle 2.1: Entwicklung der inhaltsanalytischen Forschung
von 1900 bis 1958

Periode	Theorie und/ oder Methodologie		Untersuchung der Form usw.		Untersuchung des Inhalts		gesamt	
	abs.	rel.	abs.	rel.	abs.	rel.	abs.	rel.
1900–1919	1	0,4	1	0,8	51	3,8	53	3,1
1920–1929	14	5,8	5	4,3	119	8,8	138	8,0
1930–1939	15	6,1	14	11,9	199	14,7	228	13,3
1940–1949	73	29,9	26	22,0	334	24,5	433	25,2
1950–1958	141	57,8	72	61,0	654	48,2	654	50,4
gesamt	244	100,0	118	100,0	1357	100,0	1719	100,0

zurückliegenden Zeitpunkt der Studie von Barcus hinaus vorhanden. Denn obwohl noch einige wichtige Entwicklungen folgen – auf die weiter unten eingegangen wird –, so ist doch im allgemeinen zu bezweifeln, daß die Inhaltsanalyse in den letzten Jahren weiterhin große Fortschritte gemacht hat, wie es ihrer Bedeutung in den Sozialwissenschaften angemessen wäre. In diesem Sinne stellen Budd und Thorp (1963) fest, daß bei einer Durchsicht der Literatur aus den Bereichen Soziologie und Kommunikation nichts auf eine Weiterentwicklung der traditionellen Ansätze zur Inhaltsanalyse hindeutet. Gleichzeitig betonen sie, daß der Grund dafür sicher nicht darin liegt, daß die Entwicklung abgeschlossen wäre, sondern im Gegenteil die Inhaltsanalyse eine der wichtigsten Forschungsmethoden in den Sozialwissenschaften ist und bleiben wird (Budd, Thorp 1963, 1). In der gleichen Richtung äußert sich auch Kriz, wenn er den Stand der Entwicklung als «nicht gerade erfreulich» bezeichnet (Kriz 1975 a, 167 ff).

Die ersten Arbeiten zur Inhaltsanalyse wurden im Bereich des Journalismus unternommen (später waren es vor allem auch Soziologen, die sich diesem Modell widmeten). Das Zentrum dieser Forschungstätigkeit war die School of Journalism an der Columbia University. Die Untersuchungen befaßten sich vornehmlich mit amerikanischen Zeitungen. Die bekannteste und wohl auch beste Arbeit aus dieser Zeit ist die 1926 erschienene Veröffentlichung «The Country Newspaper» von Willey. Einen guten Überblick über diese Periode der Entwicklung der Inhaltsanalyse bieten Woodward (1930, Kapitel II) und Kingsbury, Hart u. a. (1937, Kapitel X).

Ein anderer Ansatz zur Inhaltsanalyse stammt aus der Zeit um die Jahrhundertwende. Es handelt sich dabei um die Sprachstatistik, d. h. im wesentlichen um die Feststellung der Häufigkeiten des Gebrauchs von Wörtern, der Satzlängen, Wortlängen usw. in Texten. In Deutschland hat sich u. a. Kaeding (1897) mit dem Problem befaßt und ein «Häufigkeitswörterbuch der deutschen Sprache» herausgegeben, im englischsprachigen Raum war es z. B. Sherman (1893), der sich in seinem Buch «Analytics of Literature: A Manual for the Objective Study of English Poetry and Prose» diesem Ansatz widmete. In der Form, wie es die beiden genannten Autoren getan haben, ist die Zählung von Häufigkeiten in Texten wohl kaum noch für uns von Interesse. Innerhalb der Informationstheorie (siehe z. B. Cherry 1956; Shannon, Weaver 1949) sind solche Häufigkeitsverteilungen jedoch wieder von Bedeutung, da sie hier die Grundlage (Daten) zahlreicher Berechnungen bilden.

Eine Untersuchung der Propaganda im 1. Weltkrieg brachte Lasswell zur Inhaltsanalyse, und er blieb für lange Zeit die zentrale Figur dieses Forschungsgebietes. In seiner Arbeit (Lasswell 1927) verglich er die Formen der Darstellung von Themen, die sich in der Propaganda aller kriegführenden Mächte fanden, miteinander, um so auf typische Propagandatechniken schließen zu können. In der Folgezeit erschien von Lasswell noch eine Reihe von Arbeiten zur Inhaltsanalyse, so u. a. «A Provisional Classification of Symbol Data» (Lasswell 1938), worin er sich mit der Beschreibung und dem Vergleich von Symbolen unter besonderer Beachtung des psychoanalytischen Interviews befaßt, und der während seiner Zeit als Direktor der Experimental Division for the Study of War-Time Communications erarbeitete «World Attention Survey» auf der Basis der wichtigsten Zeitungen in der Welt (Lasswell 1941).

Einen Wendepunkt in der Entwicklung der Inhaltsanalyse gab es im 2. Weltkrieg, als sich die Sozialwissenschaften im Dienste der Kriegführung verstärkt mit Nachrichten, Propaganda usw. in anderen Ländern befaßten. Ein wichtiges Ergebnis ist die erste – in weiten Kreisen bekannt gewordene – Arbeit, die sich ausführlich mit theoretischen und methodischen Problemen der Inhaltsanalyse befaßt und auch auf ihre Anwendung auf Daten aus dem Bereich der Politik eingeht. Unter dem Titel «Language of Politics» wurde sie 1949 von Lasswell, Leites u. a. veröffentlicht. Im Mittelpunkt des Buches steht die These, daß politische Macht um so besser verstanden wird, je besser man ihre Sprache versteht, und die Sprache der Politik studiert man am besten mit Hilfe quantitativer Methoden (Lasswell, Leites u. a. 1949, v und 40). Dieser letzte Punkt wird von Lasswell ausführlich erläutert, wobei allerdings deutlich wird, daß es ihm weniger um «quantitative Methoden» im Gegensatz zu «qualitativen» geht, wie es vordergründig den Anschein hat (auf die Unsinnigkeit dieser Dichotomie wird im folgenden Kapitel noch ausführlich eingegangen), vielmehr steckt hinter seiner Forderung das Grundprinzip der intersubjektiven Überprüfbarkeit empirischer Sozialforschung (z. B. Galtung 1973, 27 ff). Das wird deutlich, wenn Lasswell etwa an den beiden umfassendsten Studien zur Kriegspropaganda von Thimme (1932) und Bruntz (1938) – die übrigens sehr ähnlich der von Lasswell (1927) angelegt sind – bemängelt, daß wesentliche methodische Fragen nicht expliziert wurden und der Ablauf der Studien für den Leser nicht nachvollziehbar ist (Lasswell, Leites u. a. 1948, 42 f). Dieses Mißverständnis, die sogenannte «qualitative» Inhaltsanalyse sei gleichbedeutend mit unsystematischer, teilweise sogar spekulativer Forschung, während einzig die «quantitative» Inhaltsanalyse die Kriterien wissenschaftlicher Arbeit erfülle, zieht sich durch einen großen Teil der Literatur hindurch.

Die inhaltsanalytischen Modelle beschränken sich zu dieser Zeit im wesentlichen auf das Auffinden von Inhalten eines Kategorienschemas im zu untersuchenden Text und das Auszählen der Häufigkeiten ihres Auftretens (siehe Kapitel 8.1), wie es auch Lasswell, Leites u. a. (1949, Teil III) anhand mehrerer Untersuchungen demonstrieren. In dem Buch ist auch der Aufsatz zum «Coefficient of Imbalance» von Janis und Fadner noch einmal abgedruckt; zuvor erschien er 1943 in «Psychometrika» und 1942 als Dokument der «Experimental Division for the Study of War-Time Communications». Aber erst durch die neuere Veröffentlichung wurde das darin vorgestellte Modell zur Klassifizierung der Richtung von Inhalten (siehe Kapitel 8.3) weiter bekannt, denn Literaturhinweise beziehen sich meist auf den Neuabdruck.

Das oben angesprochene Mißverständnis einer Unterscheidung von «qualitativer» und «quantitativer» Inhaltsanalyse wird besonders deutlich in dem häufig zitierten Buch «Content Analysis in Communication Research» von Berelson. Sicherlich stellte es bei seinem Erscheinen im Jahre 1952 einen großen Fortschritt in der Entwicklung der Inhaltsanalyse dar, denn es bietet eine Aufarbeitung des gesamten Problembereichs in methodischer und theoretischer Hinsicht, rückblickend muß jedoch festgestellt werden, daß dieses Buch weite Bereiche der Forschung in eine unangemessene Richtung gelenkt hat, indem es eine Definition von Inhaltsanalyse bot, die immer wieder bis in die heutige Zeit nahezu kritiklos aufgegriffen wurde (z. B. Scheuch, Roghmann 1969, 459 ff; Schulz 1971, 54; Schoeck 1971, 163 f). Diese Definition lautete: «Content analysis is a research technique for the objective, systematic, and quantitative description of the manifest content of communications» (Berelson 1952, 18). Ohne dem dritten Kapitel vorgreifen zu wollen, sei hier darauf hingewiesen, daß objektives (soweit dies überhaupt möglich und sinnvoll ist, vgl. Kriz 1975 a, 130) und systematisches (vgl. Budd, Thorp 1963, 3) Vorgehen zwei in der empirischen Sozialforschung weitgehend anerkannte Prämissen sind. Dieser Teil der Definition ist deshalb redundant. Die Forderung, daß die Inhaltsanalyse deskriptiv sein muß, ist durch nichts zu begründen; im Gegenteil: Harder (1974, 226) betont, daß die Sozialwissenschaften an einer rein deskriptiven Textbehandlung nicht interessiert sind. Ebensowenig ist die Forderung nach quantitativer, auf den manifesten Inhalt beschränkter Inhaltsanalyse zu begründen. Wichtig ist, daß das Vorgehen wissenschaftlichen Kriterien genügt, und das ist auch möglich, wenn die Inhaltsanalyse nicht quantitativ, deskriptiv und auf den manifesten Inhalt beschränkt ist. Ausführlicher kritisieren Berelsons Verständnis von Inhaltsanalyse u. a. Kracauer (1952) in seinem Aufsatz «The Challenge of Qualitative Content Analysis», Budd und Thorp (1963) im Kapitel I von «An Introduction to Content Analysis» sowie Barcus (1959, 8f) und neuerdings Ritsert (1972) in seinem Buch «Inhaltsanalyse und Ideologiekritik». Unabhängig von dem leider am häufigsten zitierten Teil der Arbeit von Berelson sind darin aber auch zahlreiche Abschnitte enthalten, zu denen es bis heute keine wesentlichen Weiterentwicklungen gibt und die so immer noch volle Gültigkeit haben.

Ebenfalls im Jahre 1952 rückte ein inhaltsanalytischer Ansatz in den Mittelpunkt des Interesses, der als «Symbol Analysis» bezeichnet wird. Die ersten Überlegungen dazu erschienen schon ein Jahr zuvor von Lerner, Pool und Lasswell unter dem Titel «Comparative Analysis of Political Ideologies: A Preliminary Statement» im «Public Opinion Quarterly». Ausführlich befaßt sich dann eine Veröffentlichung zum RADIR-Projekt (Revolution and the Development of International Relations), «The Comparative Study of Symbols» von Lasswell, Lerner und Pool (1952), mit dem Ansatz. Die Symbol Analysis geht davon aus, daß jede in einem Text häufig auftretende Kategorie eine Einstellungsäußerung symbolisiert (Lasswell, Lerner, Pool 1952, 29). Dazu wird geprüft, ob es sich um positive oder negative Stellungnahmen handelt. Eine Messung der Intensität einer Einstellung ist jedoch kaum möglich. Ausführlich geht Kapitel 8.2 auf die Symbol Analysis ein.

Im Winter 1955 fand an der Universität von Illinois eine vom Committee of Linguistics and Psychology of the Social Science Research Council einberufene Arbeitskonferenz zur Inhaltsanalyse statt. Nach dem Namen des Tagungsortes ist diese Konferenz auch als Allerton House Conference bekannt geworden. Ihre Ergebnisse wurden vier Jahre später in dem von Pool herausgegebenen Buch «Trends in Content Analysis» veröffentlicht. In der Einleitung wird die Einberufung der Konferenz damit begründet, daß seit der grundlegenden Arbeit von Berelson aus dem Jahre 1952 die Tätigkeit der meisten mit Inhaltsanalyse beschäftigten Forscher an einem Punkt angelangt sei, wo einerseits eine Bestandsaufnahme als Grundlage weiterer Arbeit notwendig ist, andererseits die Forschungsergebnisse auch einem größeren Kreis interessierter Sozialwissenschaftler zugänglich gemacht werden sollten (Pool 1959, 1).

Neben Aufsätzen zur Situation und Bedeutung der Inhaltsanalyse in verschiedenen wissenschaftlichen Disziplinen werden in dem Buch von Pool zwei Modelle vorgestellt, die auch in den meisten Überblicksdarstellungen der Inhaltsanalyse Erwähnung finden (z. B. Mayntz, Holm, Hübner 1972, 161ff; Friedrichs 1973, 329f; Bessler 1972, 78ff), nämlich die Bewertungsanalyse («Evaluative Assertion Analysis») und die Kontingenzanalyse («Contingency Analysis»). Die Bewertungsanalyse, die für die Ermittlung der Intensität von Einstellungen in Texten entwickelt wurde, war schon 1956 einmal ausführlicher von Osgood, Saporta und Nunnally in dem Aufsatz «Evaluative Assertion Analysis» vorgestellt worden. Größere Beachtung fand das Modell jedoch erst nach der Veröffentlichung in Pool

(1959) im Kapitel «The Representational Model and Relevant Research Methods». Eine weitere Beschreibung ist zu finden in North u. a. (1963). Dieser Ansatz aus der Richtung der Psycholinguistik geht von einer Einteilung des zu analysierenden Textes in semantische Einheiten aus, die die Äußerungen zu theoretisch relevanten Einstellungsobjekten bilden. Diese werden entsprechend bestimmten operationalen Anweisungen hinsichtlich individueller Einstellungen auf einer Skala bewertet. Wahrscheinlich wegen der umständlichen Handhabung der operationalen Anweisungen ist das Modell nur selten verwendet worden (benutzt haben es z. B. Lynch, Effendi 1964; Weymann 1973 a), andererseits handelt es sich hier trotz einiger Kritik um einen vielversprechenden Ansatz im Vergleich zur Intensitätsmessung über Häufigkeiten des Vorkommens von Wörtern.

Die Kontingenzanalyse dient der Untersuchung von Assoziationsstrukturen der Sender von Kommunikationsinhalten. Neben einer umfassenden Darstellung dieses Modells in dem schon erwähnten Aufsatz in Pool (1959) finden sich die grundsätzlichen Überlegungen in dem 1957 erschienenen Aufsatz von Osgood und Anderson mit dem Titel «Certain Relations Between Experienced Contingencies, Associative Structure, and Contingencies in Encoded Messages». Ähnlich wie bei der Bewertungsanalyse gibt es auch bei diesem Modell nur wenige Anwendungen (z. B. Laffal 1960; Weymann 1973 a). Die Bewertungs- und die Kontingenzanalyse werden in den Kapiteln 8.5 und 10.1 noch ausführlich behandelt.

Ebenfalls in den fünfziger Jahren angesiedelt ist der Schwerpunkt der Readability-Forschung, die davon ausgeht, daß die Lesbarkeit (Verständlichkeit) eines Textes das Interesse und das Verständnis beim Leser oder Hörer beeinflußt. Die Messung der Lesbarkeit wurde zunächst mit Hilfe mehrerer Formeln versucht – die bekanntesten stammen von Flesch (1946, 197; 1948, 228 ff), Lorge (1944) und Dale und Chall (1948 a), einen allgemeinen Überblick geben Klare und Buck (1954) in «Know Your Reader» –, bis im Jahre 1953 Taylor einen neuen Ansatz mit der Bezeichnung «Cloze Procedure» veröffentlichte. Ausführlicher geht Kapitel 11 auf diesen Problembereich ein.

Die technische Entwicklung elektronischer Rechenanlagen, deren zunehmende Verbreitung Ende der fünfziger Jahre und der verstärkte Einsatz der EDV in der empirischen Sozialforschung (vgl. zur Entwicklung der elektronischen Datenverarbeitung Kriz 1975 a, 49 ff) führten zu Überlegungen, wie diese technischen Möglichkeiten auf dem Sektor der Inhaltsanalyse nutzbar gemacht werden können. Innerhalb des Forschungsprozesses (der in den folgenden Kapiteln im einzelnen noch vorgestellt wird) kommen für den Computer aufgrund seiner spezifischen Vorteile gegenüber menschlichen Gehirnen – der außerordentlich hohen Rechengeschwindigkeit und dem Fehlen (typisch menschlicher) Irrtümer – prinzipiell zwei Aufgaben in Betracht: (1) die Identifikation von Kategorien eines Kategorienschemas in einem zu analysierenden Text und (2) die Analyse der mit Hilfe von (1) oder durch manuelle Bearbeitung des Textes von Kodierern gewonnenen Daten mittels adäquater statistischer Modelle (vgl. Kapitel 7). Ein weiterer Anwendungsbereich kann auf dem Gebiet der «künstlichen Intelligenz» gesehen werden, womit die Rolle der EDV nicht allein auf die eines reinen Hilfsmittels beschränkt bliebe. Dieses Forschungsgebiet steckt jedoch bisher noch in den ersten Anfängen und bleibt hier außer acht.

Der erste umfassende Ansatz, Kategorien in Texten mit Hilfe von EDV-Anlagen zu identifizieren, stammt von Stone und seinen Mitarbeitern. Im Jahre 1962 veröffentlichten Stone, Bales, Namenwirth und Ogilvie unter dem Titel «The General Inquirer: A Computer System for Content Analysis and Retrieval Based on the Sentence as a Unit of Information» erste Überlegungen dazu. Vier Jahre später folgte dann die wesentliche Arbeit «The General Inquirer. A Computer Approach to Content Analysis» von Stone, Dunphy, Smith, Ogilvie u. a. (1966), und im Jahre 1967 erschien noch ein «User's Manual for the General Inquirer». Der Name «General Inquirer» war gewählt worden als Komplement zum «General Problem Solver», einem Computerprogramm zur Lösung (relativ) allgemeiner Probleme mittels schrittweiser Substitution eines Problems in eine Reihe von Unterproblemen, deren Lösung einfacher ist (vgl. Kirsch 1970, 169 ff).

Das erwähnte Buch von Stone u. a. (1966) gliedert sich in zwei Teile; der erste befaßt sich mit dem System des General Inquirers im Rahmen bisheriger inhaltsanalytischer Forschung (hierauf geht Kapitel 7 ausführlich ein), und der zweite Teil bringt Anwendungen aus den Bereichen Kleingruppenforschung, Politikwissenschaft, Persönlichkeitsforschung, klinische und Sozialpsychologie, kultureller Vergleich, Image- und Literaturanalyse. Es gibt eine Reihe anderer Studien zum General Inquirer, die sich jedoch im allgemeinen auf reine Anwendungen beschränkten und keine bedeutenderen Neuentwicklungen brachten, so daß sie hier unbeachtet bleiben können.

Zwölf Jahre nach der Allerton House Conference fand im November 1967 erneut eine Konferenz zu Problemen der Inhaltsanalyse statt, die nach dem Tagungsort The Annenberg School of Communications (University of Pennsylvania, Philadelphia) als Annenberg School Conference bekannt wurde. Die zentralen Themen und Aufgaben dieser Zusammenkunft von über 400 Wissenschaftlern aus den unterschiedlichsten Disziplinen waren (1) eine Bestandsaufnahme des theoretischen und methodologischen Standes der Inhaltsanalyse, (2) die Schaffung einer Verbindung zwischen der Theorie und neueren Methoden,[1] (3) eine Weiterentwicklung der Inhaltsanalyse auf der Basis eines Ideenaustauschs zwischen den Teilnehmern unterschiedlicher wissenschaftlicher Herkunft. Die Ergebnisse der Konferenz wurden in einem Sammelband veröffentlicht, der unter dem Titel «The

---

1 Nach der hier vertretenen Auffassung von empirischer Sozialforschung und Statistik ist diese Aufgabenstellung natürlich unverständlich, denn Theorie und Methoden sind eben nicht zu trennen, sondern untrennbar miteinander verbunden.

Analysis of Communication Content» von Gerbner, Holsti, Krippendorff, Paisley und Stone (1969) herausgegeben wurde. Die 29 in dem Buch enthaltenen Aufsätze gliedern sich in vier Bereiche, die sich (1) mit den theoretischen Grundlagen der Inhaltsanalyse, (2) in Fortsetzung der wesentlichen Diskussion der Allerton House Conference mit Problemen der Inferenz von Daten aus Inhalten sowie (3) mit Möglichkeiten der Aufzeichnung und Kennzeichnung von verbalen und nonverbalen Inhalten und (4) mit dem Einsatz der elektronischen Datenverarbeitung in der Inhaltsanalyse befassen. Besonders interessant an diesem Reader ist auch der Anhang, in dem sich Barcus zu Formen und Möglichkeiten der Ausbildung von Studenten im Bereich der Inhaltsanalyse äußert und zu dem Schluß kommt, daß der Entwicklungsstand hier nicht sonderlich hoch ist (Barcus 1969, 553). Das ist sicher eine der Ursachen dafür, daß die gesamte Inhaltsanalyse noch recht dürftig entwickelt ist.

Der Sammelband von Gerbner u. a. (1969) repräsentiert in weiten Bereichen auch heute noch den gültigen Entwicklungsstand der Inhaltsanalyse. Die Arbeiten an einer Fortentwicklung beschränken sich im wesentlichen auf Dissertationen, die meistens die Eigenschaft haben, daß sie schwer zugänglich und so nur einem kleinen Kreis bekannt sind. Augenblicklich sieht es so aus, als müßte man noch einige Zeit warten auf den großen Durchbruch innerhalb der methodischen Entwicklung.

2.3. Inhaltliche Entwicklung

Selbstverständlich sind inhaltliche und methodische Probleme in der empirischen Forschung voneinander abhängig. Innerhalb dieses Kapitels erfolgt eine weitgehend getrennte Darstellung deshalb auch nur aus Gründen der Übersichtlichkeit; die häufigen Überschneidungen beider Bereiche sind somit Ausdruck der Unmöglichkeit ihrer vollständigen Trennung.[2] Nachdem sich der vorige Abschnitt schwerpunktmäßig mit der geschichtlichen Entwicklung der inhaltsanalytischen «Methode» befaßt hat, sollen hier einige Arbeiten in bezug auf die untersuchten Inhalte und Medien vorgestellt werden. Dazu werden zunächst einmal die Medien vorgestellt, die einer Inhaltsanalyse unterzogen wurden.

Zeitungen sind das wohl am häufigsten untersuchte Medium. Von den Anfängen der Inhaltsanalyse bis heute wurden sie unter den verschiedensten Fragestellungen immer wieder analysiert. In der Studie von Barcus (1959, 74) wird festgestellt, daß sich mehr als ein Drittel aller von 1900 bis

---

2 Beim Lesen mancher Publikation empirischer Untersuchungsergebnisse hat man allerdings den Eindruck, es handle sich dabei um Versuche, das oben Gesagte zu widerlegen. Vgl. dazu die z. Z. in Arbeit befindliche allgemeine Kritik empirischer Forschungspraxis von Kriz.

1958 durchgeführten Inhaltsanalysen mit Zeitungen befassen. Durch die wachsende Bedeutung von Radio und Fernsehen, also von zwei Medien, die sich ebenfalls am Tagesgeschehen orientieren, sind die Zahlen zwar relativ zurückgegangen, aber aufgrund der eine Untersuchung erleichternden Darbietungsform und der zur Analyse von Filmen bisher schwach entwickelten Ansätze ist die Zeitung immer noch bevorzugtes Medium, wenn es um aktuelle (besonders politische) Themen geht. Eine Antwort auf die Frage, wie sinnvoll dies angesichts der Gewichte ist, die den verschiedenen Medien im Meinungsbildungsprozeß zukommen, ist damit jedoch nicht gegeben.

Zu den Untersuchungen von Zeitungen gehören z. B. die Studie von Hagemann (1958) zum Wochenrhythmus der westdeutschen Tagespresse, die von Graf Blücher (1959) im Auftrag des Bundesministeriums für Gesamtdeutsche Fragen durchgeführte Inhaltsanalyse der Presse in der DDR, die Teil eines Untersuchungsprogramms zu Lebensbedingungen und Einstellungen der dortigen Bevölkerung war, die in weiten Bereichen bekannt gewordene Untersuchung der journalistischen Vorgehensweise der «Bild»-Zeitung von Küchenhoff u. a. (1972), eine ansatzweise Untersuchung von Bordzeitungen auf Seeschiffen unter dem Aspekt der sozialen Deprivation (Lisch 1976, 79 ff) sowie eine der ältesten Arbeiten, die «A Statistical Study of the Contents of Newspapers» betitelt ist und 1916 von Garth veröffentlicht wurde.

Neben den Tages- und Wochenzeitungen sind auch Zeitschriften ein häufig untersuchtes Medium. Entsprechend der meist anderen Erscheinungsweise und anderen Themenschwerpunkten stehen hier weniger tagesaktuelle Fragestellungen im Vordergrund als vielmehr die Analyse von Werthaltungen. So beispielsweise in der Studie von Ginglinger (1955) über die Wertsysteme in «Reader's Digest», dessen französischer Ausgabe «Sélection» und der französischen Zeitschrift «Constellation», in der Untersuchung der Jugendzeitschriften «Bravo» und «Twen» von Holzer und Kreckel (1967) und in der Arbeit zur Darstellung von Verbrechen in Massenmedien von V. Weymann (1973/74).

Nachdem ab Mitte der zwanziger Jahre das Radio als Medium der Massenkommunikation zunehmend an Bedeutung gewann (in Deutschland begannen regelmäßige Programme 1923), wurden die Sendungen auch zum Gegenstand inhaltsanalytischer Forschung. Die Fragestellungen sind sehr unterschiedlich. Sie reichen von der Analyse der Sendungen bestimmter Kommentatoren (Budlong 1952; Shepard 1956) über die Untersuchung spezifischer Sendeformen, wie z. B. das Hörspiel (Weissenborn 1966) und Nachrichtensendungen (Sussmann 1945), bis hin zu Trendanalysen von Programmen (Albig 1938; Bartlett 1941).

Als dann nach dem 2. Weltkrieg auch das Fernsehen ein tägliches Programm anbot (in der BRD ab 1952), eröffnete sich ein neues Gebiet, zu dessen Untersuchung die Inhaltsanalyse verwendet wurde. Das größte Problem dabei – die Einbeziehung des Bildes in die Untersuchung – war zwar nicht neu, da Filme schon früher untersucht wurden, blieb aber bis heute nur ansatzweise bearbeitet und gelöst (vgl. Auster 1956). Besonders häufig ist in der BRD die «Tagesschau» – und später auch «heute» – Gegenstand von Forschungsarbeiten (Schatz 1971; Böhm u. a. 1972; Abend 1974), genauso interessieren aber auch ganze Fernsehprogramme (Magnus 1966; Ross 1967) und einzelne Programmsparten, wie Fernsehspiele (Lingenberg 1966), Western (Emery 1959) o. ä.

Neben den genannten, im wesentlichen am Tagesgeschehen orientierten Medien wurden auch andere Kommunikationsmittel untersucht, wie Bücher, Filme, Theaterstücke, Dokumente, Werbung, Musik, Reden, Briefe, Comics, Witze usw. Da hier nur Beispiele aus der großen Zahl von Veröffentlichungen gegeben werden können, sollen zu diesen Medien nur einige häufiger zitierte Arbeiten genannt werden. Dazu gehören z. B. die Untersuchung der inhaltlichen Merkmale von Bestsellern bei Büchern (Harvey 1953) und im Bereich des Films eine Analyse des Nazifilms «Hitlerjunge Quex» (Bateson 1953) als Beispiel für einen Propagandafilm des Naziregimes. Mit den Möglichkeiten der Inhaltsanalyse im Zusammenhang mit der Werbung befaßt sich eine Untersuchung der Resonanz auf Anzeigen aufgrund ihres Inhalts (Harder 1965). Untersucht wurden weiterhin auch Trends in Comics (als einem stark mit Stereotypen arbeitenden Medium) der Sonntagsausgaben von drei Bostoner Zeitungen von 1900 bis 1959 (Barcus 1961) und die Comic-Serie «Little Orphan Annie» (Auster 1954; Shannon 1954).

Anstelle einer Gliederung nach den untersuchten Medien ist es auch möglich, sich mehr an den Fragestellungen zu orientieren, wenngleich sich beide teilweise bedingen. Barcus (1959, 75 ff) hat dazu ein Kategorienschema entwickelt, das hier teilweise übernommen wird. Im wesentlichen kann man innerhalb der inhaltsanalytischen Forschung drei Ansätze unterscheiden: einen allgemeinen Kommunikationsansatz, einen soziologisch-anthropologischen und einen politischen Ansatz. Der erstgenannte allgemeine Kommunikationsansatz beinhaltet hauptsächlich Untersuchungen einzelner Medien, Trendanalysen, Vergleiche von Medien, Untersuchungen von Medien in bezug auf bestimmte Kriterien oder Standards und Beschreibungen und Analysen spezifischer Kommunikationsformen. Dieses breite Spektrum ist in weiten Teilen identisch mit der obigen Darstellung der Medien, die inhaltsanalytisch untersucht werden können. Hier sollen deshalb nur noch wenige Arbeiten zusätzlich vorgestellt werden. Dazu gehören so typisch «journalistische» Ansätze wie eine Analyse von «Sensationalismus» in Meldungen (Tannenbaum, Lynch 1960; Kingsbury, Hart u. a. 1933), Untersuchungen zur Verwertung von Nachrichten (Donohew 1967) und Analysen des Anzeigenteils von Zeitungen und Zeitschriften (Aufermann, Wersig 1965). Weiterhin fallen in diese Kategorie Analysen bestimmter Zeitungen, wie z. B. des Parteiorgans der NPD «Deutsche Nachrichten» (Hund 1968), Untersuchungen zur Berichterstattung der Presse zu Kriminalfällen allgemein (Hauge 1962) oder zu konkreten Fällen, wie etwa dem Mordfall Emmett Till (Breed 1958), und Vergleiche von Medien, etwa Fernsehen und Presse (Magnus 1965) oder Fernsehen und Radio (Magnus 1967).

Unter einem soziologisch-anthropologischen Ansatz lassen sich Arbeiten subsumieren, die sich mit dem Image oder Stereotyp, so wie es in den Medien dargeboten wird, von Angehörigen verschiedener Berufe, Rassen oder anderer Gruppen befassen und die sich mit sozialen Werten, kulturellen und sozialen Denksystemen sowie mit Volksgut, kulturellen Werten und Vergleichen beschäftigen. Image und Stereotyp sind häufig mit Hilfe des Interviews zu erforschen versucht worden, aber gerade die Medien der Massenkommunikation sind es, die in starkem Maße zu ihrer Bildung und Verbreitung beitragen. So findet sich eine Reihe von Untersuchungen in diesem Bereich, wie z. B. ein Vergleich der Werbung in «Ebony», einem Magazin, das vornehmlich von Negern gelesen wird, und dem «weißen» Pendant «Life» (Berkman 1963), die Analyse von mehreren Zeitschriften hinsichtlich der bildlichen Darstellung von Negern und Weißen (Shuey 1953), eine Untersuchung des Bildes von Wissenschaftlern in der Science-Fiction-Literatur (Hirsch 1958) usw. Stärker in den Bereich der Anthropologie und Ethnologie reichen Studien, die Zusammenhänge zwischen Liedstrukturen und sozialen Strukturen zu ermitteln versuchen (Lomax 1962) oder die sich der Analyse von Märchen und Sagen widmen (Colby, Collier, Postal 1963; Fisher 1963).

Der in der Literatur besonders stark vertretene politische Ansatz umfaßt hauptsächlich Propaganda-Analysen, Studien zu Wahlen und Arbeiten, die sich mit der ideologischen Ausrichtung von Texten, allgemeinen politischen Meldungen o. ä. befassen. Die Studien, die in diese Kategorie fallen, sind praktisch die einzigen, die sich in bezug auf den Zeitraum ihres schwerpunktmäßigen Erscheinens genauer festlegen lassen. Propaganda-Analysen erschienen hauptsächlich in enger zeitlicher Verbindung mit dem 2. Weltkrieg. Die Arbeiten der drei wichtigsten Vertreter dieses Ansatzes, Lasswell, Leites und Lerner, wurden zwischen 1938 und 1949 veröffentlicht, etwas später erschienen dann noch einige Untersuchungen der stalinistischen Propaganda. Bei der Inhaltsanalyse ist es somit nicht anders als bei zahlreichen anderen wissenschaftlichen Entwicklungen, die ihre größten Fortschritte dem Militär und Kriegen «verdanken». Die zentrale Fragestellung dieser inhaltsanalytischen Untersuchungen ist, warum und wie gelogen wird. Wichtig ist zusätzlich die Wirkung von Propaganda auf die Adressaten, zu deren Untersuchung allerdings oft auch andere Ansätze gewählt werden. Die genannten Fragen behandelt u. a. das schon erwähnte Buch «Language of Politics» (Lasswell, Leites u. a. 1949) in dem Teil «Anwendungen»: Die Kapitel befassen sich mit der Entdeckung von Propaganda, Trends in Slogans und mit der Reaktion der Propaganda auf bestimmte Erscheinungen; der Gegenstand der Arbeiten ist hauptsächlich die sowjetische Propaganda. Mit der Nazipropaganda und ihrer Analyse anhand von Rundfunkprogrammen, woraus dann Prognosen erstellt wurden über die weitere Entwicklung des Krieges, befassen sich Kris u. a. (1944).

Die prognostische Funktion der Inhaltsanalyse wird deutlich im Zusammenhang mit Wahlen, wenngleich viele Untersuchungen erst nach einer Wahl durchgeführt werden, um so die Entwicklung bis zur Wahl in Verbindung mit dem Ergebnis diskutieren zu können. In Bibliographien sind Prognosen selten zu finden, da diese meist nur intern für Parteien oder Verbände erstellt werden und Veröffentlichungen in Fachzeitschriften im allgemeinen so lange auf sich warten lassen, daß eine Prognose schon inaktuell wäre. Bei Inhaltsanalysen zu Wahlen sind unterschiedliche Wege gegangen worden. Hayworth (1930) hat sich mit Wahlreden befaßt, Stempel (1961) ist von der Fläche in Zeitungen ausgegangen, die die verschiedenen Parteien zur Verfügung hatten, Bush (1951) wiederum hat Nachrichten von Wahlkampagnen analysiert, Koszyk (1965) orientierte sich an der Behandlung der Spitzenpolitiker der Parteien in der Presse, Nycander (1958) verglich das Verhalten der Presse in mehreren Wahlen miteinander, und Rukker (1960) untersuchte die Favorisierung von Kandidaten in Nachrichten über die Darstellung der Reaktionen ihrer Zuhörer in Wahlveranstaltungen. Weitere Inhaltsanalysen zu Wahlen hier vorzustellen wäre müßig, da es zu jeder Wahl neue Veröffentlichungen gibt, die sich im wesentlichen nur durch die Namen der Kandidaten und Sieger unterscheiden.

Eine andere Gruppe von Untersuchungen aus dem Bereich der Politik befaßt sich mit besonderen politischen Ereignissen, wie z. B. der Kuba-Krise (Backer 1964; Lewis 1960), mit ideologischen Kontroversen (Simmons 1948), mit Pressekonferenzen (Sanders 1965) oder auch mit der Analyse von politischen Dokumenten (Holsti 1964). Mit dem Studium internationaler Krisen befaßt sich eine Arbeit von North, Holsti, Zaninovich und Zinnes (1963), die zugleich eine gute Zusammenstellung des Entwicklungsstandes der Inhaltsanalyse Anfang der sechziger Jahre bietet. Diese Aufzählung könnte noch einige Zeit fortgesetzt werden, was hier jedoch unterbleibt, da nur verdeutlicht werden soll, wie breit das Feld möglicher Anwendungen der Inhaltsanalyse im Bereich der Politik ist.

Neben den genannten haben sich zahlreiche andere Disziplinen mit inhaltsanalytischen Untersuchungen befaßt. So können z. B. die Geschichtswissenschaft, die Pädagogik und vor allem die Linguistik und die Literaturwissenschaft genannt werden, ohne daß hier einzelne Arbeiten aus den Bereichen vorgestellt werden. Ihre Nennung dient nur der Verdeutlichung der Breite des Anwendungsgebietes der Inhaltsanalyse, und man muß sich darüber im klaren sein, daß eine sinnvolle Weiterentwicklung niemals von einer Forschungsrichtung allein, sondern nur auf der Basis der Zusammenarbeit dieser Disziplinen möglich ist.

Jürgen Kriz

3. Methodologische Grundlagen der Inhaltsanalyse

3.1. Stellenwert der Inhaltsanalyse

Wenn man den Stellenwert der Inhaltsanalyse für die empirische Sozialforschung unter dem Aspekt betrachtet, für welche Aufgabenbereiche das inhaltsanalytische Instrumentarium im wesentlichen hervorgebracht, maßgeblich weiterentwickelt und bisher vorwiegend verwendet wurde, so machte das vorhergehende Kapitel deutlich, daß von den Anfängen bis heute der weitaus größte Anteil inhaltsanalytischer Arbeiten dem Gebiet der Massenkommunikationsforschung zuzuordnen ist. Von dieser Tatsache ausgehend könnte man sich nun vorschnell zu dem Schluß verleiten lassen, Inhaltsanalyse sei somit auf den zwar wichtigen, aber vergleichsweise doch sehr engen Bereich «Massenkommunikation» beschränkt, sei also im Vergleich zu Befragung, Beobachtung oder Experiment ein Forschungsansatz, der sich nur für ganz spezielle Aufgabenbereiche eigne.

Macht man sich aber klar, daß Inhaltsanalyse auch als Sammelbegriff für ein Instrumentarium verstanden werden kann, welches ganz allgemein der Erforschung von Kommunikationsprozessen jeder Art dient, wird damit die zentrale Bedeutung sichtbar, die der Inhaltsanalyse innerhalb der empirischen Sozialforschung zukommen sollte. Kommunikationsprozesse können nämlich als wesentlicher Gegenstandsbereich der Sozialwissenschaften überhaupt bezeichnet werden, wobei sich die einzelnen Disziplinen nur hinsichtlich der Akzente und der Eingrenzung der zu untersuchenden kommunizierenden Systeme unterscheiden.

So legen Psychologen und Sozialpsychologen den Schwerpunkt ihrer Forschungsperspektive auf das Individuum im Kommunikationsprozeß – untersucht wird etwa der Einfluß von Elternhaus, Freundeskreis, Schule, Kultur (und Subkultur) usw. auf die Entwicklung der Persönlichkeit; oder man erforscht (die von diesen Faktoren beeinflußte) Kommunikation als Grundlage zur Konstitution der individuellen (aber so verstanden: eben der gesellschaftlich vermittelten) Wirklichkeit, bis hin zur Ausprägung und Stabilisierung spezifischer Wahrnehmung (vgl. dazu den unter dem Aspekt der Kommunikation besonders weitreichenden Ansatz des symbolischen Interaktionismus, z. B. Blumer 1973, Rose 1967).

Man könnte argumentieren, diese Kommunikationsprozesse seien schwer registrierbar und konservierbar und würden somit wegen ihrer Flüchtigkeit kein geeignetes Material für Inhaltsanalysen liefern. Dieser Eindruck beruht aber wohl eher darauf, daß bisher wenig Kreativität auf die Entwicklung von

Forschungsansätzen in diesem Bereich entfallen ist. So schiene es z. B. denkbar und überaus wichtig, frühkindliche Kommunikation auf Video- oder Tonbändern festzuhalten und mittels Inhaltsanalyse die Wechselwir- kung dieser Kommunikation mit Spracherwerb, Wahrnehmung, schicht- spezifischen Einstellungen, Rollenübernahme usw. zu untersuchen. Durch den Einsatz moderner Technik – angefangen von Aufzeichnungssystemen wie Ton- und Videoband bis hin zu Computern für die Analysen sehr großer Datenmengen – können auch bereits vorhandene Ansätze erweitert werden, so z. B. das durch arbeitsökonomische Gesichtspunkte beschränkte Katego- rienschema für die Analyse von Kommunikation in kleinen Gruppen von Bales (1950; siehe auch Kapitel 5.2).

Gerade unter dem zunehmenden Trend in der Psychologie, sich als Sozial- wissenschaft zu begreifen und damit auch verstärkte Aufmerksamkeit auf die Kommunikationsprozesse zu richten, könnten inhaltsanalytische Ansät- ze eine Unterstützung erfahren. So gewinnen Kommunikationsprozesse auch in der klinischen Psychologie zunehmend an Bedeutung – etwa wenn man beginnt, die Entwicklung psychischer Störungen (z. B. Schizophrenie) auch als Folge von Anomalien in der Kommunikation (besonders der fami- liären) zu begreifen (siehe dazu besonders Watzlawick u. a. 1969) oder die Therapie psychischer Störungen mittels Psychoanalyse oder Gesprächspsy- chotherapie inhaltsanalytisch zu untersuchen (tatsächlich wurden gerade in der Therapieforschung in letzter Zeit verstärkt inhaltsanalytische Ansätze entwickelt).

In der Soziologie liegt ein Schwerpunkt auf der Erforschung der Interak- tion sozialer Makrosysteme wie Behörden, Verbände, Parteien, Staaten usw. Gerade solche Systeme pflegen in Form von Briefen, Petitionen, Erlas- sen, Verträgen usw. miteinander zu verkehren – ein geradezu ideales Aus- gangsmaterial für Inhaltsanalysen. Solche Daten haben den Vorteil, daß sie, im Gegensatz zu den Ergebnissen eines Experiments oder den Antworten auf eine Befragung, nicht reaktiv entstanden sind, sondern in dem «normal- en» sozialen Prozeß ohne Einwirkung des Forschers anfallen.

Ähnlich liegen die Verhältnisse in den Politik- und Wirtschaftswissen- schaften, deren Gegenstandsbereiche man sich aus der Soziologie unter Akzentuierung des politischen bzw. ökonomischen Aspekts der Interaktion sozialer Systeme abgeleitet vorstellen könnte. Daß eine unterschiedliche Zugänglichkeit zu den einzelnen Materialien besteht – etwa zu offiziellen Verträgen zwischen zwei Staaten im Gegensatz zu gesetzeswidrigen und daher geheimen Preisabsprachen zweier Firmen –, soll nicht bestritten werden. Aber es gibt sicherlich genügend allgemein zugängliche Dokumente institutioneller Kommunikation, die bisher völlig ungenügend in die Analy- se sozialer Prozesse einbezogen worden sind.

Darüber hinaus ist zu beachten, daß auch Daten, die z. B. mit Hilfe von Interviews oder Fragebogen gewonnen werden, bei entsprechend konzipier- tem Erhebungsinstrument oft als Ausgangsmaterial für Inhaltsanalysen geeignet wären. Frei formulierte Passagen im Interview oder in Fragebogen sind ja nichts anderes als konservierte Kommunikation – wenn sie auch als Reaktion auf entsprechende Aktivitäten des Forschers erst erzeugt wurden und somit natürlich weniger einen Ausschnitt typischer, vom Forscher unbeeinflußter sozialer Interaktion darstellen als die obengenannten Dokumente. Je standardisierter eine Befragung ist, je mehr also die mögliche Kommunikation des Interviewten eingeengt wird, desto weniger scheinen inhaltsanalytische Gesichtspunkte eine Rolle zu spielen – bis hin zu dem Extremfall, in dem der Befragte nur noch vorgegebene Antwortkategorien ankreuzt. Bereits die Bezeichnung Antwort*kategorien* aber macht deutlich, daß durch stärkere Standardisierung von Fragebogen der Anteil der Inhaltsanalyse im Forschungsprozeß nur vorweggenommen wird. Der Forscher antizipiert dabei mögliche Äußerungen der Befragten (besser: er versucht es) und gibt sein inhaltsanalytisches Schema (vgl. dazu Kapitel 5) dieser antizipierten Äußerungen den Befragten vor.

Der Vorteil solcher Standardisierungen gegenüber dem «freien» Interview oder den «offenen» Fragen liegt in der (gegenwärtig!) leichteren Auswertbarkeit, denn angekreuzte (numerierte) Kategorien lassen sich natürlich leicht in Lochkarten übertragen und mit herkömmlichen statistischen Computerprogrammen bearbeiten. Dieses Vorgehen hat aber gegenüber der «freien» und «offenen» Erhebung den Nachteil, daß die Gewinnung und die Brauchbarkeit des Kategorienschemas nicht überprüft werden können, d. h., es läßt sich nicht mehr feststellen, wieweit die kommunizierbare Realität in den Köpfen der Befragten nicht durch das vorgegebene Kategorienschema vergewaltigt wird – abgesehen von jenen seltenen und extremen Ausnahmen, wo der Befragte sich regelwidrig verhält und Randbemerkungen macht, wie «keine Kategorie trifft für mich zu», «verstehe ich nicht», «hängt davon ab, wie das genau gemeint ist» usw.

Natürlich kann es auch vorkommen, daß ein Kategorienschema bei einer Inhaltsanalyse von «offenen» Antworten nicht angemessen ist. Solange das Urmaterial aber verfügbar gehalten wird, ist die Umsetzung der natürlichen Antworten in das Kategorienschema explizit, kontrollierbar, kritisierbar und notfalls revidierbar. Insofern ist die steigende Bevorzugung von standardisierten Interviews und Fragebogen also nicht etwa ein Schritt zu größerer Wissenschaftlichkeit, sondern vielmehr – durch die Ersetzung einer expliziten durch eine vorweggenommene implizite Inhaltsanalyse – ein Abstrich an Objektivität und Überprüfbarkeit zugunsten eines geringeren Arbeitsaufwandes und des Einsatzes vorhandener Computerprogramme im Rahmen herkömmlicher Datenverarbeitung.

Die Argumentation sollte zeigen, daß Inhaltsanalyse nicht nur zentral auf den Gegenstandsbereich der sozialwissenschaftlichen Disziplinen bezogen ist, sondern gleichzeitig die wesentliche – wenn auch oft implizite – Grundlage anderer Modelle sozialwissenschaftlicher Realitätserfassung darstellt. Ob man die Wahrnehmung eines einzelnen Individuums oder die gegensei-

tigen Beziehungen mehrerer Staaten untersucht, immer spielt soziale Interaktion, die eine bestimmte Wirklichkeit definiert (und bereits vordefiniert
hat), eine wesentliche Rolle. Ob man solche soziale Interaktion nun mit
Fragebogen, Tiefeninterviews, Beobachtungen, Experimenten oder anhand
«natürlich» anfallender sprachlicher (allgemeiner aber auch nichtsprachli-
cher) Dokumente untersucht: Man kann nicht umhin, den Inhalt und die
Bedeutung der Interaktionssituation mit Hilfe bestimmter Kategorien zu
klassifizieren – also einen (für den Forscher in einer bestimmten Gemein-
schaft und Gesellschaft) möglichst pragmatischen Sinn zu identifizieren und
damit die wesentlichen Parameter dieser (untersuchten) spezifischen (sozialen) Realität (hypothetisch) zu rekonstruieren.

Man kann in den Sozialwissenschaften die in diesem Band aufgeworfenen
Probleme der Inhaltsanalyse somit zwar mehr oder weniger verdrängen –
indem man z. B. standardisierte Fragebogen verwendet, bei denen der Be-
deutungs- und Sinnzusammenhang der Kategorien und der Reaktionen der
Personen unreflektiert und unkontrolliert in die Itemkonstruktion hinein-
verlagert wird –, umgehen kann man sie nicht. Unter diesem Gesichtspunkt
ist es geradezu erstaunlich, daß die Forschung auf dem Gebiet der Inhaltsanalyse vorwiegend auf den Bereich der Massenkommunikation beschränkt
blieb und viele empirische Sozialforscher und Methodiker sich kaum mit den
anstehenden Problemen beschäftigt haben. Es muß vermutet werden, daß
der zentrale Stellenwert der Inhaltsanalyse für die Sozialwissenschaften
allgemein noch nicht erkannt ist.

3.2. Kommunikationsmodell der Inhaltsanalyse

Obwohl von den einzelnen wissenschaftlichen Disziplinen, die sich mit
Kommunikation befassen, zahlreiche und teilweise sehr komplexe Kommu-
nikationsmodelle entwickelt worden sind (vgl. dazu Merten 1977), wird als
Grundmodell für die Inhaltsanalyse üblicherweise eine einfache Kommunikationskette zugrunde gelegt (so bei Friedrichs 1973, 315; Harder 1974, 227;
Herkner 1974, 166; Schulz 1971, 55), ein Modell, das – wie Merten bemerkt
– von Shannon und Weaver (1949) als Transmissionsmodell vorgestellt und
erst später (Schramm 1954) als Kommunikationsmodell übernommen
wurde.

Sender ⟶ NACHRICHT ⟶ Empfänger
Kodierung   *Dekodierung*

Ein Sender (auch: Kommunikator) mit bestimmten Eigenschaften, Absichten und Erwartungen tritt mit einem Empfänger (auch: Rezipient) –
ebenfalls mit bestimmten Eigenschaften, Absichten und Erwartungen – mit
Hilfe einer Nachricht (auch: Medium) in Kontakt. Dabei muß diese Nach-

richt vom Sender zuvor verschlüsselt (auch: kodiert) worden sein – z. B. wird eine vorsprachliche Vorstellung in einen Satz deutscher Sprache oder eine mathematische Formel umgesetzt. Der Empfänger hat die Nachricht zu entschlüsseln (auch: dekodieren) – er muß den Satz bzw. die Formel verstehen.

Dieses elementare Modell ist unter nachrichtentechnischen Gesichtspunkten recht brauchbar – so kann man untersuchen, welche Übertragungskanäle (Schallwellen, elektromagnetische Wellen, elektrische Leitungen unterschiedlicher Beschaffenheit usw.) unter bestimmten Bedingungen optimal sind, so daß die Zeichen, aus denen eine Nachricht besteht, möglichst störungsfrei und unverzerrt vom Rezipienten aufgenommen werden können. Man kann untersuchen, welche Redundanz (d. i. zusätzliche Information) die Nachricht haben muß, damit trotz gestörter Zeichen die Information eindeutig entschlüsselt werden kann; auch lassen sich unterschiedliche Kodierungen hinsichtlich ihrer Zweckmäßigkeit vergleichen usw. Sofern also die Randbedingungen genannt sind, reduziert sich die Kommunikation nachrichtentechnisch auf ein Optimierungsproblem.

Genau aus diesem Grund aber ist das obige Modell für menschliche Kommunikation – und damit auch für die Inhaltsanalyse – nur sehr beschränkt brauchbar. Es gibt selten Situationen, in denen die Randbedingungen der Kommunikation «objektiv», d. h. losgelöst von der jeweiligen Situationsdefinition des (menschlichen!) Kommunikators und des (menschlichen!) Rezipienten, bestimmbar sind. Menschliche Kommunikation erfolgt meist auf mehreren Übertragungskanälen gleichzeitig (z. B. durch Worte, Mimik, Gestik), auf mehreren Ebenen (z. B. wird durch die Stimmlage ausgedrückt, ob der Satz ernst oder ironisch gemeint ist – es wird also über die Kommunikation auf dem einen Kanal etwas über einen anderen Kanal mitgeteilt), mit unterschiedlichen Erwartungen und Situationsdefinitionen (z. B. deutet der Sender bestimmte Probleme in seiner Nachricht an, um vom Empfänger gefragt zu werden; der Empfänger hingegen möchte nicht aufdringlich erscheinen und hält sich zurück) und vor allem als ständig doppelt rückgekoppelter Prozeß (Sender und Empfänger wechseln sich ab, definieren eine Situation gemeinsam und erhalten ständig vom Partner Rückmeldungen, wie sie sich als Sender und Empfänger zu verhalten haben).

Hinzu kommt, daß menschliche Interaktion in den für Inhaltsanalyse wesentlichen heutigen Gesellschaftsformen stärker von Konkurrenz geprägt ist als von Vertrauen. Somit ist nicht nur die Nachricht selbst, sondern auch die Wahl des Übertragungskanals, der Kodierung, der Redundanz usw. unter dem Aspekt strategischer Kämpfe zwischen den an der Kommunikation Beteiligten zu sehen, nämlich mit dem Ziel, jeweils möglichst viel auf den Rezipienten einzuwirken, möglichst viel von ihm zu erfahren und von sich selbst möglichst wenig preiszugeben. Es erscheint viel wahrscheinlicher, daß sich beide Kommunikatoren bemühen, *diesen* Aspekt (jeweils für sich) zu optimieren, als daß sie das rein nachrichtentechnische Ziel einer möglichst eindeutigen, ungestörten Informationsübermittlung an erste Stelle setzen.

Man könnte einwenden, daß die eben angesprochenen Gesichtspunkte zwar für die Face-to-face-Kommunikation eine Rolle spielen, daß aber gerade für den Bereich der Kommunikation, in dem die Inhaltsanalyse noch vorwiegend angewendet wird, nämlich der sogenannten Massenkommunikation, das obige Modell der Kommunikationskette doch recht angemessen erscheint. Schließlich läuft die Kommunikation von den Buch-, Radio-, Fernseh- usw. -autoren zu ihrem Publikum recht einseitig ab, und Rückkopplung ist in diesem Bereich eher die Ausnahme.

Dieser Einwand ist insofern gerechtfertigt, als man nicht übersehen darf, daß von der Face-to-face-Kommunikation über die Interaktion größerer sozialer Systeme – die sich in Verträgen, Noten, Briefwechseln usw. niederschlägt – bis hin zur Massenkommunikation die oben beschriebene Rückkopplung in erheblichem Ausmaße abnimmt. Aber abgesehen von dem eingangs ausführlich dargelegten Argument, daß Inhaltsanalyse gerade nicht auf die Analyse von Massenkommunikation beschränkt sein *sollte*, ist selbst noch die Massenkommunikation hinsichtlich der angeschnittenen Gesichtspunkte der Face-to-face-Kommunikation ähnlicher als dem Modell einer durch explizit und objektiv festgelegte Kodierungs- und Dekodierungsregeln bestimmten Nachrichtenübertragung: Auch in der Massenkommunikation findet nämlich eine Quasirückkopplung statt, indem der Sender die Erwartungen und Reaktionen des Empfängers auf seine Nachricht antizipiert – so z. B. gerade in diesem Absatz, indem mögliche Einwände des Lesers gegen den vorigen Absatz vorweggenommen und diskutiert werden (schon der übliche Ausdruck «diskutieren» verweist dabei auf das Bild eines vorgestellten Diskussionspartners).

Völlig untypisch für technische Nachrichtenübermittlung ist ferner das Phänomen, daß ein menschlicher Kommunikator versucht, auf die Dekodierungsregeln des Rezipienten Einfluß zu nehmen – so zum Beispiel durch die Nachricht «Freiheit statt Sozialismus», den CDU-Wahlkampfslogan in der Bundestagswahl 1976. Zunächst ist diese Nachricht für den Rezipienten überhaupt nur vor dem Hintergrund einer spezifischen (historischen) Situation verständlich, eben der des Bundestagswahlkampfes 1976 mit allen wesentlichen vorher in der Bevölkerung ausgetragenen Diskussionen (also insbesondere wieder durch Massenmedien verbreitete Nachrichten).

Neben der zunächst «üblichen» Dekodierung (die *hier* natürlich für den Leser wieder sprachlich kodiert ist): «Sie haben die Wahl zwischen zwei politischen Richtungen», soll übermittelt werden «Freiheit und Sozialismus schließen sich aus» und (verstärkt durch weitere Anzeigen) «Sozialismus ist identisch mit dem System der DDR». Falls es gelingt, eine solche Identifizierung erfolgreich zu vermitteln – was natürlich voraussetzt, daß die überwiegende Mehrheit der Bevölkerung durch bestimmte Medien informiert wird und z. B. nicht im Brockhaus nachschlägt, daß «Sozialismus» auch «die Verwirklichung religiöser und insbesondere christlicher Forderungen, zumal der Nächstenliebe» bedeutet –, darf niemand mehr für Sozialismus eintreten, ohne sich damit automatisch verdächtig zu machen, der Eroberung der BRD durch die Volksarmee im Dienste Moskaus Vorschub zu leisten. Mit Hilfe der (Massen-)Kommunikation sollte hier also erreicht werden, daß ein Bekenntnis zum Sozialismus für die Masse der Rezipienten nicht mehr als Einsatz für christliche und humanitäre Ideale, sondern als Ablehnung der freiheitlich-demokratischen Grundordnung dekodiert wird.

Auch die Antwort der SPD in der letzten Phase des Wahlkampfes zielte auf den Kommunikationsprozeß selbst, indem die SPD nämlich ihre Fernsehspots mit Ausschnitten aus den CDU-Spots und dem Kommentar «So versucht die CDU uns angst zu machen» begann. Damit sollte versucht werden, die Kodierung der «Nachrichten» (CDU-Spots) dem Rezipienten durchsichtiger und so die Absichten des Senders («angst machen») allen dekodierbar zu machen. Wo dies gelungen ist, wurde damit der Kommunikationsprozeß unmittelbar verändert: Für den Rezipienten änderte sich die Nachricht, indem nun auch die Kodierung des (CDU-)Senders (und die damit verbundenen Absichten) zum Gegenstand der bewußten Wahrnehmung und damit des Dekodierungsprozesses seiner Nachrichten gemacht wurde.

3.3. Das Problem der Bedeutungsrekonstruktion

Die obigen Beispiele sollten verdeutlichen, daß in der Kommunikation menschlicher (im Gegensatz zu der technischer) Systeme in der Regel strategische und nicht so sehr übertragungstechnische Aspekte optimiert werden und daß nicht nur die Nachricht selbst, sondern der ganze Kommunikationsprozeß – insbesondere also auch die Wahl der jeweiligen Kodierung und der Dekodierung – hierdurch bestimmt ist. Wenn man dies akzeptiert, dann ergeben sich daraus für die Inhaltsanalyse beträchtliche Konsequenzen. In der Regel liegt dem Inhaltsanalytiker nämlich nur der mittlere Teil des Kommunikationsprozesses, die Nachricht, als physikalisch konserviertes Dokument vor – sei es in Form von Schriftzeichen wie in Zeitungen, Büchern, Briefen, Verträgen usw. oder optischen bzw. elektromagnetischen Speichermedien wie bei Film, Foto, Magnetbandaufzeichnungen usw. Um mit der Nachricht etwas anfangen zu können, muß der Inhaltsanalytiker Hypothesen über den Kommunikationsprozeß aufstellen, dessen Teil diese Nachricht ist. Er muß sich insbesondere Gedanken über die Kodierungs- und Dekodierungsregeln in diesem Prozeß machen und dabei die empirische Realität der Nachricht – und damit der Kommunikationssituation – in mehreren Stufen zu rekonstruieren versuchen.

Zunächst stellen sich dabei eher technische Fragen, nämlich aus welchem

Vorrat von Zeichen und Zeichenkombinationen die Nachricht besteht. So stellt man zum Beispiel bei einem vorliegenden Zeitschriftenartikel nahezu «automatisch» fest, daß es sich um schwarze lateinische Druckbuchstaben handelt und daß die Buchstabenkombinationen Wörter der englischen Sprache darstellen. Der Automatismus, mit dem wir eine solche Definition treffen, besagt nicht, daß die Dekodierung der Zeichen auf dieser Stufe objektiv festgelegt und damit determiniert wäre, sondern nur, daß sie, gemessen an unserer Alltagserfahrung, *höchstwahrscheinlich* ist. Es erscheint zunächst *sinnvoll*, davon auszugehen, daß in einer üblichen englischen Fachzeitschrift auch auf den fraglichen Seiten die Verteilung der Druckerschwärze als Buchstaben und die Buchstabenkombinationen als Wörter zu interpretieren sind – jedenfalls solange das Ergebnis dieser Dekodierung für uns bekannte Wörter sind und sie, gemessen an unserer bisherigen Erfahrung, einen Sinnzusammenhang ergeben. Damit ist aber nicht ausgeschlossen, daß die von uns dekodierten Wörter in der Intention des Verfassers nur tarnendes Beiwerk darstellen, daß der Autor (Sender) nämlich ein Spion ist und die «eigentliche» Nachricht sich ergibt, wenn man nach einem komplizierten Schlüssel aus jedem Wort bestimmte Buchstaben miteinander kombiniert. Solange wir aber keine weitere Information haben, entscheiden wir uns in der Regel für die erste Hypothese, da sie eben wahrscheinlicher ist.

Doch mit der Entscheidung für die Hypothese, auf «übliche Weise» die Zeichen als Buchstaben und deren Kombinationen als Wörter zu identifizieren, ist noch nicht klar, um *welche* Wörter es sich handelt; d. h. zunächst, was die Zeichenkombinationen *bedeuten*. Die erste Barriere im Verstehen stellt das Problem der *Homographen* dar, dies sind Wörter gleicher Schreibweise, aber unterschiedlicher Bedeutung. So ist aus der Buchstabenkombination «HEIDE» nicht ersichtlich, ob «die Heide» oder «der Heide» gemeint ist. Dieses Beispiel beschreibt nicht einen seltenen Sonderfall; immerhin sind 43 Prozent aller deutschen Wortformen Homographen (nach Dietrich und Klein 1974, 94). Wenn dieses Problem in der Alltagskommunikation nicht auffällt, so deshalb, weil eben nicht einzelne Wörter zwischen den Beteiligten «übertragen» werden, sondern weil die Wörter nur ein Teil eines komplexen (gemeinsamen) Raum/Zeit/Situation-definierten Verständigungsprozesses sind, so daß die Dekodierung der Zeichenfolge «HEIDE» durch vorhergehende und nachfolgende Zeichen (den Kontext), die Wahrnehmung des Senders, die Situation und die bisherige Erfahrung mitbestimmt wird. Gerade auf dieser Stufe muß daher der Inhaltsanalytiker, der seine Analyse auf der Ebene einzelner Wörter vornimmt – was besonders für die automatische Inhaltsanalyse mittels Computer gilt –, auf erhebliche Schwierigkeiten stoßen.

Die Bedeutung eines Wortes ist aber auch nach Bewältigung des Homographenproblems keineswegs festgelegt: Selbst wenn man sich zum Beispiel für die Interpretation «der Heide» entschieden hat, ist damit ein Bedeutungsrahmen nur grob festgelegt. So ist unmittelbar einleuchtend (für den in unserem Kulturkreis aufgewachsenen Leser!), daß der «Heide» in einer christlichen Missionsschrift etwas anderes bedeutet als in einem populärwissenschaftlichen Artikel, in dem zuvor von «Wissenschaftsgläubigkeit» die Rede war. Im zweiten Falle handelt es sich um einen uneigentlichen Gebrauch des Wortes «Heide» – die Übernahme eines Begriffs und seiner spezifischen Assoziationsstruktur in einen anderen Bereich, also die Verwendung einer Metapher. Unsere Sprache ist voll von solchen uneigentlichen Wortverwendungen, und in Massenkommunikationsmedien, in künstlerischen Texten usw. wird ganz besonders häufig davon Gebrauch gemacht. Aber selbst wenn wir auch diese Schwierigkeiten ausklammern, was ist dann die «eigentliche» Bedeutung eines Wortes?

Empirisch könnte man diese Frage zu beantworten versuchen, indem man bei allen an dem betreffenden Kommunikationsprozeß Beteiligten erhebt, was ihnen im Zusammenhang mit diesem Wort einfällt. Die Bedeutung eines Wortes wird dann also durch seine Assoziationsstruktur beschrieben – etwa «Katze» durch «weich», «kuschelig», «Säugetier», «Mäusefänger», «Krallen» usw. Man kann nun gegen diese Beschreibung der Wortbedeutung einwenden, daß die experimentelle Psychologie festgestellt hat, daß zu Begriffen der *Kontrast* am häufigsten assoziiert wird (also zu «schwarz»: «weiß», zu «groß»: «klein» usw.) und erst am zweithäufigsten Assoziationen aufgrund der begrifflichen Ähnlichkeit erfolgen (also z. B. zu «schwarz»: «dunkel», zu «groß»: «riesig» usw.), und daß «weiß» wohl kaum zur Bedeutung von «schwarz» gehört (vgl. Herkner 1975, 123).

Ein solcher Einwand scheint mir allerdings nicht stichhaltig zu sein, denn für die spezifische Bedeutung von Wörtern ist durchaus mitentscheidend, ob ein Kontrast – und wenn ja, welcher – assoziiert wird. Im Kommunikationsprozeß, wo zu «schwarz» als Kontrast «weiß» assoziiert wird, hat «schwarz» offensichtlich eine wesentlich andere Bedeutung als in jenem Zusammenhang, in dem zu «schwarz» als Kontrast «rot» genannt werden würde.

Was viel stärker gegen eine Beschreibung der Wortbedeutung mittels empirisch konstatierbarer Assoziationen spricht, ist die Variabilität und Komplexität frei produzierter Assoziationsstrukturen. So treten Assoziationen nicht nur hinsichtlich der Kategorien Kontrast und Ähnlichkeit, sondern z. B. noch aufgrund von Kausalität («schlagen» – «weinen») und logischer Kategorisierung («Blume» – «Pflanze») besonders häufig auf. Je komplexer und variabler aber die Strukturen sind, mit deren Hilfe Bedeutungen beschrieben werden, um so schwieriger dürfte es beim gegenwärtigen Stand der Forschung sein, zu irgendwelchen für die Inhaltsanalyse praktisch relevanten Aussagen über Bedeutungen zu gelangen.

Erfolgversprechender, weil zunächst einfacher, ist es daher, die Bedeutungsstruktur schon weitgehend vorzugeben. Dies geschieht bei der Zerlegung einer Wortbedeutung in *semantische Komponenten*. Dabei wird ähnlich wie in dem beliebten Ratespiel «17 und 4» vom Allgemeinen zum

Besonderen fortschreitend ein Wort durch seine begrifflichen Komponenten immer genauer spezifiziert. So würde z. B. «Mädchen» durch folgende Liste festgelegt: physisches Objekt, Lebewesen, Mensch, nicht erwachsen, weiblich.

Diese Vorgehensweise hat insbesondere in der neueren Linguistik Bedeutung: Sie bietet den Vorteil, Bedeutungswörterbücher konstruieren und Aussagen über Bedeutungsstrukturen (die natürlich von der Beschreibungsstruktur abhängen) treffen zu können. So unterscheidet sich «Knabe» von «Mädchen» im obigen Beispiel in der letzten Komponente, während «Frau» und «Mädchen» sich nur in der vorletzten Komponente unterscheiden (vgl. Herkner 1975).

Es zeigt sich aber deutlich, um welchen Preis die bessere Handhabbarkeit der Bedeutung als semantische Komponente gegenüber jener als freie Assoziationsstruktur erkauft wurde: Die Bedeutung eines Wortes ist auf einen *normativen* Gehalt innerhalb einer Kultur reduziert, d. h., die semantischen Komponenten stellen die begrifflichen Dimensionen bei einem für diese Kultur normgerechten Gebrauch eines Begriffes dar. Dies ist für den Inhaltsanalytiker dann ein hinreichend realistisches Modell, wenn es sich um die Analyse amtlicher Sprache handelt – etwa bei Gesetzestexten, Verträgen, Noten, offiziellen Briefen usw. Hier wird von den Kommunikationspartnern gerade Wert darauf gelegt, daß dieselben Wörter im Text stets auch hinreichend dasselbe bedeuten, daß z. B. das Wort «Minderjähriger» nicht wertend – etwa herabsetzend – gemeint ist, sondern nur rein sachlich und begrifflich verstanden wird. Diesen rein sachlichen, begrifflichen und in verschiedenen Kontexten stets gleichen Inhalt nennt man die *denotative Bedeutung.*

Daß trotz der sehr eingeschränkten Wortwahl und der bewußt sachlich konstruierten Sprache amtlicher Texte dennoch ein unerwünscht breiter Interpretationsspielraum bestehen bleibt, dürfte aus den Problemen unterschiedlicher Vertragsauslegungen, Rechtsstreitigkeiten usw. hinläufig bekannt sein. Es ist eben nicht einmal unter normativen Gesichtspunkten möglich, Sprache unter Verwendung von Wörtern der Alltagskommunikation hinsichtlich ihrer Bedeutung eindeutig zu konstruieren.

Außerhalb amtlicher Sprachregelung – also etwa bei Zeitungstexten oder alltäglicher Kommunikation – spielt aber die denotative Bedeutung eine viel geringere Rolle. Es kommt dabei nicht vorwiegend auf eine für alle Mitglieder einer bestimmten Sprachgruppe festgelegte Verknüpfung zwischen einem Wort und dem bezeichneten Objekt an, sondern auf die (auf soziales Handeln intendierte) Vermittlung *zusätzlicher* Information, z. B. bestimmter Gefühlswerte. Diese *konnotativen* Bedeutungen spielten in dem oben diskutierten Beispiel «Freiheit statt Sozialismus» eine entscheidende Rolle: Für den einen hat «Sozialismus» einen vorwiegend negativen Beigeschmack, für den anderen einen vorwiegend positiven und für den dritten einen eher wissenschaftlich neutralen, auch wenn alle drei möglicherweise dem Begriff eine gleiche denotative Bedeutung geben (z. B. den Sachverhalt, welchen Sozialismus bezeichnet, bei logisch begrifflicher Analyse gleich einordnen).

Zur empirischen Bestimmung dieser konnotativen Bedeutung wurde von Osgood u. a. (1957) das *semantische Differential* vorgeschlagen – im deutschen Sprachraum insbesondere in der von Hofstätter eingeführten Version als *Polaritätsprofil* bekannt (Hofstätter 1957; 1963). Dabei wird der zu bestimmende Begriff in einer Liste von standardisierten Eigenschaftspaaren gemäß dem Grad der (spontanen) Übereinstimmung mit diesen Eigenschaftspaaren eingeordnet – meist auf einer Sieben-Punkte-Skala. In Abbildung 3.1 sind die Profile für «männlich» und «weiblich» wiedergegeben (aus Hofstätter 1963, 259). Es zeigt sich, daß den untersuchten Personen «männlich» insbesondere als «hart», «klar», «stark», «aktiv», «gesund» erscheint, während «weiblich» eher als «weich», «gefühlvoll», «zart» usw. empfunden wird.

Diese Vorgehensweise unterscheidet sich also von der Bedeutung als «freier Assoziationsstruktur» dadurch, daß standardisierte Assoziationen (Eigenschaften) vorgegeben werden und nur der Grad des Zutreffens zur Disposition steht; sie unterscheidet sich von der Bestimmung der «semantischen Komponenten» insbesondere dadurch, daß nicht die logisch begriffliche Bedeutungsstruktur des normativen Sprachgebrauchs interessiert, sondern gerade das, was über die vereinbarte Sachbedeutung hinaus konnotiert wird. Insofern stellt die Bestimmung der Wortbedeutung als Profil polarer Eigenschaften eine Synthese der beiden erstgenannten Ansätze dar.

Gerade für die Erfassung der Bedeutung typischer Elemente der Alltagskommunikation war die Entwicklung des Polaritätsprofils ein erheblicher Fortschritt. Ein weiterer Vorteil dieses Ansatzes liegt darin, daß sich nicht nur sprachliche, sondern prinzipiell alle wahrnehmbaren Elemente erfassen lassen (z. B. Fotos, filmisch festgehaltene Gesten, abstrakte Zeichnungen usw.). Mit Hilfe von Korrelationskoeffizienten läßt sich zudem die Ähnlichkeit zweier Profile formal beschreiben. So ist z. B. die Korrelation im obigen Beispiel zwischen «männlich» und «weiblich» nahezu null, d. h., «männlich» und «weiblich» sind nicht gegensätzlich, sondern eher gegenseitig unabhängig in der Beschreibung. Hingegen korrelieren z. B. «Liebe» und «rot» sehr hoch miteinander. Sogar Bedeutungsvergleiche zwischen Begriffen unterschiedlicher Sprachen sind möglich.

So hat Hofstätter eine Reihe von Begriffen sowohl von Deutschen als auch von Amerikanern einordnen lassen. Dabei fand er u. a. heraus, daß dem amerikanischen «lonesomeness» nicht so sehr die deutsche «Einsamkeit» entspricht (die Korrelation zwischen beiden beträgt nur 0,40), sondern vielmehr «Angst» (0,86) und «Langeweile» (0,79), woraufhin er argumentierte, daß man z. B. den Titel des bekannten Buches von D. Riesman (1950, dt. 1956) «The Lonely Crowd» besser nicht mit «Die einsame Masse», sondern mit «Die ängstliche Masse» hätte übersetzen sollen (Hofstätter 1957, 66).

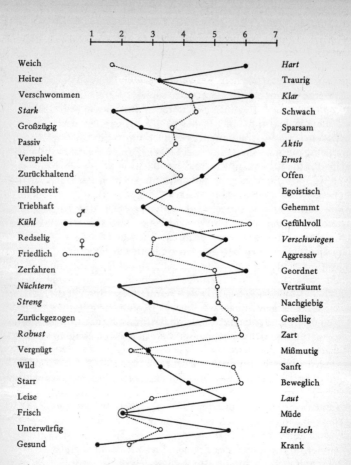

Abbildung 3.1: Polaritätsprofile von «männlich» und «weiblich»
(aus Hofstätter 1963, 259)

Solche Aussagen geraten leicht in den Verdacht, reine Spielereien oder gar
Artefakte zu sein; es scheint nahezuliegen, daß die Korrelationen von den
speziell gewählten Eigenschaftspaaren abhängen und daß bei den Überset-
zungsvergleichen zudem das Problem auftritt, daß ja auch die Eigenschaftspaare übersetzt werden müssen und somit die semantische Differenz zwischen «lonesomeness» und «Einsamkeit» ebensogut zu Lasten einer unterschiedlichen Bedeutung dieser Eigenschaftspaare in den beiden Sprachen
gehen könnte.

Dem widerspricht aber eine erstaunliche methodische wie inhaltliche
Stabilität und Geschlossenheit von Ergebnissen, die mit dem Polaritätsprofil

gewonnen wurden. So führt Hofstätter an, daß die verwendeten Eigen-schaftspaare als Stichprobe aus dem Universum aller möglichen Polaritäten anzusehen sind, wobei «es scheint, daß diese Stichprobe einigermaßen ‹repräsentativ› ist, da unter Verwendung anderer Polaritäten (d. h. einer anderen Stichprobe aus dem gleichen Universum) recht ähnliche Korrelatio-nen zwischen den Begriffen gefunden wurden» (Hofstätter 1963, 260). Weiterhin zeigt sich, daß andere Begriffe, über die auf dieselbe Weise ein Vergleich bei Deutschen und Amerikanern vorgenommen wurde, fast völlig identisch eingeordnet werden – z. B. «Erfolg» – «success» (0,96), «Liebe» – «love» (0,96) usw. Übrigens sind auch «Sonne» und (italienisch) «sole» sowie «Mond» und «luna» miteinander verblüffend ähnlich (0,92) trotz der unterschiedlichen Geschlechtlichkeit der Begriffe in den beiden Sprachen.

Überträgt man die Korrelationen von Begriffsprofilen mit anderen (z. B. den Farbennamen) in ein Koordinatenkreuz (vgl. Abbildung 3.2), so erhält man Korrelationsprofile – sozusagen Profile zweiter Ordnung –, mit denen sich z. B. die Ähnlichkeit zwischen «lonesomeness» und «Angst» gegenüber «Einsamkeit» bestätigen läßt. Eine solche Konsistenz von Ergebnissen ge-genüber unterschiedlichen methodischen Ansätzen (und die Tatsache, daß ein Forscher überhaupt so vorgeht, wie es Hofstätter getan hat) ist schon im positiven Sinne beachtlich und auf dem gegenwärtigen Forschungsniveau der Sozialwissenschaften (leider) noch recht selten.

Ein weitergehender Schritt besteht darin, die Ähnlichkeiten von Begriffen mit dem Modell der Faktorenanalyse durch möglichst wenige unabhängige Faktoren zu erfassen (und auf je zwei Faktoren projiziert darzustellen – vgl. Abbildung 3.3). Hier ist allerdings wohl mit Recht eingewendet worden, daß die Faktoren zuwenig Variabilität abschöpfen und die Frage der repräsentati-ven Polaritäten und der eingeordneten Begriffe eine zentrale Rolle bei der Faktorenanalyse spielt – hätte man als Polaritäten «rot» – «grün», «rosa» – «türkis», «zinnober» – «moosfarben» hinzugenommen und Begriffe wie «Gras», «Glut», «Wiese», «Mohn» usw. einordnen lassen, so hätte die Faktorenanalyse sicherlich einen Faktor «rot – grün» ergeben. Dies ist aber eher eine Kritik an der Weiterverarbeitung der mit Hilfe des Polaritätsprofils gewonnenen Ergebnisse und am Stand der bisherigen Forschung als am Polaritätsprofil selbst.

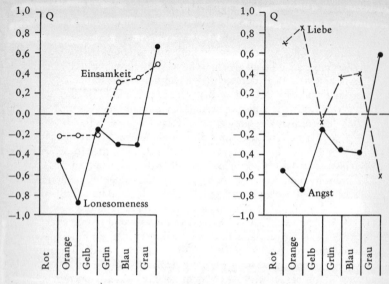

Abbildung 3.2: Das symbolische Farbspektrum der deutschen Begriffe «Einsamkeit», «Liebe» und «Angst» und des amerikanischen Begriffs der Einsamkeit («lonesomeness») (aus Hofstätter 1957, 67)

Wichtiger im Zusammenhang mit der Inhaltsanalyse ist, daß das Polaritätsprofil bei der Bestimmung der Bedeutung einer Nachricht nicht nur auf den konnotativen Aspekt beschränkt ist, sondern die Grenzen der Erfassung von Bedeutung wesentlich enger gesetzt sind: Zum einen ist das Instrument auf die Analyse einzelner – wenn vielleicht auch zentraler – Begriffe beschränkt, während man vielleicht erst die gesamte Nachricht richtig verstehen muß, um überhaupt zu entscheiden, welches denn im vorliegenden Text die zentralen Begriffe sind. Zum anderen hängt gerade die konnotative Bedeutung einzelner Begriffe oft wesentlich vom Kontext ab, wobei darunter nicht nur eng der «übrige» Text der Nachricht verstanden werden darf, sondern letztlich das gesamte Wissen (einschließlich der Hypothesen usw.) der am Kommunikationsprozeß Beteiligten – was vom Analytiker kaum hinreichend vollständig zu rekonstruieren ist noch durch die Wirklichkeit in den Köpfen jener, die das semantische Differential ausfüllen, genügend repräsentiert wird. So hängt die Bedeutung, die der Begriff «Sozialismus» für mich in einem Text hat, nicht nur von diesem Text selbst ab, sondern auch davon, ob dieser Text dem ZDF-Magazin, der KVZ, dem Brockhaus, einer SPD- oder einer CDU-Verlautbarung entstammt, ob z. B. die CDU diesen Text vor 1950 oder nach 1970 verfaßt hat usw.

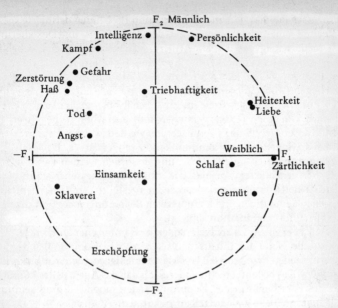

Abbildung 3.3: Das System der Begriffskonnotationen (aus Hofstätter 1963, 263)

Die gesamte Argumentation zeigt, daß eine fortschreitende Auseinandersetzung mit dem Begriff der Bedeutung diesen immer komplexer werden läßt und immer mehr Aspekte zutage fördert, welche für die Bedeutungsrekonstruktion eines Textes beachtet werden müssen. Tatsächlich ist «Bedeutung» zu einem – wenn nicht sogar *dem* – zentralen Begriff der Wissenschaftstheorie in diesem Jahrhundert geworden, geprägt durch Namen wie Carnap, Frege, Morris, Quine, Ryle, Sapir, Skinner, Wittgenstein u. a. Zur weiteren Auseinandersetzung mit dem Bedeutungsproblem muß auf die umfangreiche Literatur verwiesen werden (z. B. Hörmann 1970; v. Kutschera 1974). Bereits die hier an der Oberfläche aufgeworfenen Fragen sollten aber deutlich machen, daß der zu analysierende Inhalt eines Textes keinesfalls «objektiv und manifest» vorliegt; wobei noch zu beachten gilt, daß Inhaltsanalyse in der empirischen Sozialforschung insbesondere auch die Verbindung von (Sprach-)Bedeutung und sozialem Handeln im Auge haben muß. Schließlich geht es um die *Verwendung* von Sprache bei der Interaktion sozialer Systeme – im Gegensatz zum Verfahren der Linguistik ist Sprache also nicht (letzter) «Gegenstand» der Forschung, sondern eben nur Mittel (im Sinne von «Mittler») bei der Analyse von Inter*aktion*.

Insgesamt gesehen fällt dem Inhaltsanalytiker somit die Aufgabe zu, aus dem konservierten Teil eines stattgefundenen – oft sehr komplexen – sozialen Prozesses die von den an der Interaktion Beteiligten definierte spezifische Realität – die sich insbesondere in den Kodierungs- und Dekodierungsregeln niederschlägt – zu rekonstruieren. Dabei muß er eine erhebliche Anzahl von Entscheidungen über hypothetisch-alternative Eigenschaften dieser Prozesse fällen, die außerhalb der Information des vorliegenden Textes liegen (wobei allerdings fraglich ist, wie viele allein der oben aufgezeigten Entscheidungsschritte dem Inhaltsanalytiker explizit als solche bewußt sind). Um einen Text zu verstehen, muß also schon vorher ein erhebliches Maß an Vorverständnis vorausgesetzt werden, welches zwar in Sonderfällen bei stark genormten Kommunikationsprozessen – z. B. Gesetzestexten – teilweise durch Quellenforschung erworben werden kann, letztlich aber doch in erheblichem Ausmaß von intuitiv angemessener «Einfühlung» in die durch den Kommunikationsprozeß hergestellte Wirklichkeit mit ihren spezifischen denotativen und konnotativen Bedeutungen der Sprachzeichen in einer bestimmten Situation abhängt.

Dies wird bei einem zu analysierenden Text um so eher glücken, je größer die kulturelle Nähe des Inhaltsanalytikers zu den Kommunikanden ist – etwa bei aktuellen Erzeugnissen von Massenmedien aus dem Kulturkreis des Analytikers. Das bedeutet nichts anderes, als daß das Ausmaß des «Common sense» des Forschers mit den Kommunikanden möglichst groß sein muß, um adäquat Inhaltsanalyse betreiben zu können.

Es soll an dieser Stelle noch einmal darauf hingewiesen werden, daß die aufgezeigten Schwierigkeiten in der Erfassung (d. h. Konstituierung) sozialer Realität nicht dem speziellen Instrument der empirischen Sozialforschung «Inhaltsanalyse» anzulasten sind. Wie bereits betont, ist dieses Instrument nicht problematischer, sondern wissenschaftlicher als z. B. Fragebogenforschung, da in der Inhaltsanalyse die Probleme *explizit* auftreten und nicht *so* leicht übersehen werden können. So wurde oben argumentiert, daß bei der scheinbar wenig problematischen Fragebogenerhebung die Inhaltsanalyse (und damit auch deren Probleme, implizit verschleiert) nur vorweggenommen ist. Gerade nach der eben diskutierten Bedeutungsproblematik wird deutlich, welche unausgesprochenen Hypothesen und impliziten Entscheidungen notwendig sind, damit der Addition der «Ja»-Kreuzchen auf Fragebogen z. B. auf die Frage «Stehen Sie dem Sozialismus positiv gegenüber?» irgendein empirisch realer Sinn zukommt – Annahmen und Entscheidungen, die im Gegensatz zur Inhaltsanalyse weit weniger explizit und rekonstruierbar sind und sich damit einer Überprüfbarkeit weitgehend entziehen.

3.4. Latent versus manifest

Die im vorhergehenden Abschnitt vorgetragene Auffassung der Inhaltsanalyse als versuchte Rekonstruktion eines (umfassenden) sozialen Prozesses wurde deshalb so eingehend erläutert, weil sie sich wesentlich von dem methodologischen Verständnis jener Inhaltsanalytiker unterscheidet, welche vorgeben, es sei möglich, sinnvoll und erstrebenswert, Inhaltsanalyse auf die «objektive, systematische und quantitative Beschreibung manifester Inhalte» zu beschränken (Berelson 1952, 18).

Dabei wird unter «manifest» jene Bedeutung verstanden, die einem Wort (oder längerem Ausdruck) «üblicherweise» in einem bestimmten Sprachkreis beigemessen wird – und zwar unabhängig von den Absichten des Senders, den Wirkungen auf spezifische Empfänger, deren Erwartungen und den übrigen Besonderheiten des historisch-geographisch determinierten Kommunikationsprozesses, dem das Wort entstammt.

Da die realen Kommunikationsprozesse in diesem Sprachkreis nun aber natürlich *nicht* unabhängig von all diesen Determinanten sind, sondern die Schallschwingungen oder Buchstabenkombinationen eben erst durch sie ihre spezifische Bedeutung erhalten, kann unter «üblicherweise» nur so etwas wie «durchschnittlich» oder «am wahrscheinlichsten» usw. gemeint sein. D. h., der Inhaltsanalytiker geht seine bisherigen (Bedeutungs-)Erfahrungen mit diesem Wort in unterschiedlichen Situationen dahingehend durch, daß er aus der Bedeutungsverteilung so etwas wie einen «Durchschnittswert» als Bedeutungsrepräsentant seiner Verteilung eruiert.

Wie nun allerdings ein Inhaltsanalytiker besser oder «objektiver» den Durchschnitt vieler in spezifischen Prozessen geprägter Wortbedeutungen wahrnehmen und gedanklich weiterverarbeiten können soll, wenn behauptet wird, daß er die Wortbedeutung in *einem* der spezifischen Prozesse (nämlich dem vorliegenden) nicht hinreichend objektiv, sondern nur subjektiv verzerrt wahrnehmen kann, bleibt mehr als unklar. So schreibt Schulz (1971) z. B.:

«Ebenfalls im Zusammenhang mit dem Streben nach Objektivität der Untersuchung ist die Forderung zu sehen, nur den *manifesten Inhalt* der Kommunikation bei der Kategorisierung zu berücksichtigen. Die Kodierer werden angewiesen, sich strikt an die operationalen Definitionen zu halten und nur den offenbaren Inhalt der Kommunikation zu kategorisieren; sie müssen eine subjektive Interpretation *latenter Inhalte*, das ‹Zwischen-den-Zeilen-Lesen› vermeiden. Diese Bedingung wird mitunter als Mangel der Inhaltsanalyse mit dem Argument kritisiert, daß bei der Beschränkung auf den manifesten Inhalt das ‹eigentlich› Wichtige und Bezeichnende des Kommunikationsmaterials nicht erfaßt werde. Doch unterstellt diese Kritik irrtümlich, daß es sich hier um eine grundsätzliche Beschränkung der Methode handelt, wo doch die Verpflichtung der Kodierer auf den manifesten Inhalt rein instrumentellen Zwecken dient, um nämlich unkontrollierbare Idiosynkrasien [abweichende Reaktionen; J. K.] der Bearbeiter auszuschalten, sie an die operationalen Definitionen zu binden und so die Objektivität der Untersuchung zu sichern» (S. 54).

Hier wird Objektivität also durch Beschränkung des Verständnisses auf eine durchschnittliche, operational definierte Bedeutung zu gewährleisten versucht. Es gibt somit den präpotenten Soziologen, der unabhängig von der Kenntnis der Texte durchschnittliche Bedeutungen definieren kann, während die Kodierer, die ja die Texte lesen und außerdem die Adressaten dieser Texte sehr gut substituieren könnten, die spezifische Bedeutung nicht erkennen dürfen. Es scheint nach der Argumentation von Schulz offenbar eher vertretbar, wenn das eigentlich Wichtige und Bezeichnende nicht erfaßt wird, als daß die Objektivität der Untersuchung nicht gesichert bleibt – oder schärfer: objektiver Unsinn scheint immer noch besser als subjektiver Sinn.

Doch ein Objektivitätspostulat, welches auf einer Verdrängung subjektiver Entscheidungen beruht, muß vor dem Verständnis der Inhaltsanalyse als rekonstruierte Interaktion letztlich scheitern. Denn selbst der absurden Zuspitzung durch Berelson, der manifeste Inhalte «an einer Stelle dahingehend erläutert, daß der einzige Sinn, in dem von ‹manifestem Inhalt› gesprochen werden könne, der von ‹black marks on white›, von schwarzen Schriftzeichen auf weißem Papier sei» (zitiert nach Ritsert 1972, 33), könnte man genauso spitzfindig entgegenhalten, daß es offensichtlich (unobjektive) Interpretation ist, das «black on white» statt des «white under the black» als Grundmuster des verschlüsselten Inhaltes zu dekodieren, daß eine Reihenfolge der «marks» von links nach rechts und nicht von rechts nach links oder von unten nach oben angenommen wird usw. Eine Unterscheidung zwischen manifestem und latentem Inhalt liefe somit letztlich auf eine rigorose Trennung von Wahrnehmung und Interpretation hinaus, die sich angesichts wahrnehmungs- und sozialpsychologischer Ergebnisse nicht halten läßt.

Objektivität kann also nicht in der Eliminierung letztlich persönlicher Entscheidungen bestehen, sondern nur in deren Explikation. Indem der Inhaltsanalytiker sich seiner gefällten Entscheidungen bei der Rekonstruktion der sozialen Wirklichkeit möglichst weitgehend bewußt wird und diese seiner Scientific Community mitteilt (also z. B. in einer Publikation nicht nur die Fragestellung, die Methode und die Ergebnisse referiert, sondern auch möglichst weitgehend alle wesentlichen Entscheidungen, die in diesem speziellen Fall von der Fragestellung zu den spezifischen Ergebnissen geführt haben, offen darlegt und somit das Modell der Realitätskonstruktion und dessen Relativität durchschaubar macht und zur Diskussion stellt), wird der Interpretationsrahmen intersubjektiv nachvollziehbar und überprüfbar und damit die Frage nach der Einordnung der inhaltsanalytischen Ergebnisse in eine handlungsrelevante Theorie entscheidbar.

Durch die Aufgabe einer – wissenschafts- und erkenntnistheoretisch ohnedies nicht haltbaren – Unterscheidung zwischen manifester und latenter (Bedeutungs-)Realität zugunsten einer durch ein bestimmtes gewähltes Modell abgesteckten Folge von Entscheidungen, die aus der Interaktion Text – Inhaltsanalytiker *eine* bestimmte (relative) Realität konstituiert, wird das Objektivitätspostulat nicht aufgehoben, sondern erfährt eine sinnvolle Wendung: Die spezifische Erfahrung des Inhaltsanalytikers mit einem Text wird kommunizierbar, rekonstruierbar und damit soweit wie irgend möglich nacherfahrbar gemacht. Diese Auffassung steht auch im Einklang mit neuerer naturwissenschaftlicher Methodologie – z. B. wird die Frage, ob Licht nun Teilchen oder Welle oder was sonst «wirklich» sei, so als unsinnig verworfen; vielmehr konstituiert sich aufgrund eines bestimmten Modells und bestimmter Entscheidungen für einen spezifischen Kontextrahmen (experimentelle Apparatur und spezielles naturwissenschaftliches Paradigma) ein bestimmter Aspekt (z. B. Welle) der Licht-Realität, und indem dieser Rahmen zusammen mit den Ergebnissen kommuniziert (publiziert) wird, kann die Scientific Community diese spezielle Erfahrung rekonstruieren. Wobei allerdings zugestanden werden muß, daß in der Physik wegen der Verwendung axiomatisch definierter Sprache (Mathematik) und weitgehend genormter Wahrnehmungsapparate und Erfahrungsverarbeitung (technische Apparaturen) eine weitgehendere gleichartige Nacherfahrung des Kommunizierten erreicht werden kann als in den Sozialwissenschaften.

Vor dem Verständnis der (konstituierenden) Erfahrung von Realität (auch: Bedeutungsrealität) als soziale Leistung in einer (Scientific) Community ist also nicht die Unterscheidung zwischen latenten und manifesten Strukturen relevant oder sinnvoll, sondern die Frage nach der intersubjektiven Nachvollziehbarkeit (und damit zuerst einmal auch der Kommunizierbarkeit) dieser Erfahrung (vgl. dazu auch Kapitel 6).

3.5. Qualität versus Quantität

Wenn, wie im vorhergehenden Abschnitt argumentiert wurde, Inhaltsanalyse zunächst die Rekonstruktion einer sozialen Realität durch den Inhaltsanalytiker aufgrund einer – durch ein bestimmtes Modell und Paradigma beeinflußten – Sequenz von Entscheidungen bedeutet, so folgt daraus nicht, daß die wissenschaftliche Weiterverarbeitung dieser erfaßten Realität im Sinne der Informationsreduktion (vgl. Kriz 1973, 21 ff) rein «intuitiv» erfolgen muß oder auch nur sollte. Es gibt keinen prinzipiellen Grund, warum die Struktur aus empirisch so rekonstruierten Textelementen und Beziehungen zwischen diesen – kurz: ein spezielles empirisches Relativ – nicht auf ein numerisches Relativ abgebildet werden soll, um dann mittels mathematischer Kalküle bestimmte Aussagen abzuleiten.

Es soll hier keineswegs bestritten werden, daß die praktische Umsetzung dieser Forderung – die man als «Formalisierung der Inhaltsanalyse» bezeichnen könnte – bisher erschreckend wenig erfolgreich war, wie in Kapitel 8 bis 11 gezeigt werden wird. Die Probleme liegen aber bisher eher im substantiellen als im formalen Bereich: Unabhängig von den (vereinzelten) Formalisierungsversuchen stellt sich zuerst einmal das Problem der Relevanz; d. h., *was* sind überhaupt die (sozialwissenschaftlich) wesentlichen Textelemente und die wesentlichen Beziehungen zwischen ihnen? Eine hinreichend befriedigende Antwort dieser Frage wäre notwendige Voraussetzung, damit überhaupt formalisiert werden kann – das soll aber nicht bedeuten, daß diese Frage für nichtformalisiertes, eher intuitives Vorgehen weniger brisant und notwendig zur Interpretation irgendwelcher Ergebnisse wäre.

Dennoch wurden weder die Relevanz- noch die Formalisierungsfrage in diesem Sinne hinreichend diskutiert; vielmehr wurde eine Mixtur aus beiden unter der Scheinalternative «qualitative versus quantitative Inhaltsanalyse» Gegenstand der Kontroverse. Im selben Jahr, in dem Berelson seine Übersicht über die bis dahin vorliegenden Ansätze zur «quantitativen» Inhaltsanalyse publizierte (Berelson 1952), erschien als Gegenartikel von Kracauer «The Challenge of Qualitative Content Analysis» (Kracauer 1952), de facto ein Plädoyer für «qualitative» und gegen «quantitative» Inhaltsanalyse. (Auf den drei Jahre zuvor erschienenen Artikel von Lasswell: «Why be Quantitative?», in dem inhaltsanalytische Studien über die Propaganda im 1. Weltkrieg insbesondere wegen nicht genügender Sorgfalt und unzureichender Repräsentativität des ausgewählten Materials kritisiert wurden [Lasswell u. a. 1949], bezieht sich Kracauer nicht.) Kracauer geht bei seiner Kritik von drei Behauptungen aus, deren Argumente auch von anderen Autoren verwendet wurden:

1. Einseitiger Verlaß auf quantitative Inhaltsanalyse könnte zu einer Vernachlässigung qualitativer Untersuchungen führen und so die Genauigkeit der Analyse beeinträchtigen.
2. Die quantitativer Analyse zugrunde liegenden Thesen neigen dazu, eine angemessene Einschätzung der wichtigen Rolle, die qualitative Überlegungen in der Kommunikationsforschung spielen können, zu verhindern. Daher das Bedürfnis nach theoretischer Reorientierung.
3. Die Potentialitäten der Kommunikationsforschung sind nur zu entwickeln, wenn sich, als Folge solcher Reorientierung, das Gewicht von quantitativen auf qualitative Verfahren verlagert.

Unter der ersten These werden das «atomistische Vorgehen», die relativ elementaren Skalen und die unkritische Verwendung der einmal erhaltenen Zahlen in der quantitativen Analyse angeprangert. Unter der zweiten These kritisiert er Berelsons Intention, nur solche Kommunikation zu analysieren, die von allen Mitgliedern des angesprochenen Publikums gleich verstanden wird – z. B. die Nachricht über ein Zugunglück im Gegensatz zu einem «dunklen modernen Gedicht» –, und argumentiert, daß relevante sozialwissenschaftliche Kommunikation nicht auf der Ebene der reinen Nachrichten liege, sondern von latenten Strukturen durchzogen sei und daher teilweise einzigartige Merkmale ohne Rücksicht auf Häufigkeiten aufweise. Letztlich stellt er Berelsons Beschreibung: «quantitative Analyse (ist) eher geneigt, sich zunächst auf die unmittelbare Beschreibung des Inhalts an sich zu konzentrieren, und sei es nur wegen des Energieaufwandes, der dem Auszählverfahren galt» (Berelson 1952, 22), seine eigene gegenüber: «Frei von jeder vorgefaßten Meinung über den manifesten Inhalt erforscht der qualitative Analytiker auf der Suche nach gewichtigen Kategorien das Ganze des Inhalts. Und da er seine ganze Energie auf diese Suche richtet, kann er sehr wohl unbeabsichtigt auf Häufigkeitskategorien stoßen, die sich, wäre er von

Anfang an auf Quantifizierungen festgelegt, seinem Zugriff entzogen hätten. Oft findet man im Vorübergehen genau das, wonach man vergeblich suchte» (Kracauer 1952, 56).

Was es nun aber ist, das man im Vorübergehen findet bzw. was die unmittelbare Beschreibung des Inhalts ausmacht, verraten weder Kracauer noch Berelson. Schaut man sich die Argumente genauer an, so geht es überhaupt nicht um «qualitativ versus quantitativ», sondern vielmehr um die bereits diskutierte Frage «latent versus manifest» vor dem Hintergrund der Relevanz – welche sich die Anhänger beider Richtungen gegenseitig bestreiten. Berelson hätte sicher nichts dagegen, genau das zu finden, wonach man vergeblich suchte, sofern dies hinreichend explizit angebbar ist, so daß solche Erkenntnisse nicht als singuläre Ereignisse im Kopfe eines einzelnen genialen Analytikers stattfinden, sondern diese für die Masse nichtgenialer Forscher nachvollziehbar und vermittelbar sind. Ebenso würde Kracauer kaum etwas dagegen haben, wenn man die Feststellung träfe, daß in einem bestimmten Text eine typische relevante Struktur nicht nur einmal, sondern sogar dreimal gefunden wurde.

Genausowenig wie das Problem der Relevanz hat die Frage nach der Formalisierung etwas mit «Qualität versus Quantität» zu tun. Mathematik ist bekanntlich nicht die Wissenschaft vom Quantitativen, sondern vom Operieren mit bestimmten Symbolen nach explizit und eindeutig festgelegten Regeln. Diese Symbole sind nichts anderes als die Abbilder oder Repräsentanten von Relationen – man könnte auch sagen: von Qualitäten. Daß empirische Objekte (z. B. Zeichen, Wörter, Sätze) und Beziehungen (Relationen) zwischen ihnen auch durch Zahlensymbole und Rechensymbole repräsentiert werden *können* und daß diese Repräsentation unter bestimmten Bedingungen «Messung» heißt, hat nichts mit den kritisierten atomistischen Wortzählungen zu tun, sondern bedeutet gerade die Möglichkeit, komplexe Strukturen hinreichend einfach intersubjektiv zu beschreiben – vergleichbar der Abbildung orchestraler akustischer Klangkomplexe mittels der Noten in einer Partitur.

Die Alternative «qualitative versus quantitative Inhaltsanalyse» erweist sich somit weitgehend als Scheinproblem, der Streit darüber als irrelevant. Viel wichtiger ist die Frage, welches die sozialwissenschaftlich wesentlichen Textstrukturen sind – die Frage also nach dem methodologischen Kontext, in dem die Inhaltsanalyse selbst steht. Dazu sollen im folgenden Abschnitt (und in Kapitel 6) noch einige Überlegungen folgen.

3.6. Über Pragmatik

Eine zentrale Rolle bei der Inhaltsanalyse wird dem Kategorienschema beigemessen (vgl. Kapitel 5). Interessant ist nun, wie eingeengt üblicherweise die Möglichkeiten eines Schemas gesehen werden; so schreiben z. B. Mayntz, Holm und Hübner (1972) in ihrem Lehrbuch S. 157: «Beim Aufbau des Kategorienschemas beginnt man folgerichtig mit dem Festlegen der interessierenden Bedeutungsdimensionen . . . In dem fertigen Schema bezeichnet jede Kategorie einer Kategorienreihe eine bestimmte Klasse von Bedeutungen (Inhalten) auf einer bestimmten Bedeutungsdimension. In den Kategorien werden die im Textmaterial auftretenden sprachlichen Einheiten unter dem Gesichtspunkt ihrer Bedeutungsgleichheit (oder besser: semantischen Ähnlichkeit) zusammengefaßt.» Es scheint somit selbstverständlich zu sein, daß *Bedeutungen* kategorisiert werden, der sozialwissenschaftlich relevante Aspekt der Rekonstruktion sozialer Interaktion also auf der Ebene der *Semantik* liegt.

Spätestens seit Morris' vielbeachtetem Werk «Foundations of the Theory of Signs» (Morris 1938) werden in der Semiotik, der Wissenschaft von den Zeichen, drei Aspekte unterschieden, nämlich die

Semantik als Untersuchung der Beziehungen zwischen den Zeichen und den Objekten, die sie bezeichnen – also die Bedeutung im weitesten Sinne des Wortes;

Syntaktik als Untersuchung der Beziehungen von Zeichen untereinander, insbesondere also auch, wie Zeichen unterschiedlicher Klassen zu zusammengesetzten Zeichen kombiniert werden;

Pragmatik als Untersuchung des Ursprungs, der Verwendung und der Wirkung von Zeichen bei der Interaktion.

Während aber noch in der Arbeit von 1938 diese drei Aspekte eher als gleichwertige Perspektiven erscheinen und in dieser Form auch von den Logischen Empiristen des Wiener Kreises aufgegriffen wurden (z. B. in Carnaps «Introduction to Semantics», 1942), setzt Morris den Anspruch einer *pragmatisch integrierten* Semiotik – und damit den Einfluß des von seinem Lehrer G. H. Mead vertretenen Pragmatismus, der nach der «barbarischen Wortschöpfung» (Blumer 1973, 144) von Blumer heute als «symbolischer Interaktionismus» bekannt ist – erst in seinem Hauptwerk «Signs, Language, and Behavior» (Morris 1946) durch, wie Apel in seiner Einführung zur deutschen Ausgabe dieses Werkes hervorhebt (Apel 1973). Semantik und Syntaktik werden dort im Lichte der Pragmatik gesehen; erst durch die *Verwendung* von Sprache im Kommunikationsprozeß erhält die Kombination von Sprachzeichen einen Sinn und wird eine Objektrelation konstituiert. Aber nicht nur die Zeichen-Bedeutung muß vom Interpreten verstanden werden (z. B. «Esel»), sondern u. a. auch deren Appellfunktion, d. h. welche Reaktionen hervorgerufen werden (sollen) (z. B. «Esel!» im Sinne von: «gib dir mehr Mühe»).

Vor diesem Hintergrund erhebt sich die Frage, warum eigentlich bei der Rekonstruktion einer sozialen Interaktion vorwiegend Bedeutungen im Sinne eines deskriptiv-informativen Sprachgebrauchs den sozialwissenschaftlichen Kategorien zugeordnet werden müssen. Da soziale Interaktion in der

Regel im Hinblick auf bestimmte Wirkungen unternommen wird (sonst könnte der Sender seine Energien sparen), steht selten die informative, handlungsneutrale Identifikation raum-zeitlich existenter Objekte im Mittelpunkt des Sprechaktes, sondern vielmehr die Beeinflussung von bestimmtem Verhalten. Eine Variation der Wirkung auf Verhalten muß aber nicht nur durch unterschiedliche semantische Kategorien, sondern kann genausogut durch syntaktische Aspekte hervorgerufen werden – z. B. durch die Länge von Sätzen und Absätzen (gedankliche Einheiten), den Anteil von Substantiven gegenüber Verben usw.

Ein Bericht über eine Demonstration, mit kurzen Sätzen und vielen aktiven Verben, wenigen Substantiven und Adjektiven im Imperfekt (sogenannter Erlebnisbericht) hat wahrscheinlich eine völlig andere Wirkung als ein denotativ hinreichend gleicher Inhalt in langen, verschachtelten Sätzen mit vielen Substantiven und Adjektiven, aber wenigen passiven Verben im Präsens (wissenschaftlicher Sachbericht). Letzterem wird in unserer Gesellschaft vermutlich eine höhere Glaubwürdigkeit und Allgemeinheit und damit auch ein höherer Realitätsgehalt beigemessen. Ähnliches gilt z. B. für die Verpackung einer Information in einer Tageszeitung als Nachricht oder als Kommentar.

Ansätze auf dieser Ebene gibt es schon lange, so z. B. den «Aktionsquotienten» (den Quotienten aus Anzahl der Verben zu Adjektiven) (Busemann 1948; Schlismann 1948), von dem festzustellen ist, daß seine Höhe sowie seine Variabilität mit zunehmendem Lebensalter der Autoren erheblich abnehmen und daß unterschiedliche Textgattungen durch ihn sehr gut differenziert werden; oder etwa einen von Mittenecker (1951) vorgeschlagenen Indikator für Perseveration, indem in Texten die Wiederholungshäufigkeit von Stammsilben und der jeweilige Zwischenraum zwischen ihnen ermittelt werden; es wurde sogar versucht, «Unehrlichkeit» stilistisch zu erfassen, wobei sich diese durch längere Sätze und eine größere Anzahl von Nebensätzen ausdrücken soll.

Inhaltsanalyse als Rekonstruktion sozialer Prozesse muß auch solche Ansätze weiterentwickeln und nicht durch Fixierung auf das Problem der rein inhaltlichen Bedeutung (oder noch enger: der Bezeichnung) die Komponente der Verwendung und Wirkung von Sprache in einer bestimmten Situation in den Hintergrund treten oder gar völlig unberücksichtigt lassen.

Gerade auf diesem Sektor der methodologischen Grundlagenforschung für Inhaltsanalyse muß noch eine immense Arbeit geleistet werden. Angesichts der ungeheuren Fülle von Material, das täglich produziert wird, und seiner Relevanz für soziales Geschehen und die Analyse sozialer Strukturen wissen wir nahezu nichts darüber, *was wie* (insbesondere auf Rezipienten) wirkt und was Leute (insbesondere: Kommunikatoren) glauben, *wie was* wirkt. Dennoch liegen jeder sozialwissenschaftlichen Analyse und jeder sozialen Handlung letztlich implizit (und vorwiegend aus der subjektiven Alltagserfahrung generierte) Annahmen darüber zugrunde.

An dieser Stelle liegt m. E. der archimedische Punkt der Sozialwissenschaften – auch wenn dies pathetisch klingen mag. Sowohl die Beschreibung als auch die Veränderung von Gesellschaft setzen eine (jeweils vorläufige) Entscheidung über die Frage voraus, welche Zeichen in der sozialen Interaktion wie wirken. Es scheint notwendig, daß Sozialwissenschaftler diese Entscheidungen nicht vorwiegend auf intuitive unreflektierte Vorurteile aus der Alltagserfahrung gründen, sondern dieser Frage mehr Aufmerksamkeit, Systematik und Forschungskapazität zuwenden. Diese letzteren Sprachzeichen dürfen vom Rezipienten im Sinne der Pragmatik durchaus als Appell und Plädoyer für eine stärkere Beschäftigung mit Inhaltsanalyse (im weiteren Sinne, einschließlich ihrer methodologischen Grundlagen) interpretiert werden.

3.7. Forschungsablauf

Jede wissenschaftliche Untersuchung sollte mit einer möglichst genauen Spezifikation der grundlegenden Forschungsfrage(n) beginnen. Diese Feststellung und insbesondere ihre praktische Umsetzung ist weder so trivial noch so unproblematisch, wie sie auf den ersten Blick zu sein scheint – hier kann jedoch nicht der Ort für eine eingehende Diskussion sein, es soll daher auf gängige Lehrbücher zur empirischen Sozialforschung verwiesen werden (z. B. Friedrichs 1973 und als Ergänzung Schütz 1971 sowie Bungard und Lück 1974).

Wichtig scheint es aber zu betonen, daß die Forschungsfrage in der Regel zunächst nicht Bestandteil der Inhaltsanalyse oder sonst eines Modells der empirischen Sozialforschung zur Konstitution sozialer Realität (wie: Fragebogenuntersuchung, Interview, Beobachtung usw.) ist, sondern weitgehend unabhängig von diesen unter den Gesichtspunkten theoretischer und praktischer Relevanz gestellt werden sollte. Erst *danach* kann die Frage erörtert werden, welche Ansätze zur Erfassung der sozialen Realität unter den gegebenen Bedingungen (sozialwissenschaftliches Paradigma, Forschungsfrage, Budget usw.) möglich und sinnvoll sind – und sofern es sich nicht um eine Detailfrage handelt, wird die Antwort selten klar für nur eine «Methode» ausfallen (weshalb es in der Regel wünschenswert wäre, «multimethodisch» vorzugehen).

Dies sollte immer mitbedacht werden, gerade weil im folgenden durch den gewählten Rahmen dieses Buches solche Aspekte zwangsläufig unberücksichtigt bleiben. Wenn z. B. Mayntz, Holm und Hübner (1972, 154) schreiben: «Besteht die Forschungsfrage lediglich darin, zu ermitteln, wie oft z. B. bestimmte wertende Bezeichnungen für einen politischen Gegner in den Leitartikeln verschiedener Zeitungen vorkommen, dann genügt ein einfaches Auszählen der betreffenden Worte», so muß hinzugefügt werden, daß eine solche «Forschungsfrage» bestenfalls am Ende einer langen

Kette von Entscheidungen stehen kann und die einzelnen Arbeitsschritte mindestens dargestellt sein müssen, damit dem Problem überhaupt irgendein Sinn oder gar Relevanz zugeordnet werden kann. Ohne theoretischen Hintergrund ist es äquivalent, «wertende Bezeichnungen für politische Gegner in Leitartikeln» oder Grashalme auf einer Wiese am 1. 7. 1977, 11 Uhr, zu zählen.

Bei den Überlegungen, welche Modelle für die Untersuchung der Forschungsfrage herangezogen werden können, wird die Frage in einzelne Aspekte zerlegt und die möglichen Bereiche sozialer Realität, die in diesem Zusammenhang von Wichtigkeit sein können, zunächst möglichst vollständig erfaßt. Für das Modell «Inhaltsanalyse» und z. B. den (recht breiten) Untersuchungskomplex «Jugenddelinquenz und Stigmatisierung» können unter anderem folgende Aspekte von Wichtigkeit sein:

Gesetze, Verordnungen, Erlasse zur Jugendgerichtsbarkeit
offizielle Schreiben von Justizbehörden, Anstaltsleitungen usw.
Prozeßakten, Vernehmungsprotokolle, Heimakten usw. jugendlicher Straftäter
Briefverkehr von jugendlichen Delinquenten mit Anstaltsleitung, Verwandten, Arbeitgebern usw.
Presseberichte über Jugenddelinquenz, aber auch Behandlung allgemeinerer Themen durch Massenmedien, wie z. B. «Konsumverhalten», «Gewalt», «Luxus», «Güterverteilung» usw.
Lebensläufe, Tagebücher usw. von Delinquenten

Neben diesen weitgehend nonreaktiv anfallenden Materialien (unterschiedlicher Zugänglichkeit) können auch solche herangezogen werden, die spezielle Erhebungssituationen voraussetzen, wie z. B.

Interaktionsstudien (z. B. Bandaufnahmen) von Delinquenten mit Verwandten, Arbeitgebern, Wärtern, Kollegen usw.
Testprotokolle (z. B. TAT-Geschichten), Beratungs- und Therapiegespräche usw.
freie Interviews von Delinquenten, Verwandten usw.

Diese Liste erhebt keinerlei Anspruch auf Vollständigkeit; sie vermittelt aber wohl doch einen Eindruck, wie vielfältig das zu einem bestimmten Forschungskomplex heranzuziehende Material sein kann.

Nachdem ähnliche Überlegungen für die Bereiche «Befragung», «Beobachtung» usw. angestellt worden sind, muß im Hinblick auf spezielles Interesse, vorgegebene Detailfragen, Hypothesen, vorhandene Arbeitsmöglichkeiten usw. entschieden werden, welche Aspekte untersucht werden können und sollen, d. h., die Forschungsfragen werden nun näher spezifiziert. Dazu werden auch in zunehmendem Maße bereits vorliegende theoretische und empirische Arbeiten mit einbezogen und hierdurch die Fragestellungen immer gezielter (und in der Regel damit eingeengter). Auch dieser

Prozeß vollzieht sich gewöhnlich in mehreren Schritten mit zunehmender Konkretisierung.

Erst in einem sehr weit fortgeschrittenen Stadium dieses Prozesses beginnen die inhaltsanalytischen Arbeitsschritte im engeren Sinne. Dazu müssen die inhaltlichen Detailfragen und Hypothesen explizit vorliegen, die Aspekte der zu erfassenden Realität weitgehend eingegrenzt sein.

So könnte man z. B. die Hypothese haben, daß jugendliche Straftäter mit Eigentumsdelikten dem Bereich «Konsum» eine wesentlich größere Bedeutung beimessen, ihn positiver bewerten als Nichtdelinquenten mit vergleichbaren objektiven Konsumchancen und daß die Delinquenten der Konsumverherrlichung in den von ihnen gelesenen Zeitungen eine größere Aufmerksamkeit schenken. Als Materialien für die Inhaltsanalyse sollen dazu sowohl von Delinquenten als auch von Nichtdelinquenten freie, standardisierte Interviews, ferner auf spezielle Bildvorlagen hin produzierte Geschichten und die (von Jugendlichen anzugebenden) Zeitungen herangezogen werden. (Ein solcher inhaltsanalytischer Arbeitsansatz ließe sich natürlich z. B. mit Fragebogenuntersuchungen über und Beobachtungen von Konsumverhalten, Experimenten zur Beachtung bestimmter Konsumwerbung usw. kombinieren.) Zunächst ergeben sich bei einem so skizzierten Ansatz Stichprobenprobleme (vgl. Kapitel 4), da weder von allen jugendlichen Delinquenten noch von den Straffreien Material erhoben werden kann, noch das gesamte Material jedes in die Personenstichprobe aufgenommenen Jugendlichen analysiert, noch alle in Frage kommenden Zeitungen vollständig und mit allen Ausgaben zu allen Erscheinungsterminen untersucht werden können.

Der nächste Schritt wird üblicherweise mit der Erstellung des Kategorienschemas bezeichnet (vgl. Kapitel 5); im Hinblick auf die Argumentation im vorhergehenden Abschnitt soll hier lieber allgemeiner von der «Festlegung der Strukturdimensionen» gesprochen werden. Dabei wäre z. B. zu überlegen, wie die Wichtigkeit und die positive Bewertung von «Konsum» erfaßt werden kann. Wie stellt sich die Konsumverherrlichung in den untersuchten Materialien dar? Sind es vorwiegend semantische Strukturen oder auch syntaktische, oder die Kombination aus beiden, die hier wesentlich sind? Welche Wirkung hat eine bestimmte Darstellungsweise über Konsum, und was sind die entscheidenden Faktoren?

Diese und viele weitere Fragen sind zu klären, bevor weiter bestimmt werden kann, was überhaupt näher analysiert werden soll. Da der einzelne praktisch arbeitende Inhaltsanalytiker kaum in der Lage sein wird, neue inhaltsanalytische Modelle zu entwickeln und zu erproben, ist die Beantwortung dieser Fragen in der Praxis weitgehend durch die bisher entwickelten Modelle vorbestimmt (vgl. Kapitel 8 bis 11). Diese wirken sich dann auch letztlich auf die zu berücksichtigenden Strukturdimensionen aus – weshalb sie in praxi wohl weitgehend auf ein semantisch strukturiertes Kategoriensystem beschränkt bleiben werden.

Damit im Zusammenhang steht die Entscheidung, ob einzelne Wörter oder Sätze oder längere Passagen (Absätze) usw. die Einheit für die inhaltsanalytischen Aussagen bilden – das bedeutet, daß die empirischen Elemente, zwischen denen die Beziehungen hergestellt werden (Verknüpfungen, Häufigkeitsrelationen usw.), genau abzugrenzen sind. Auch an dieser Stelle müssen im Hinblick auf die vorhandenen Modelle wohl sehr viele Abstriche von einer wünschenswerten gesamtheitlichen und multimethodischen Vorgehensweise in Kauf genommen werden.

Wie sinnvoll die getroffenen Entscheidungen sind, sollte zumindest durch einen Pretest (teilweise) kontrolliert werden. Durch unmittelbaren Vergleich des Ausgangsmaterials im Pretest mit den «Ergebnissen» der Inhaltsanalyse können so zumindest die auffälligsten Irrtümer und Fehlentscheidungen aufgedeckt und korrigiert werden. Für ein engbegrenztes Material ist es nämlich durchaus möglich, die formalen Schritte des verwendeten inhaltsanalytischen Modells *inhaltlich* nachzuvollziehen und so die Frage nach dem Sinn der formal vorgeschriebenen Schritte in dem gewählten Untersuchungszusammenhang und im Hinblick auf das vorliegende Material kritisch zu diskutieren und zu entscheiden.

Eng verbunden mit diesen Überlegungen ist auch die Frage nach der Zuverlässigkeit (Reliabilität) und der Gültigkeit (Validität) der Analyse unter den gegebenen Bedingungen (vgl. Kapitel 6). Eine Analyse, die bei der zufälligen Halbierung des Materials (Split-Half-Methode) für beide Hälften zu sehr unterschiedlichen Ergebnissen führt, ist sicherlich insgesamt nicht zuverlässig und somit auch nicht gültig. Doch auch eine sehr zuverlässige Analyse muß deswegen nicht gültig sein. Ein hinreichend brauchbares Kriterium für die Gültigkeit von inhaltsanalytischen Aussagen wäre letztlich nur durch experimentelle Pragmatik zu erreichen: eine (Teil-)Überprüfung, ob die Faktoren der Analyse konkret die unterstellte Wirkung haben – ein Vorgehen freilich, das in der Praxis üblicherweise nicht realisiert werden kann.

Dies waren sehr kurz einige Aspekte im Forschungsablauf bei der praktischen Anwendung der Inhaltsanalyse. Wie aus den Verweisen deutlich wurde, werden die zentralen Schritte in den folgenden Kapiteln ausführlicher dargestellt und diskutiert. Dabei sollte der Leser allerdings die in den vorhergehenden Abschnitten dieses Kapitels dargestellte bedauerliche Diskrepanz zwischen den noch zu erarbeitenden Möglichkeiten und den bisher erarbeiteten praktischen Ansätzen des Modells Inhaltsanalyse nicht aus den Augen verlieren.

4. Stichproben

Genauso wie z. B. in der Umfrageforschung ist es in inhaltsanalytischen Untersuchungen in den meisten Fällen nicht möglich, die Grundgesamtheit, also die Menge, über die Aussagen getroffen werden sollen, vollständig zu untersuchen. Wenn man beispielsweise wissen will, wie sich die politische Ausrichtung innerhalb einer Zeitung seit 1950 entwickelt hat, so wird es kaum möglich und schon gar nicht sinnvoll sein, alle Ausgaben dieser Zeitung seit dem genannten Zeitpunkt in bezug auf politische Tendenzen zu analysieren. Vor allem zeitliche und finanzielle Gründe sprechen gegen ein solches Vorgehen. Wesentlich sinnvoller ist es, aus der Grundgesamtheit aller Ausgaben und Artikel eine Stichprobe zu ziehen, die unter der obigen Fragestellung analysiert wird und von der dann auf die Grundgesamtheit geschlossen wird. Hat man etwa in einer Stichprobe, die alle Ausgaben jedes fünften Jahrgangs umfassen könnte, einen gleichmäßigen Rechtstrend festgestellt, so wird dieses genaugenommen nur für die untersuchten Ausgaben in der Stichprobe geltende Ergebnis auf die Grundgesamtheit ausgeweitet. Man unterstellt dabei, daß die Ausprägung des Merkmals «politische Ausrichtung» in der Stichprobe und in der zugrunde liegenden Grundgesamtheit sich nicht oder nur unwesentlich voneinander unterscheidet.

Mit der Verwendung von Stichproben ist eine Reihe von Problemen verbunden, die in zahlreichen Lehrbüchern dargestellt sind (vgl. dazu z. B. Friedrichs 1973, 123 ff; Galtung 1973, 48 ff; Harder 1974, 11 ff; Kellerer 1963; Cochran 1972; Kriz 1973, 105 ff; Scheuch 1974, 1 ff). In diesem Kapitel soll jedoch weniger auf Probleme der Stichprobentheorie eingegangen werden, im Vordergrund steht vielmehr die Verwendung von Stichproben speziell in inhaltsanalytischen Untersuchungen. Grundsätzlich ist zu betonen, daß es sich im Bereich der Stichprobenziehung nicht um «Methoden» oder «Verfahren», sondern um Modelle handelt. Das heißt mit anderen Worten, daß es nicht beliebig ist, wie man in einer Untersuchung bei der Stichprobenziehung vorgeht, denn das Ergebnis ist nicht methodenunabhängig. Man kann vielmehr nur darüber diskutieren, ob ein Stichprobenmodell der Fragestellung und dem Untersuchungsgegenstand adäquat ist. Allgemeingültige Rezepte für irgendwelche Untersuchungen können deshalb nicht gegeben werden.

Unabhängig davon, ob in einer Untersuchung nur eine Stichprobe oder das gesamte Material untersucht wird, ist es unbedingt notwendig, zunächst die Grundgesamtheit, über die später Aussagen getroffen werden sollen, explizit und eindeutig zu definieren. Eine solche Definition muß mehrere

Kriterien erfüllen. Es müssen die Art der Texte, die analysiert werden sollen, und die dazu verwendeten Begriffe geklärt sein. Eine Bezeichnung der Grundgesamtheit z. B. als «Fortsetzungsromane in der Regenbogenpresse» setzt also voraus, daß sowohl der Begriff der Regenbogenpresse als auch der des Fortsetzungsromans definiert ist. Aber selbst dann verlangt eine Beschreibung der Grundgesamtheit noch einige weitere Angaben, denn es sollen wahrscheinlich nicht die Fortsetzungsromane in der Regenbogenpresse der ganzen Welt vom Beginn des Pressewesens bis heute untersucht werden. Notwendig ist also zusätzlich eine räumliche und zeitliche Abgrenzung. Die Definition könnte dann etwa lauten «Fortsetzungsromane in der Regenbogenpresse der BRD von 1965 bis 1975».

Eine Definition der Grundgesamtheit nach der Art des Textes und seiner räumlichen und zeitlichen Abgrenzung reicht allein nicht aus. Innerhalb einer Untersuchung, an deren Anfang immer eine Fragestellung steht, ergibt sich die Überlegung, ob die definierte Grundgesamtheit überhaupt real existiert, zur Beantwortung relevant ist und ob sie zugänglich ist. Hätte die Fragestellung etwa gelautet «Welchen Einfluß übt die Presse auf das politische Verhalten der Bevölkerung bei Wahlen aus?», so würde man die oben definierte Grundgesamtheit wahrscheinlich als unzutreffend ablehnen, da sie irrelevant ist, obgleich sie existiert und zugänglich ist.

Als nächstes ist zu fragen, wann es überhaupt sinnvoll ist, statt der definierten Grundgesamtheit nur eine Stichprobe zu untersuchen. Unsinnig wäre es jedenfalls, wenn man z. B. nur über einen Leitartikel oder eine Nummer einer Zeitung etwas aussagen will. Solche Fälle stellen aber wohl eine Ausnahme dar. Die meisten den Sozialwissenschaftler interessierenden Grundgesamtheiten sind wesentlich größer, teilweise sogar unendlich. Eine vollständige Untersuchung wird damit aus Kosten- und Zeitgründen unmöglich, und man wird nur eine Stichprobe analysieren, um dann von dieser Stichprobe mit einer bestimmten Wahrscheinlichkeit auf die Grundgesamtheit zu schließen. Voraussetzung dafür, daß ein solcher Schluß sinnvoll ist und seine Wahrscheinlichkeit auch angegeben werden kann, ist die Repräsentativität der Stichprobe.

Zur Erfüllung dieser Forderung gibt es eine Reihe von Stichprobenmodellen, die in der Inhaltsanalyse die gleiche Gültigkeit haben wie in Verbindung mit anderen Modellen der Realitätserfassung, besonders der Umfrageforschung, anhand deren sie meist erläutert werden. Daraus, daß Inhaltsanalyse im allgemeinen mit Texten zu tun hat statt mit menschlichen Individuen oder Gruppen, ergeben sich jedoch besondere Probleme, die hier zunächst angesprochen werden sollen, bevor einige wichtige Stichprobenmodelle in ihrer Anwendung auf Texte o. ä. vorgestellt werden.

4.1. Inhaltsanalytische Einheiten

Die Analyse von Textinhalten kann sich an unterschiedlichen verbalen Symbolen orientieren, wobei die folgenden am häufigsten in der Literatur verwendet worden sind (siehe Berelson 1952, 135 ff; Holsti 1968, 647 f):

– Wörter,
– Themen,
– Charaktere,
– Items,
– Paragraphen, Sätze oder andere grammatikalische Einheiten,
– raum- oder zeitbezogene Einheiten.

Die Stichprobenauswahl muß die Entscheidung für eines oder mehrere Symbole als Gegenstand der Analyse berücksichtigen. Das ist unmittelbar einleuchtend, wenn man sich z. B. eine Stichprobe vorstellt, die jedes zehnte Wort eines Textes umfaßt und auf die dann ein inhaltsanalytisches Modell angewendet werden soll, das von Sätzen ausgeht. Um die prinzipiellen Möglichkeiten aufzuzeigen, sollen die Symbole hier ausführlicher betrachtet werden.

Wörter sind üblicherweise die kleinste inhaltsanalytische Einheit. Hauptsächlich innerhalb der Readability-Forschung, in Stilanalysen, der Psychotherapie und der Literaturforschung wurde von einzelnen Wörtern ausgegangen. Wegen der relativ großen Arbeit, die diese Einheit bei umfangreichen Texten mit sich bringt, wird sie meist nur bei kleineren Studien zugrunde gelegt. Eine Ausnahme bildet allerdings das schon in Kapitel 2 angesprochene RADIR-Projekt, in dem rund 20000 Leitartikel analysiert wurden. Durch den Einsatz von Computern im Bereich der Inhaltsanalyse ist die Bedeutung des Faktors Arbeitsaufwand geringer geworden, denn wenn ein Text erst einmal auf computergerechten Datenträgern steht, kann er innerhalb kürzester Zeit nach beliebigen Textteilen abgesucht werden.

Die nächstgrößere inhaltsanalytische Einheit sind Themen, worunter einfache Aussagen, normalerweise in der Form Subjekt – Prädikat, zu verstehen sind. Berelson (1952, 138) weist darauf hin, daß je nach Autor dafür auch andere Bezeichnungen verwendet werden, so u. a. assertion, statement, proposition, idea, issue und argument. Überall dort, wo es um Bewertungen und Einstellungen geht, also z. B. bei der Untersuchung von Propaganda, hat sich das Thema als besonders brauchbar erwiesen. Ein Problem ist jedoch, daß Themen in Texten selten in reiner Form vorkommen. Normalerweise müssen die zu analysierenden Texte erst in eine Aussageform gebracht werden, wodurch sich diese Einheit in der Bearbeitung als sehr zeitintensiv erweisen kann (siehe auch Kapitel 8.5 zur Bewertungsanalyse).

Im Bereich der Literaturanalyse, besonders wenn dort ethische, psychologische, sozioökonomische o. ä. Eigenschaften von Figuren untersucht werden sollen, wird häufig der Charakter oder Typ als Einheit gewählt. Unter Charakter oder Typ ist eine Zusammenfassung meist mehrerer Individuen unter dem Aspekt einer bestimmten Eigenschaft zu verstehen. Charaktere können eine sinnvolle Einheit bei der Analyse der Darstellung von politischen Persönlichkeiten sein.

Besonders geeignet für die Untersuchung großer Mengen von Textmaterial ist die Wahl von Items als inhaltsanalytische Einheit. Unter Item ist ein Text in dem Umfang, in dem er vom Sender als Einheit produziert wurde, zu verstehen. Je nach benutztem Medium kann es sich dabei um ein Buch, einen Aufsatz, einen Brief, eine Rede o. ä. handeln. Dies ist auch der Grund dafür, daß der englische Begriff Item hier beibehalten wurde, denn die genaue Übersetzung «Artikel» würde die beabsichtigte Bedeutung nicht treffen. In den meisten Fällen erweist sich diese Einheit jedoch als zu groß für exakte Untersuchungen.

Paragraphen, Sätze oder andere grammatikalische Einheiten wurden erst relativ selten als inhaltsanalytische Einheiten verwendet. Das ist unmittelbar verständlich, wenn man bedenkt, daß schon einzelne Sätze meistens mehrere Aussagen (Themen) enthalten, die keineswegs alle annähernd identisch sind. Wenn es im weiteren Verlauf einer Untersuchung darum geht, diese Einheiten zu klassifizieren, werden dabei zahlreiche Probleme in bezug auf die Genauigkeit auftreten.

Als weitere mögliche inhaltsanalytische Einheit sind schließlich noch Raum und Zeit zu nennen. Angewendet wurden hier u. a. schon Spaltenlänge und Artikelfläche in Zeitungen, Seitenzahlen, Sendeminuten usw. (vgl. Danielson, Mullen 1965). Bevorzugt anzutreffen ist diese Einheit in Untersuchungen, in denen die Aufmerksamkeit, die einer Nachricht zuteil wird, interessiert. Selbstverständlich ist diese Einheit jedoch nur zur Analyse größerer Textmengen geeignet.

4.2. Einfache Zufallsauswahl

Das grundlegende Modell zur Bildung einer repräsentativen Stichprobe ist die einfache Zufallsauswahl (simple random sample). Ihr Prinzip ist recht einfach: Man numeriert die N Elemente der Grundgesamtheit fortlaufend durch und entnimmt die n Elemente, die die Stichprobe bilden sollen, per Zufall aus der Urliste. Dieses «per Zufall» kann auf verschiedene Art garantiert werden. Man kann z. B. jedes $\frac{N}{n}$te Element aus der Liste durch Abzählen entnehmen; den Quotienten $\frac{N}{n}$ bezeichnet man als Auswahlsatz. Oder man schreibt die Nummern aller Elemente der Grundgesamtheit auf genau gleiche Zettel und tut die Lose in eine Urne, aus der dann n Elemente gezogen werden. Man kann auch eine Liste mit Zufallszahlen (z. B. in Kriz 1973, 307 f) zu Hilfe nehmen, woraus n fortlaufende Zahlen, irgendwo beginnend, die Nummern der Stichprobenelemente angeben. Zufallszahlen, die größer als n sind, bleiben bei der Auswahl unberücksichtigt. Es ist unbedeutend, wievielstellig die Zufallszahlen sind, solange sie gleich viele oder mehr Stellen haben als n. Da die Zahlen ja zufällig sind, ist auch ihre interne

Ziffernfolge zufällig, und es können beliebig Stellen ausgelassen werden, so daß man z. B. aus einer fünf- eine dreistellige Zahl machen kann.

Welche Probleme ergeben sich nun, wenn in inhaltsanalytischen Untersuchungen eine einfache Zufallsauswahl getroffen werden soll? Was macht man, wenn man als Auswahleinheit Items, z. B. Zeitungen oder Bücher, gewählt hat? Eine Möglichkeit wäre es, ihre Titel durchzunumerieren und dann mit Hilfe von Zufallszahlen eine Auswahl zu treffen, wie oben beschrieben. Wenn aber z. B. auf die Auswirkungen dieser Items auf das politische Bewußtsein der Gesamtheit der Leser geschlossen werden soll, so ist es sicherlich wichtig, die Auflagenhöhe zu berücksichtigen, denn sonst wären die großen Zeitungen wahrscheinlich unterrepräsentiert. Man müßte also irgendwie gewichten. Wie, das ist in erster Linie ein kommunikationstheoretisches Problem, das hier nicht abschließend zu lösen ist. Wahrscheinlich kommt man aber zu dem Schluß, daß bei dem obigen Erkenntnisinteresse gar nicht die Auflagenhöhe (Zahl der gedruckten Exemplare), sondern vielmehr die Höhe der verbreiteten Auflage oder besser noch die Zahl der tatsächlichen Leser von Bedeutung ist. Wenn man jedoch bedenkt, daß möglicherweise nicht alle Artikel einer Zeitung oder alle Kapitel eines Buches für das politische Bewußtsein relevant sind, so müßte sich die Gewichtung an der Häufigkeit tatsächlicher Kontakte zwischen Lesern und den unter der Fragestellung relevanten Artikeln orientieren.

Daß die genannten vier Ansätze einer Gewichtung von Texten bei manchen Fragestellungen auch irrelevant sein können, zeigt Harder (1974, 238) am Beispiel von Soldatenliedern aus dem 2. Weltkrieg. Wenn man nämlich z. B. etwas über die Verhältnisse erfahren will, aus denen diese Lieder hervorgegangen sind, so ist die Auflagenhöhe, genauso wie die verbreitete Auflage, die Zahl der Leser und die Zahl der Kontakte zwischen Text und Lesern der Soldatenliederbücher völlig ohne Belang, da diese Art von Liedern im allgemeinen nicht aus Büchern, sondern von denen, die sie schon auswendig kennen, gelernt wird. Relevant wäre hier etwa die Häufigkeit, mit der die Lieder gesungen werden.

Zeitungen und andere regelmäßig erscheinende Veröffentlichungen werfen bei der Stichprobenauswahl ein weiteres Problem auf. Man denke sich z. B. eine Studie, in der die Verteilung bestimmter Themen in einer Zeitung untersucht werden soll. Als Grundgesamtheit werden sämtliche Nummern der Zeitung eines Jahres gewählt. Eine Stichprobe mit n = 52 könnte so aussehen, daß man z. B. alle Donnerstagsnummern auswählt. Die Problematik ist jedoch offensichtlich: Die Auswahl wäre verzerrt, denn in Tageszeitungen ändert sich über eine Woche hinweg die Verteilung der Sparten. Montags ist z. B. der Sport besonders stark vertreten, sonnabends erscheinen mehrere Unterhaltungsseiten und andere Beilagen, Politik ist am Wochenanfang unterrepräsentiert und erst ab Mitte einer Woche wieder stark vertreten usw. (siehe zum Wochenrhythmus der Presse Hagemann 1958). Um diesen Fehler auszuschalten, könnte man die Tage, an denen Zeitungen erscheinen, durchnumerieren und daraus mit Hilfe von Zufallszahlen eine Stichprobe ziehen. Davis und Turner (1951) wählten bei Zeitungen, die an allen Wochentagen erschienen, jede sechste Nummer aus. Jones und Carter (1959, 402 f) verwendeten eine «künstliche Woche», die von Montag bis Sonnabend reicht. Für die Drei-Wochen-Periode, auf die sich ihre Untersuchung stützt, haben sie dann pro Woche zwei Tage zufällig ausgewählt, unter der Bedingung, daß am Ende jeder Wochentag repräsentiert sein sollte. Ein so konstruierter Zeitabschnitt könnte wie folgt aussehen (die mit x gekennzeichneten Nummern werden in die Stichprobe aufgenommen):

Mo	Di	Mi	Do	Fr	Sa
1	2	x	4	5	x
8	x	10	11	x	13
x	16	17	x	19	20

Inwieweit eine solche Stichprobenauswahl tatsächlich zufällig ist, läßt sich mit Hilfe des Iterationstests prüfen (z. B. Kriz 1973, 164 ff; Conover 1971, 349 ff; Siegel 1956, 52 ff).

Man kann auch die Grundgesamtheit der Nummern einer Woche nach Wochentagen schichten und würde dann jeweils einzelne Stichproben aus der Menge der Montagsausgaben, der Dienstagsausgaben usw. ziehen. Auf die Bedeutung geschichteter Auswahlen wird weiter unten noch einmal ausführlicher eingegangen.

Möglich wäre es schließlich auch, daß man aus den 52 Wochen mehrere vollständig in die Stichprobe aufnimmt. Dies bezeichnet man als Klumpung (cluster sampling). Es ist allerdings zu berücksichtigen, daß dabei u. U. Verzerrungen entstehen, denn es gibt nicht nur einen Wochenrhythmus in der Presse, auch über das ganze Jahr lassen sich bestimmte Veränderungen beobachten (vgl. Backmann 1956).

Ähnliche Probleme wie durch die ungleiche inhaltliche Verteilung der Presse über eine Woche gibt es auch aufgrund des unterschiedlichen Umfangs der Zeitungen von verschiedenen Wochentagen. So ist im allgemeinen die Sonnabendausgabe besonders umfangreich. Oftmals ist auch noch eine zweite Nummer, meistens die vom Mittwoch, umfangreicher als die anderen. Je nach Fragestellung kann diese Ungleichheit unberücksichtigt bleiben oder auch zu größeren Verzerrungen führen, die dann ähnlich wie oben beschrieben ausgeglichen werden müssen.

Eine Untersuchung von Zeitungen verlangt eine Reihe weiterer Überlegungen. Dazu gehört die Klärung der Frage, welche Ausgabe einer Zeitung man denn nun eigentlich untersucht, falls es mehrere pro Tag gibt. Die meisten größeren Tageszeitungen geben z. B. eine Stadt-Ausgabe und – je nach Einzugsgebiet – eine oder mehrere Kreis-Ausgaben heraus. Welche davon relevant ist, entscheidet die Fragestellung. Möglich wäre es, die auflagenstärkste herauszugreifen. Andere Kriterien wären der Zeitpunkt des Erscheinens, man wählt z. B. die Ausgabe, die täglich als letzte erscheint, die Zahl der Abonnenten, im Gegensatz zur Zahl der Käufer am Kiosk, die meistens keine regelmäßigen Leser sind, oder den Umfang der Ausgaben. Denkbar ist es auch, daß dieses Problem irrelevant ist, da der Teil der Zeitung, der in die Untersuchung einbezogen wird, bei allen Ausgaben gleich ist, was bei den Politik-Seiten meist der Fall ist.

Solche Überlegungen müssen nicht nur bei der Untersuchung von Zeitungen angestellt werden. So ist bei der Analyse eines Theaterstücks zu klären, ob man eigentlich das Stück in der Form, wie es der Autor verfaßt und in einem Textbuch niedergelegt hat, untersuchen will oder ob nicht eine bestimmte Inszenierung oder Verfilmung als der Fragestellung adäquater Gegenstand zu betrachten ist. Soweit Übersetzungen von Texten vorliegen, können diese nicht ohne weiteres anstelle der Originale in eine Untersuchung einbezogen werden. Es ist z. B. zu bedenken, ob man von dem Text auf den Sender oder auf den Empfänger schließen will. Die Arbeitsersparnis bei der Verwendung einer dem Inhaltsanalytiker genehmen Übersetzung ist jedenfalls kein Argument, so gibt es z. B. bei zwischenstaatlichen Verträgen häufig Streit um die Übersetzung, oder es werden Filme durch Synchronisation entstellt. Zum Beispiel wurde der Film «Pick up on South Street» (Regie Samuel Fuller, USA 1953), der ein politisches Thema behandelt, per Synchronisation in eine Rauschgiftstory umgewandelt und lief dann in Deutschland unter den Titeln «Lange Finger – Harte Fäuste» und «Polizei greift ein». Ebenso stellt sich die Frage, was eigentlich wirklich untersucht wird, wenn man Märchen aus fünf verschiedenen Kulturen vergleichen will, diese jedoch zunächst ins Englische übersetzt, nur weil ein Computerprogramm dies erfordert (Colby, Collier, Postal 1963).

Wenn man nicht die ganze Grundgesamtheit, sondern nur eine Stichprobe untersucht, so will man oft wissen, mit welcher Wahrscheinlichkeit ein in der Stichprobe zu beobachtender Prozentwert innerhalb einer bestimmten Streuung um einen Grundgesamtheitswert liegt. Dies läßt sich unter der Voraussetzung einer einfachen Zufallsauswahl für dichotome Variablen aus der Gleichung für den Standardfehler eines Prozentwertes berechnen (z. B. Kriz 1973, 162 ff):[1]

$$(4.1) \qquad s = \sqrt{\frac{p \cdot (1 - p)}{n}}$$

Darin bedeutet p = Wahrscheinlichkeit eines Merkmals in der Grundgesamtheit, n = Umfang der Stichprobe.[2] Wenn eine Stichprobe also 100 Fälle

---

1 Die Teile dieses Kapitels, die auf Bereiche der Statistik eingehen, können in keiner Weise ein entsprechendes Lehrbuch ersetzen, da zahlreiche Voraussetzungen und Probleme undiskutiert bleiben müssen. Es wird deshalb an den betreffenden Stellen auf die jeweils relevanten Passagen in Lehrbüchern verwiesen. Im übrigen werden in den Zahlenbeispielen nur fiktive Daten verwendet.

2 Der Korrekturfaktor $\frac{N-n}{N-1}$ bzw. bei großem N $1 - \frac{n}{N} < 1$, der oftmals als weiteres Glied

(z. B. Leitartikel) umfaßt, und ein bestimmtes Merkmal (z. B. Sozialismus-feindlichkeit) findet sich in 70 % aller Fälle in der Grundgesamtheit, dann ergibt sich für den Standardfehler

$$s = \sqrt{\frac{0,7 \cdot (1 - 0,7)}{100}} = \pm\, 0,046$$

Die Wahrscheinlichkeit dafür, daß ein Element der Stichprobe zwischen ±s = ±0,046, also zwischen 65,4 % und 74,6 % um den repräsentierten Wert liegt, beträgt 68,3 %, daß es zwischen ±2s = 0,092, also zwischen 60,8 % und 79,2 % liegt, beträgt 95,5 %. Die jeweilige Wahrscheinlichkeit in Abhängigkeit von s kann man in einer Tabelle zur Standardnormalverteilung nachsehen (z. B. Kriz 1973, 277 ff).

In der Praxis ist p normalerweise unbekannt, denn mit Hilfe der Untersuchung will man ja gerade p ermitteln. Man schließt den Wert von p deshalb aus der Stichprobe, d. h., man setzt die Wahrscheinlichkeit eines bestimmten Merkmals in der Stichprobe p* gleich der in der Grundgesamtheit. Diesen Schluß bezeichnet man als Repräsentationsschluß, und es leuchtet unmittelbar ein, daß zumindest eine repräsentative Stichprobe dafür Voraussetzung ist.

Die Gleichung für den Standardfehler zeigt, daß (1) s desto kleiner wird, je stärker p von 0,5 verschieden ist, und (2) mit wachsender Größe der Stichprobe der Fehler immer kleiner wird, dies aber nicht linear, sondern entsprechend der Quadratwurzel des Faktors, um den die Stichprobe vergrößert wird. Eine vierfach größere Stichprobe bringt demnach nur eine Halbierung des Fehlers. Da der Inhaltsanalytiker keinen Einfluß auf die Größe von p hat, kann bei einer einfachen Zufallsauswahl eine Verringerung des Auswahlfehlers nur über eine Vergrößerung der Stichprobe erreicht werden. Aber das ist in starkem Maße ein Kostenproblem, weshalb nach anderen Wegen gesucht werden muß.

4.3. Geschichtete Auswahl

Eine Möglichkeit, den Standardfehler bei gleicher Stichprobengröße zu verringern, bietet eine geschichtete Stichprobe, deren Prinzip anhand eines

---

unter der Wurzel bei der Gleichung für s angeführt wird (z. B. Scheuch 1974, 26), bleibt hier unberücksichtigt. Zum einen gilt er nur für endliche Grundgesamtheiten, die in der sozialwissenschaftlichen Forschung nur selten anzutreffen sind (siehe Kriz 1973, 106), zum anderen kann er bei Auswahlsätzen unter 5 % vernachlässigt werden, da der Korrekturfaktor dann annähernd 1 ist. Die prinzipielle Bedeutung des Faktors liegt darin, daß er die Tatsache berücksichtigt, daß gezogene Stichprobeneinheiten nicht wieder in die Grundgesamtheit zurückgelegt werden, die sich dadurch nach jedem Zug verändert. Da der Korrekturfaktor immer kleiner als 1 ist, kann s grundsätzlich höchstens überschätzt, niemals unterschätzt werden (siehe auch Kellerer 1963, 37 ff).

Beispiels verdeutlicht werden soll. Man will z. B. eine Stichprobe von Heiratsannoncen in einer Zeitung auswählen. Von der Grundgesamtheit weiß man, daß in 64 % aller Anzeigen auf «gutes Aussehen des gesuchten Partners» Wert gelegt wird: Männer erwarten das in 80 %, Frauen in 40 % der Fälle. 60 % aller Heiratsanzeigen werden von Männern und 40 % von Frauen aufgegeben. Der Stichprobenumfang soll n = 100 sein. Wenn man hieraus eine einfache Zufallsauswahl trifft, so ist der Auswahlfehler

$$s = \sqrt{\frac{0{,}64 \cdot (1-0{,}64)}{100}} = \pm\, 4{,}8\,\%$$

Die Unterschiedlichkeit der Inserenten in bezug auf den Wunsch nach gutem Aussehen des gesuchten Partners kann man jedoch bei der Stichprobenziehung berücksichtigen, indem man zunächst zwei Teilmengen aller Annoncen in der Grundgesamtheit nach dem Merkmal Geschlecht bildet, woraus dann jeweils eine Zufallsauswahl von 60 Annoncen, die Männer, und 40 Annoncen, die Frauen aufgegeben haben, gezogen wird. Der Standardfehler bei der geschichteten Auswahl ist (Kellerer 1963, 106f):

$$(4.2) \qquad s = \sqrt{\sum_{i=1}^{m} \frac{N^2_i}{N^2} \cdot \frac{p_i \cdot (1-p_i)}{n_i}}$$

Dabei bedeutet m = Zahl der Schichten, N = Zahl der Einheiten in der Grundgesamtheit, N_i = Zahl der Einheiten in der i-ten Schicht, p_i = Wahrscheinlichkeit eines Merkmals in der i-ten Schicht, n_i = Zahl der Stichprobenfälle in der i-ten Schicht. Setzt man die entsprechenden Zahlen aus dem Beispiel in die Gleichung ein, so ergibt sich als Standardfehler

$$s = \sqrt{0{,}6^2 \cdot \frac{0{,}8 \cdot (1-0{,}8)}{60} + 0{,}4^2 \cdot \frac{0{,}4 \cdot (1-0{,}4)}{40}} = \pm\, 4{,}4\,\%$$

Der Standardfehler wurde also allein aufgrund der Schichtung um 0,4 % verringert. Hätte man per einfache Zufallsauswahl ein gleich geringes s erreichen wollen, so hätte die Stichprobe n = 119 Fälle umfassen müssen (ergibt sich aus der Umformung der Gleichung 4.1), woraus der ökonomische Vorteil der Schichtung bei der Stichprobenauswahl deutlich wird. Allerdings ist der Schichtungseffekt nicht beliebig steigerbar und in seiner Auswirkung wesentlich von der Verteilung des Merkmals in den einzelnen Schichten abhängig. Lägen in dem Beispiel die Wahrscheinlichkeiten für den Wunsch nach gutem Aussehen des Partners näher an 0,5, so wäre der Schichtungseffekt geringer gewesen, und entsprechend wäre er größer gewesen bei extremeren p_1 und p_2.

4.4. Gestufte Auswahl

In der Praxis ist es häufig nicht möglich, direkt die Elemente einer Stichprobe auszuwählen, weil z. B. keine Liste aller Elemente in der Grundgesamtheit existiert. Man denke etwa an eine Untersuchung der Artikel in der Tagespresse der BRD zur Bundestagswahl 1976 in den zwei Monaten vor der Wahl. Eine Auflistung dieser Artikel gibt es nicht, und ihre Erstellung wäre wahrscheinlich kostenmäßig nicht vertretbar. Es ist deshalb zweckmäßig, die Auswahl stufenweise vorzunehmen. Vom Prinzip her kann man sich den ganzen Auswahlprozeß als Baum-Diagramm vorstellen, worin an jeder Verzweigung, d. h. auf jeder Auswahlstufe, per Zufall eine weitere Einengung der Stichprobe vorgenommen wird. Im obigen Beispiel könnte man also folgendermaßen verfahren: Die erste Stufe stellen die Gemeinden der BRD dar, in denen im angegebenen Zeitraum Zeitungen erschienen. Hiervon gibt es eine Liste (z. B. Stamm 1976, eine vergleichbare Liste wäre in den USA das «Editor and Publisher Yearbook»), aus der eine Auswahl – evtl. nach der Größe der Gemeinden o. ä. geschichtet – getroffen wird. Von den Gemeinden, die auf der ersten Stufe ausgewählt wurden, werden nun jeweils alle dort erscheinenden Zeitungen aufgelistet, und aus den Listen werden dann wiederum Stichproben gezogen. Auch dabei kann eine Schichtung – z. B. nach Auflagenhöhe – vorgenommen werden (wegen der starken Konzentration im Pressewesen der BRD wird diese Stufe der Stichprobenauswahl in der Praxis kaum relevant sein, denn es gibt nur wenige Orte mit mehreren Tageszeitungen). Man verfügt nun auf der zweiten Stufe über eine Liste von Zeitungen, woraus auf einer dritten Stufe die Nummern ausgewählt werden. Aus ihnen wählt man schließlich auf der letzten Stufe die Artikel aus, die Stichprobenelemente sind.

Die Wahrscheinlichkeit dafür, daß ein Element in die Stichprobe gelangt, ist in einer gestuften Auswahl abhängig von der Wahrscheinlichkeit, mit der die Menge, der das Element angehört, auf der vorherigen Stufe gewählt wurde (es handelt sich also um bedingte Wahrscheinlichkeiten). Da auf jeder Stufe ein bestimmter Auswahlfehler vorhanden ist und dieser Fehler auf den folgenden Stufen nicht wieder korrigiert werden kann, ist klar, daß bei gleichem Umfang der Standardfehler einer gestuften Auswahl größer ist als der einer einstufigen (nicht gestuften) Stichprobe, und zwar wächst der Fehler mit der Zahl der Stufen. In der Praxis werden deshalb im allgemeinen Schichtung und Stufung kombiniert, so daß ein Anwachsen des Standardfehlers aufgrund der Stufung durch die Schichtung möglichst kompensiert wird. Auf eine genaue Berechnung des Standardfehlers bei solchen Auswahlen wird hier verzichtet, da sie außerordentlich umständlich und schwierig ist und für manche Fälle noch nicht einmal entsprechende Gleichungen vorliegen (siehe Harder 1974, 22 ff; Scheuch 1974, 37 ff).

Bei der Untersuchung von Texten kann eine Stufung im wesentlichen nach vier Merkmalen (siehe Harder 1974, 237 f) vorgenommen werden, von denen bei einer einstufigen Auswahl auch jedes für sich allein Auswahlkriterium sein kann. Dazu gehört zunächst einmal der Ort des Erscheinens bzw. der Verbreitung eines Textes. Das können Länder oder Gemeinden genauso wie – im Fall der «Schiffahrt-Funk-Nachrichten» – Schiffe irgendwo auf den Weltmeeren sein. Ein Problem kann bei diesem Merkmal die sehr unterschiedliche Größe der Einheiten sein. Es wäre sicherlich unrealistisch, die Größenunterschiede zwischen z. B. Liechtenstein und der UdSSR bei der Stichprobenauswahl zu ignorieren. Wollte man eine Auswahl der Weltpresse zusammenstellen, so könnte man entweder so verfahren, daß alle Länder auf einer ersten Stufe die gleiche Auswahlwahrscheinlichkeit haben, die unterschiedliche Größe dann jedoch auf einer weiteren Stufe bei der Zahl der ausgewählten Zeitungen berücksichtigt wird, oder man zieht eine nach Ländergrößen geschichtete Stichprobe, woraus dann auf der nächsten Stufe die Zeitungen ausgewählt werden, die nun alle die gleiche Auswahlwahrscheinlichkeit haben. Eine andere Möglichkeit wäre es auch, die Ländergrößen zu ignorieren und künstlich gleich große Einheiten festzulegen, aus denen dann die Stichprobe gezogen wird.

Ein weiteres Merkmal, nach dem man stufen kann, ist die Zeit bzw. Zeitabschnitte. Das können z. B. einzelne Tage, Jahrgänge, Wahlperioden oder auch Stilepochen sein. Im Normalfall werden die Zeitabschnitte recht klein sein, da sonst die in der Definition der Grundgesamtheit enthaltene Zeitangabe dementsprechend sehr groß sein müßte, was nur bei wenigen Fragestellungen angemessen ist. Eine inhaltsanalytische Untersuchung, in der die Stichprobe nach Wahlperioden gestuft wurde, müßte ja zumindest so viele Wahlperioden umfassen, daß daraus sinnvoll eine Auswahl getroffen werden kann. Den bisher veröffentlichten Inhaltsanalysen liegen aber nur selten dermaßen große Zeiträume zugrunde, da sich die untersuchten Merkmale wahrscheinlich zu stark über die Zeit ändern. Anders ist das bei Trendanalysen, wo gerade die Veränderungen der Merkmalsausprägungen von Interesse sind. Dort wird im allgemeinen aber keine Zufallsauswahl über die Zeit angestellt, sondern man wählt bewußt z. B. einzelne Zeitabschnitte mit gleichen Abständen zueinander aus oder greift besonders prägnante Perioden heraus. Innerhalb solcher Abschnitte wird dann oftmals eine nach irgendwelchen anderen Kriterien gestufte Auswahl vorgenommen.

Die Quelle eines Textes kann ein weiterer Gesichtspunkt bei der Stufung sein. Hierunter fallen Verfasser, Herausgeber, Zeitschriftentitel, Rundfunkstationen usw. Und umgekehrt kann auch der Empfänger eines Textes von Bedeutung sein, wenn er genauer spezifiziert ist, wie z. B. bei parteipolitischen Mitteilungen, wo Mitglieder andere Informationen erhalten als die breite Öffentlichkeit.

Schließlich kann auch nach dem Textinhalt gestuft werden, worauf weiter oben schon ausführlich eingegangen wurde. Hinzuzufügen bleibt nur, daß dies im allgemeinen die letzte Stufe bei der Auswahl einer Stichprobe bildet, während die anderen drei genannten Merkmale in keinem direkten Zusammenhang mit der Abfolge der Stufung stehen. Wenn mehrfach gestuft wird, so muß über die Reihenfolge im Einzelfall entschieden werden.

Es gibt eine Reihe anderer Stichprobenmodelle, die sich ebenfalls bei entsprechenden Fragestellungen im Bereich der Inhaltsanalyse anwenden lassen. Sie sind in den eingangs dieses Kapitels genannten Lehrbüchern ausführlich beschrieben. Am Beispiel des Schneeballprinzips sei hier verdeutlicht, daß auch ausgefallenere Modelle, die im allgemeinen für den Bereich des Interviews entwickelt wurden, bei inhaltsanalytischen Fragestellungen sinnvoll, d. h. adäquat sein können. Man denke etwa an die Frage, ob es in der Weltpresse so etwas wie einen oder mehrere Meinungspools gibt, d. h., gibt es Gruppen von Zeitungen, die einheitliche Meinungsbilder vertreten? Zur Beantwortung der Frage könnte man aus allen auf der Welt erscheinenden Zeitungen innerhalb einer festgelegten Zeiteinheit zunächst einmal die herausgreifen, die man für besonders wichtig hält, oder man wählt aus der Weltpresse einige Zeitungen per Zufall aus. Sie bilden den Anfang der Ketten.

In jeder Zeitung wird nun nachgesehen, aus welchen anderen Zeitungen Kommentare o. ä. nachgedruckt werden. Unter der Hypothese, daß bevorzugt Bestätigungen der eigenen Meinung nachgedruckt werden, führen diese Kommentare also zu weiteren Gliedern der Meinungskette. Dort wird ebenso nach Kommentaren aus anderen Zeitungen geschaut usw., bis nach einer Reihe von Zeitungen keine neuen Glieder der Kette gefunden werden. Zum Schutz davor, daß nicht Zeitungen in einen Meinungspool gelangen, aus denen Kommentare einmal als Beispiel der Meinung Andersdenkender zur «Abschreckung» der eigenen Leser abgedruckt werden, könnte man zudem eine Mindesthäufigkeit des Zitiertwerdens festlegen. Wenn es – was wahrscheinlich ist – solche Meinungspools gibt, so würde dies u. a. den Vorteil für weitere Untersuchungen auf der Grundlage der Weltpresse bieten, daß eine Stichprobe kleiner bzw. repräsentativer ausgewählt werden könnte. Ein solches «Soziogramm der Presse» könnte natürlich auch für andere geographische oder sonstige Einheiten erstellt werden.

4.5. Stichprobenumfang

Bisher wurde diskutiert, wie man eine Stichprobe auswählt. Dabei stellt sich die Frage nach dem Umfang, den eine Stichprobe haben muß. Die Antwort ist von der Fragestellung, die der Untersuchung zugrunde liegt, abhängig. Sehr komplexe Hypothesen verlangen zu ihrer Prüfung größere Datenmengen als solche, die nur zwei Variablen beinhalten. Das wird schon deutlich, wenn man an eine Häufigkeitsauszählung denkt, wo mit der Zahl der darin enthaltenen Variablen und ihrer Ausprägungen die Zahl der zur Besetzung der Zellen notwendigen Fälle exponentiell anwächst.

Weder hieraus noch aus der oben angeführten Gleichung für den Standardfehler darf man jedoch schließen, daß eine Vergrößerung der Stichprobe auch zwangsläufig ihre Genauigkeit erhöht. Zum einen hängen Standardfehler und Stichprobenumfang n nur – wie bereits erwähnt – proportional zur Quadratwurzel aus n zusammen, zum anderen steigt mit der Zahl der Fälle natürlich auch der sachliche Fehler (siehe Scheuch 1974, 52 ff), den der Inhaltsanalytiker verursacht (siehe Kapitel 6).

Den Auswahlumfang kann man über die Gleichung für den Standardfehler, der nun vorab festgelegt wird, berechnen. Dabei muß berücksichtigt werden, welcher Sicherheitsgrad (z-Wert einer Standardnormalverteilung bei $1 - \frac{\alpha}{2}$, $\alpha =$ Irrtumswahrscheinlichkeit, zweiseitige Fragestellung) gewählt wurde, da dieser als Faktor in die Gleichung mit eingeht. Für p sollte man – da es meist unbekannt ist – den ungünstigsten Fall annehmen, also $p = 0,5$. Aus der Gleichung

$$(4.3\,a) \qquad s = t \cdot \sqrt{\frac{p \cdot (1 - p)}{n}}$$

erhält man durch Umformung (Quadrieren und Auflösen nach n):

$$(4.3\,b) \qquad n = \frac{t^2 \cdot p \cdot (1 - p)}{s^2}$$

Diese Berechnung des Stichprobenumfangs orientiert sich jedoch nur an einem dichotom ausgeprägten Merkmal. In jeder Untersuchung kommen mehrere und meist polytome Merkmale vor, zudem werden mehrere Merkmale miteinander verknüpft. Die Gleichung für n kann also nur Anhaltspunkte bei der Wahl eines bestimmten Stichprobenumfangs geben. Schließlich ist die Festlegung der Auswahlgröße auch von den finanziellen Mitteln, die für eine Untersuchung zur Verfügung stehen, abhängig.

Weiter sollen Probleme der Stichprobenziehung in inhaltsanalytischen Untersuchungen in diesem Rahmen nicht behandelt werden. Eine umfassende Darstellung wäre sowieso nicht möglich, denn je nach Fragestellung müssen unterschiedliche Entscheidungen getroffen werden. Entscheidend ist die Adäquanz der Stichprobenauswahl in bezug auf die Fragestellung.

5. Kategorien

Neben Berelsons immer wieder zitierter Definition von Inhaltsanalyse gibt es in seinem Buch «Content Analysis in Communication Research» ein zweites Zitat, das besonders häufig in Arbeiten zur Inhaltsanalyse bemüht wird. Es lautet: «Content analysis stands or falls by its categories» (Berelson 1952, 147). Das ist sicherlich insoweit richtig, als – wie Berelson einige Zeilen weiter schreibt – eine Inhaltsanalyse niemals besser sein kann als das ihr zugrunde liegende Kategorienschema. Andererseits ist ein gutes Kategorienschema (was das heißt, wird weiter unten diskutiert) keine Garantie für valide Ergebnisse, denn wenn z. B. der theoretische Rahmen einer Untersuchung nicht haltbar ist oder irrelevantes Textmaterial ausgewählt wurde, inadäquate inhaltsanalytische oder statistische Modelle auf den Text angewendet werden, dann nützt auch ein noch so gutes Kategorienschema wenig. Forschung ist ein Prozeß, in dem jeder Schritt von Bedeutung ist und alle Schritte voneinander abhängig sind. Man sollte Berelsons Aussage also derart modifizieren, daß Inhaltsanalyse niemals besser sein kann als ihr schwächstes Glied. Die einzelnen Glieder erweisen sich allerdings als unterschiedlich problematisch, wobei die mit den Kategorien verbundenen Probleme sicherlich zu den größten gehören. Sie sollen in diesem Kapitel ausführlich erörtert werden.

5.1. Grundsätzliche Forderungen an Kategoriensysteme

Das grundsätzliche Ziel jedes inhaltsanalytischen Modells ist es, die Realität, so wie sie sich durch die Untersuchung in einem Text darbietet, möglichst adäquat der jeweiligen Fragestellung zu erfassen und zu analysieren, indem die prinzipiell vorfindbare Information auf die in bezug zur Fragestellung relevante Information reduziert wird. Angesichts der ungeheuren Komplexität verbaler Äußerungen setzt dies die Bildung von Kategorien voraus. Prinzipiell stellt auch schon jedes einzelne Wort, so wie es im Text steht, eine Kategorie dar, die sich bereits durch eine außerordentlich starke Zusammenfassung und Vereinfachung von potentiellen Wahrnehmungen und durch Wertäußerungen, Einstellungen, die Zugehörigkeit zu einer kognitiven Struktur usw. auszeichnet. Dabei wurde die Kategorisierung jedoch vom Kommunikator vorgenommen, während hier wie auch in den anderen Kapiteln in dem Sinne von Kategorien gesprochen wird, daß es sich dabei um Zusammenfassungen von Elementen des untersuchten Textes durch den Inhaltsanalytiker handelt.

Grundsätzlich können auch diese Kategorien sehr eng gefaßt sein, z. B. nur aus einem einzigen Wort bestehen, jedoch ist ein solcher Fall die Ausnahme, denn die sprachliche Komplexität soll ja eben nicht beibehalten, sondern verringert werden. Zudem manifestieren sich sozialwissenschaftlich relevante Merkmale normalerweise nicht in einem einzelnen Wort, genauso wie ein Kommunikator möglicherweise ein und dasselbe mit verschiedenen Wörtern, sogenannten Synonymen, ausdrückt.

Der Sinn der Kategorienbildung besteht also im wesentlichen in der Informationsreduktion, indem sich der Inhaltsanalytiker nach dem Kodierungsprozeß, in dem die ursprünglichen Textbestandteile den Kategorien zugeordnet werden, auf die Behandlung einiger weniger Kategorien anstelle einer Vielzahl von kleineren Textelementen beschränkt. Wenn dabei keine relevante Information verlorengehen soll, was zu einer Beeinträchtigung der Aussagefähigkeit einer Inhaltsanalyse führen würde, so muß der Prozeß der Kategorienbildung vor allem unter Berücksichtigung der Fragestellung, die der Untersuchung zugrunde liegt, erfolgen.

Daneben muß bei der Kategorienbildung unbedingt auch der untersuchte Text Berücksichtigung finden, wenngleich dieser Aspekt in vielen Darstellungen der Inhaltsanalyse außer acht gelassen wird. Die Notwendigkeit, sich nicht nur an der Fragestellung, sondern auch am Text zu orientieren, ist allein schon darin begründet, daß die handlungsrelevanten Kategorien eines Kommunikators andere sind als die, die der Inhaltsanalytiker allein aufgrund seines wissenschaftlichen Vorverständnisses und Erkenntnisinteresses formuliert (vgl. Blumer 1973, 118ff). Die Verbindung zwischen den sozialwissenschaftlichen Kategorien und denen, die der Kommunikator in seinen Texten verwendet, soll gerade die Operationalisierung leisten. Dieser Prozeß würde aber, wenn man sich auf eine Kategorienbildung aufgrund des wissenschaftlichen Vorverständnisses beschränkt, auf den Kodierer verlagert, der die wissenschaftlichen Kategorien mit denen des Kommunikators konfrontiert. Damit würde der Prozeß der Operationalisierung verdeckt und anfällig für implizite Deutungen des Kodierers, anstatt daß er in seiner Gesamtheit explizit dargelegt wird.

Es ist unmöglich, feste Regeln oder Patentrezepte für die Kategorienbildung zu nennen. Jedoch können unabhängig von einer konkreten Fragestellung und bestimmtem Datenmaterial einige Merkmale genannt werden, die unbedingt beachtet werden müssen. Zunächst einmal muß das Kategorienschema erschöpfend sein, was aber nicht heißt, daß die Möglichkeit bestehen muß, sämtliche Elemente eines Textes einer der Kategorien zuzuordnen, sondern die Forderung bezieht sich nur auf den in bezug auf die Fragestellung relevanten Inhalt eines Textes. Dieser muß mit dem Kategorienschema abgedeckt werden, um nicht auf die Erfassung relevanter Informationen zu verzichten.

Eine weitere Voraussetzung dafür, daß ein Kategorienmuster zur Abbildung eines Textes geeignet ist, besteht in der Eindeutigkeit der Kategorien

Dies heißt, daß alle Kategorien so klar definiert sein müssen, daß die Zuordnung von Textelementen zu einer oder mehreren Kategorien zweifelsfrei möglich ist. Andernfalls wären die Ergebnisse des Kodierungsprozesses beliebig.

Für einen großen Teil der statistischen Modelle, mit deren Hilfe die aus einem Text gewonnenen Daten weiter ausgewertet werden können, ist die Unabhängigkeit der Kategorien voneinander Bedingung. Demnach darf die Einordnung eines Textelements in eine bestimmte Kategorie nicht die Kodierung anderer Teile des Textes beeinflussen. Diese Voraussetzung ist keineswegs immer so einfach zu erfüllen, wie es vielleicht den Anschein hat, was z. B. bei der Kontingenzanalyse deutlich wird (Kapitel 10.1).

Bei der Formulierung sämtlicher Kategorien muß nach dem gleichen Klassifikationsprinzip verfahren werden. Das heißt, es müssen sich alle Kategorien auf dieselbe Bedeutungsdimension, die durch die Fragestellung festgelegt wurde, beziehen, was besonders bei sehr vielen inhaltsanalytischen Kategorien leicht übersehen wird.

Damit stellt sich die Frage, wie viele Kategorien eigentlich in einer inhaltsanalytischen Untersuchung gebildet werden sollten. Die Antwort wird oftmals pragmatisch aus der Zahl der Lochmöglichkeiten in einer Spalte einer Lochkarte abgeleitet, wonach die obere Grenze in der Kategorienzahl zwölf bzw. bei der Verwendung von Programmen, die nur numerische Daten verarbeiten können, zehn wäre. Es braucht wohl kaum betont zu werden, daß der Aufbau einer Lochkarte oder eines EDV-Programms natürlich in keiner Weise ein inhaltliches Kriterium für die Zahl der Kategorien in einer Untersuchung darstellt. Die elektronische Datenverarbeitung ist nur ein Hilfsmittel, vor deren Anwendung grundsätzlich die Fragestellung zu stehen hat. Anhand der Fragestellung ist die Zahl der Kategorien zu entscheiden, wobei man jedoch nicht vergessen sollte, daß eine Untersuchung praktikabel sein muß, wenn sie zu brauchbaren Ergebnissen führen soll. Und die Praktikabilität wird wesentlich von der Zahl der Kategorien beeinflußt. Zugleich gibt es in den meisten Fällen auch Zusammenhänge mit der Validität und Reliabilität. In begrenztem Umfang (aber sicher nicht linear) wird die Validität einer Untersuchung angesichts der Komplexität sprachlicher Äußerungen mit der Zahl der Kategorien ansteigen, während andererseits mit geringerer Kategorienzahl die Reliabilität wächst, denn die Zuordnung von Textelementen in wenige Kategorien ist einfacher, als wenn jeweils zwischen vielen nur wenig verschiedenen Kategorien zu entscheiden ist. Zu berücksichtigen ist aber auch das Verhalten des Kodierers, der jeweils nur eine engbegrenzte Anzahl von Kategorien bewußt im Sinn hat, die bei insgesamt sehr vielen Kategorien aber häufig wechseln, was zu einem wenig stabilen Bewertungssystem beim Kodierer führt (vgl. Schutz 1958, 505). Wie unterschiedlich die Zahl der verwendeten Kategorien letztlich doch ist, zeigen die weiter unten wiedergegebenen Beispiele für Kategorienmuster aus einigen Untersuchungen.

In den Beispielen fällt auf, daß in einigen Untersuchungen eine Kategorie «Sonstiges» gebildet wurde, hingegen wird in anderen darauf verzichtet. Sofern die Fragestellung nicht bereits die eine oder andere Möglichkeit notwendig macht, muß das gewählte inhaltsanalytische Modell zur Entscheidung darüber, ob man eine solche Kategorie bildet, herangezogen werden. Besonders bei der Bildung von relativen Häufigkeiten der einzelnen Kategorien (siehe auch Kapitel 8.1), wo das Hinzufügen oder Fortlassen einer Kategorie zu völlig unterschiedlichen Resultaten führen kann, ist eine Kategorie «Sonstiges» oftmals von großer Bedeutung, während sie z. B. bei der Bewertungsanalyse sinnlos wäre. Dort, wo diese Katgorie Bestandteil des Kategorienschemas ist, sollte man sich davor hüten, sie als eine Art Notlösung für die Fälle zu verwenden, in denen Unsicherheiten in der Kodierung bestehen. Bei einem adäquaten Kategorienschema wird das auch gar nicht nötig sein, so daß die Kategorie «Sonstiges» dort im allgemeinen nur wenige Eintragungen erhält.

5.2. Beispiele für Kategoriensysteme

Die zahlreichen bisher angeführten Punkte zur Kategorienbildung haben deutlich gemacht, mit welch großen Problemen gerade dieser Schritt einer inhaltsanalytischen Untersuchung verbunden ist. Um hier eine Vereinfachung herbeizuführen, wurde immer wieder diskutiert, ob es nicht sinnvoll ist, standardisierte Kategoriensysteme zu entwickeln. Beispiele hierfür sind z. B. die Arbeiten von White (1944; siehe auch Kapitel 8.4), Lasswell, Leites u. a. (1949), Bales (1950) und auch Bush (1960). Als besonderer Vorteil der Standardisierung wurde vor allem die bessere Möglichkeit des Vergleichs der Ergebnisse zweier Untersuchungen hervorgehoben. Dem gegenüber stehen die sehr unterschiedlichen Erkenntnisinteressen, die zu inhaltsanalytischen Untersuchungen führen, und die außerordentlich verschiedenen Texte, die Gegenstand der Untersuchungen sind. Die Forderung nach einer Berücksichtigung der Fragestellung und des Textes bei der Kategorienbildung läßt sich kaum mit der Verwendung standardisierter Kategorienmuster in Einklang bringen. Man sollte deshalb – diese Meinung hat sich in der Literatur weitgehend durchgesetzt – auch weiterhin die Kategorienmuster jeweils für den konkreten Fall einer Untersuchung neu entwickeln. Dabei wird man wahrscheinlich feststellen, daß es weitgehend unabhängig von der Fragestellung und dem Text immer wieder einige Ähnlichkeiten gibt, jedoch reichen diese nicht aus, um das Konzept standardisierter Kategorienmuster zu rechtfertigen.

Der Wert bereits bestehender Kategorienmuster und genauso auch aller anderen explizit dargelegten Kategorien liegt somit im wesentlichen in einer Hilfestellung bei der Aufgabe, in einem konkreten Fall selber Kategorien zu entwickeln. Dadurch lassen sich u. U. zahlreiche mögliche Fehler vermeiden. Vornehmlich unter diesem Aspekt sind auch die folgenden Beispiele für Kategorienmuster zu sehen. Sie decken in keiner Weise die gesamte Palette möglicher inhaltsanalytischer Fragestellungen oder Kategorien ab, sondern dienen als Erläuterung der bisherigen Ausführungen in diesem Kapitel.

Ein relativ altes Kategorienmuster, das den Anspruch erhebt, zur Klassifikation der Items in jeder Tages- und Wochenzeitung geeignet zu sein, stammt von Willey (1926, 35 ff). Es wurde entwickelt, indem für zwei Wochen die «New York Sun» und einen Monat lang zwei Wochenzeitungen aus Connecticut auf ihren Inhalt hin untersucht wurden. Werbung blieb unberücksichtigt. Die folgenden 10 Haupt- und 49 Unterkategorien wurden festgelegt:

1. Domestic Political News
2. Foreign Political News
3. Diplomatic Correspondence and International Relations
4. Administrative, Judicial, and Legislative News
5. «Home Town Helps» and Community Development
6. Other Political News
7. Labor News
8. Industrial, Commercial, Financial News
9. Price and Supply of Necessities
10. Other Economic News
11. Science, Invention, and Discovery
12. Art Notes and Criticism
13. Amusement Notes and Announcements
14. Literary Criticism
15. Books and Publishers' Notes
16. Educational News
17. Religious News
18. Social Service and Philanthropic News
19. Health, Sanitation, and Safety
20. Other Cultural News
21. Crime and Criminal Procedure
22. Accidents
23. Public Welfare Investigations
24. Civil Suits
25. Suicide
26. Divorce
27. Other Crime and Catastrophes
28. Sports
29. Outings and Celebrations
30. Other Sports
31. Biography
32. Interest in Persons
33. Interest in Things
34. Society and Fraternal News
35. Holidays and Commemorative Exercises
36. Other Personal News
37. Original Editorials
38. Reprinted Editorials
39. Communications to the Editor
40. Cartoons
41. Human Interest Stories
42. Stories and Magazine Material
43. The Men's Page
44. The Women's Page
45. Photographs
46. Filler
47. Routine Notices
48. The Weather
49. Unclassifiable Material

1– 6	Civic or Political News	31–36	Personal News
7–10	Economic News	37–40	Opinion
11–20	Cultural News	41	Human Interest Material
21–27	Sensational News	42–45	Magazine Material
28–30	Sport News	46–49	Miscellaneous Matter

Hier wird ein weiteres Problem standardisierter Kategoriensysteme deutlich. Wenn man bedenkt, welche Themen heute den Inhalt von Zeitungen ausmachen, dann zeigt sich, daß in diesem Bereich genauso wie in vielen anderen ein deutlicher Wandel festzustellen ist, dem man mit einer Standardisierung nicht gerecht wird. Das Kategoriensystem von Willey wäre heute jedenfalls nur noch in sehr kleinen Ausschnitten auf die Untersuchung von Zeitungen anwendbar.

Genau auf diesen Punkt macht auch Bush (1960) aufmerksam, der zu seinen Kategorien für allgemeine Nachrichteninhalte anmerkt, daß von Zeit zu Zeit einzelne Kategorien durch neue, aktuellere ersetzt werden müssen. Seine 48 Kategorien machen deutlich, daß solche Änderungen recht häufig durchgeführt werden müßten, denn der Anteil der Kategorien, die heute praktisch nicht mehr relevant sind, ist erstaunlich groß.

People Well Known – Persons well known to most readers of the particular newspaper because of their fame or notoriety or particular accomplishment.

People Not Well Known – Persons in the news because of their particular accomplishments or activities or position, but not well known to the usual reader of the particular newspaper.

People in Groups – Persons in the news because they are officers or committee members of clubs, – lodges, societies, fraternal organizations, Boy Scouts, and other non-governmental groups; pall-bearers, etc.

Hollywood – Persons not otherwise well known who are associated with the Hollywood entertainment industries. Excluded: Activities of those persons classified as «People Well Known».

Our Community, Our Region – An element with which all members of the newspaper's community (or region) identify themselves because of the place of the community in the news item or of the effect this news may have on the community.

Our Nation – An element with which almost all readers of United States newpapers might identify themselves as members of this nation. This does not imply that all events happening within the boundaries of the United States have this element; nor does this element apply only to stories taking place within these boundaries.

Our Allies – During a «cold war» period, some political and economic events in a country formally and informally allied to the United States have a peculiar meaning to an American reader because they are or seem to be related to the security or welfare of the United States. Excluded: News in which American men or equipment are directly involved or in which the United States' interest is directly stated (see «Our Nation»).

Our Enemies – Most political and economic events in the Communist-controlled nations affect the American reader in a different way than do events in other foreign countries. Such events may be threatening or reassuring.

Other Nations – (a) News about happenings in foreign countries other than those mentioned in Nos. 6, 7, and 8. (b) Also those happenings in the countries included in Nos. 7 and 8 which do not directly or indirectly affect the welfare of the United States.

Governmental Acts – News about internal

and domestic acts of a government (city, state, or national), the legislative process and the actual execution of laws, which are non-political. Not the same as: activities of government classified elsewhere (criminal proceedings, health, labor disputes, Atomic Energy Commission, price stabilization, defense measures).

Politics – News about politics on the city, county, state, and national level; all aspects, issues, candidates, leaders, criticisms of government activities laden with political implications. Excluded: News of the Communists as a political party in the U.S.A. (see «Communism in the U.S.A.»).

Rebellion – News of actual armed (or at least violent) action taken against a government by a group living within the government's boundaries.

War – Actual hostilities between two or more nations.

Defense – News of activities of defense departments of nations; including NATO and civil defense. Excluded: «War» and «Rebellion»; news of R.O.T.C. (see «Education»).

Atomic Bomb – Atomic Energy – News concerning atomic warfare, atomic research, atomic medicine, defense measures for atomic warfare, and activities of the Atomic Energy Commission.

Diplomacy and Foreign Relations – News of diplomatic relations between nations; including news of the United Nations, official activities of ambassadors, military and occupation officials.

Economic Activity – News of business, industry, commerce, banking, finance, and trade. Excluded: News of prices or taxes which could have a direct effect on the reader (see «Prices» or «Taxes»).

Prices – News about the fluctuation of the prices of consumer items or the controls of these prices; cost-of-living index.

Taxes – News about the establishment, abolishment, or changes in rates of taxes which could have a direct effect on most readers (other types of taxes are included in «Governmental Acts» or «Economic Activity», depending on whether or not they have an economic implication).

Labor: Major – News chiefly concerned with the conflict element of organized labor in society; strikes, anticipated strikes, plans of labor which could affect the welfare of the community of the particular reader or the welfare of the nation; when the dispute is either nation-wide or directly affects a large section of the public.

Labor: Minor – News concerned with the day-to-day activities of organized labor; elections, peaceful settlement of contracts, grievances, etc. News which might be of interest to the reader simply because it deals with «labor», rather than the «power» of labor in curtailing production or affecting the welfare of the nation.

Agriculture – News of farming, farm organizations, equipment, the technical and business aspects of farming, and farm prices. Excluded: Prices of items which have an implication that there might be a resultant change in the price of consumer items (see «Prices»).

Judical Proceedings: Civil – News of pleadings, trials, and reviews of civil suits. Excluded: «Divorce» and «Marriage and Marital Relations».

Crime – News of criminal trials, acts of crime, arrests.

Communism in the U.S.A. – News of the activities of Communists in the U.S.A. – proven or suspected – political activities, investigations, trials.

Sex – News dealing with the sex relations of males and females.

Accidents, Disasters – News involving disasters of nature (fire, floods), explosions, transportation accidents, and accidents befalling individuals. There are three orders, as follows:

    Accidents, Disasters: First Order – News stories in which there is property damage, and/or injury short of death. Included is anticipated disaster, exposure to disaster, missing persons.

    Accidents, Disasters: Second Order – News stories which involve one ore only a few fatalities.

    Accidents, Disasters: Third Order – News stories which involve a considerable number of fatalities and/or a great amount of property damage.

Social and Safety Measures – News about the social welfare and safety, usually originating in non-official organizations.

Race Relations – News concerned with the segregation of and the conflict between races.

Alcohol – News which deals with legal and illegal uses of alcohol when it is a concurrent element in the story. Included also are news stories such as those dealing with the effect an increase in liquor licenses might have on the city's well-being. Excluded: Effects of alcohol on man's health (see «Health, Personal»).

Money – News in which the amount of money involved is a separate element of interest to the usual reader. Excluded: Prices of consumer items (see «Prices»).

Health, Personal – News of diseases, cures, epidemics with which most readers might be able to identify. Excluded: Atomic medicine (see «Atomic Bomb – Atomic Energy»).

Health, Public – News of public health, the communal or national welfare, health agencies.

Science and Invention – News from the natural and social sciences involving theory, inventions, and innovations. Excluded: News pertaining to health, atomic developments, transportation, or agriculture.

Religion – News about churches and religious sects; statements by church leaders. Excluded: Weekly church page announcements.

Philanthropy – News of private benevolence, privately-supported charity, bequests to institutions, the Community Chest, United Crusade, etc.

Weather – All reports and news about the weather; feature items hinging upon past (or expected) weather developments. Excluded: «Accidents, Disasters: Third Order».

Natural Deaths – News of natural deaths; obituaries. Excluded: Paid death notices, because they are a form of advertising, not news.

Transportation – News of commercial, industrial, and private transportation developments, or activities in shipping, aviation, railroad, and automobile, including parking problems, terminals, ports, and depots. Excluded: Military logistics (see «Defense» or «War»); wrecks (see «Accidents, Disasters»).

Education – News of private and public schools, colleges, universities, night schools, trade schools, adult education, R.O.T.C., statements by educators.

Children, Welfare of – News of the activities of the younger set, the next generation; juvenile delinquency. Excluded: Education of the next generation (see «Education»); the human interest antics of young children (see «Children, Cute»).

Children, Cute – News of the cute, unexpected antics of children.

Animals – News involving animals, including pets. When, in the human interest story, the writer often attributes implicitly human characteristics to animals.

Marriage and Marital Relations – Nonsociety page news dealing with marriages, the marriage ceremony; the unusual side of marital relations, inlaws, families.

Amusements – News of entertainment, events, celebrations, contests, travel for re-creation (not to be confused with the economic side of the tourist business), legalized gambling; radio, movies, and television on the entertainment level.

The Arts, Culture – News of culture and cultural entertainment, involving literature, painting, drama, architecture, languages, museums – as opposed to the strictly entertainment function of movies and television today. Excluded: News of formal instruction of any of the above (see: «Education»).

Human Interest – News that is more popular literature than chronicle.

Das Problem der Abhängigkeit inhaltsanalytischer Kategorien von historischen Veränderungen wächst mit ihrer Zahl bzw. Konkretheit. Insofern sind die von Warr, Knapper (1965) zur Analyse des Inhalts der englischen überregionalen Tageszeitungen festgelegten 12 Kategorien – die meisten davon aufgegliedert nach Text und Bildern – natürlich nahezu zeitlos, allerdings auch weitaus weniger aussagefähig.

Advertisements

Foreign News
  Pictures

Sport
  Pictures

Financial/Economic/Industrial
  Pictures

Crime/Legal/Accident
  Pictures

Politics
  Pictures

Social/Personal
  Pictures

Critics
  Pictures

Cartoons

Features
  Pictures

Editorial

Miscellaneous

Während ein großer Teil der Kategoriensysteme zur Untersuchung von Zeitungen und Zeitschriften die Werbung ausklammert oder als Residualkategorie behandelt, gibt es auch einige Arbeiten, in denen gerade die Werbung Untersuchungsgegenstand ist. Hierzu gehört auch die Arbeit von Barcus (1962) über «Advertising in the Sunday Comics», in der die folgenden 11 Haupt- und 45 Unterkategorien zur Klassifikation von Werbung gebildet wurden:

Personal Care Products:
- Toilet soaps
- Shaving creams, razors, blades
- Toothpastes, dental products
- Hair products, shampoos, oils
- Kleenex, other tissues
- Hand creams, skin creams, lotions
- Deodorants
- Lipstick, powders

Personal Sanitation and Medications:
- Cold medications
- Laxatives, stomach medications
- Antiseptics, gargles
- Band-Aid
- Vitamins, tonics (Geritol, Wate-on, etc.)
- Salves, ointments, skin medications

Minor Household Products:
- Detergents, soaps, cleaners
- Flashlight batteries
- Towels, linens
- Sponges
- Xmas tree lights, shades
- Carwax, shoe polish

Food and Drink Products:
- Breakfast cereals
- Mixes, food ingredients
- Pepsi-Cola, Coca-Cola
- Drink mixes, Koolaid, Ovaltine
- Candies, gum
- Desserts, dessert mixes, Jello

- Meats, meat products, canned meats, fish
- Tea, coffee, Postum
- Butter, margarine

Tobacco Products:
- Cigarettes
- Pipes, pipe tobacco

Durable Goods:
- Automobiles
- Household appliances and dishes
- Tools, auto repair kits, wrench sets

Education, Books

Recreation, Entertainment:
- Toys, guns, kits for children
- Fishing equipment, workshop hobby set
- Binoculars
- Movie ads
- Records, record players

Miscellaneous Products:
- Greeting cards
- Pens, pencils
- Dog food, bird seed
- Puzzle contest

Institutional Advertising

Public Service Advertising:
- March of Dimes
- New York Summer Festival

Nicht nur die Werbung in Comic Strips wurde von Barcus untersucht, sondern auch die Comics selbst. Hierzu formulierte er Kategorien, die vier verschiedene Dimensionen abdecken sollen: (1) Comic-Strip-Typen, (2) dominante Themen, (3) Hauptfiguren und (4) Fortsetzungsformen der Geschichten (Barcus 1961).

A. Traditional Comic Strip «Types»:
1. Serious. Includes classical stories, most historical topics if presented in a serious manner, «social problem» strips but not stories of personal or interpersonal relationships in everyday life.

2. Action and Adventure. Includes stories in which exciting action and adventure is dominant, «men of adventure» strips, etc.
3. Humor. Includes all strips where the presumed intent is primarily light humor. Also includes so-called «social satire» strips.

4. «Real-life.» Includes stories dealing primarily with personal or interpersonal relationships. May be looked at as somewhat analogous to the traditional «soap opera» format on radio or television.

5. Fantasy. Includes fairy tales, some science fiction, other strips with non-human characters, non-earthly settings, etc.

6. Other Types. Not classifiable in above categories.

B. Dominant Themes:

1. Domestic situations, including rather commonplace situations around the home, family and neighborhood.

2. Crime, criminals, outlaws, police, detectives, corruption, rackets, «fixes», violence, murder, etc.

3. Association with historical events or activities, wether truly authentic or fictionized treatments.

4. Religion, stories from the Bible, churches, clergy, other religious themes.

5. Love and romance, intimate relations between the sexes.

6. Supernatural, magic, occult, mystical, superstition, ghosts, phantoms, etc.

7. Nature, animals, forces of nature and the elements, etc.

8. International settings and adventures, foreign lands and peoples, race, nationality.

9. Education and schools, teachers, professors, universities, etc.

10. Business and industry, wether small business or corporations. Also «occupational» strips dealing with executives, secretaries, office boys, etc.

11. Government and public affairs, politicians, government agents, state, local, federal governments, the law, courts, legislation, etc.

12. Science and scientists, including most science-fiction, scientific «facts,» and other strips based primarily on technology.

13. Entertainment world, occupations or settings in the mass media, the sports world, etc.

14. Armed forces and war, branches of the military and defense systems as well as actual combat settings.

15. Literature and the fine arts, tales from classic literature, authors, artists, dance, etc.

16. Other, not covered above. May include non-story-line cartoon strips and strips dealing with a variety of subject-matter.

C. Principal Characters:

1) Adults; 2) Teens, adolescents; 3) Infants and children; 4) Animal; 5) Other (e.g., robots).

D. Continuity of Story:

1) Continuous stories from week to week or month to month; 2) Complete episodes each week; 3) Series of unconnected cartoons.

Nicht mit Aspekten der Massenkommunikation, sondern mit verbaler Interaktion in Kleingruppen und psychiatrischen Interviews befaßt sich Bales (1950). Er entwickelte dazu das Kategorienschema in Abbildung 5.1.

Abbildung 5.1

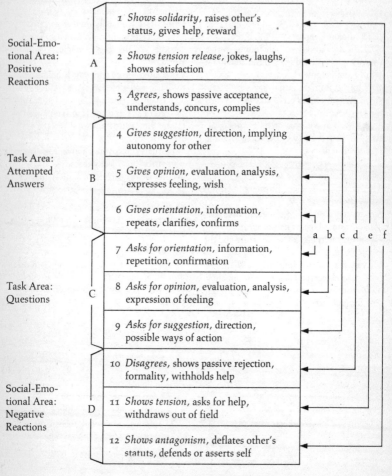

a. Problems of orientation
b. Problems of evaluation
c. Problems of control
d. Problems of decision
e. Problems of tension-management
f. Problems of integration

Ebenfalls mit psychiatrischen Interviews befassen sich Bandura, Lipsher und Miller (1960). Ihr Kategoriensystem soll die Untersuchung von «Interaktionssequenzen» ermöglichen, worunter die Abfolge einer Feindseligkeit ausdrückenden Aussage eines Patienten, der Reaktion des Therapeuten und der wiederum darauf folgenden Aussage des Patienten verstanden wird.

A. Patient Response Category:
1. Hostility: any expression of dislike, resentment, anger, antagonism, opposition, or of critical attitudes.
2. Referent: (a) spouse, (b) children, (c) parents, (d) self, (e) therapist, and (f) other persons or objects.

B. Therapist Response Categories:
1. Approach reactions: verbal responses designed to elicit from the patient further expressions of hostile feelings, attitudes, and behavior.

a) Approval. Therapist sanctions and expresses explicit agreement with the patient's hostile feelings or behavior.
P.: I don't know but I got so mad when he came home.
T.: Under the circumstances, how could you have felt otherwise?

b) Exploration. Therapist asks for further clarification, elaboration, and detailing of the patient's hostile feelings or behavior.
P.: For some reason I had a bad day, just couldn't fall asleep. I just felt aggravated.
T.: Aggravated? Can you tell me a little about that?

c) Instigation. Therapist shifts the discussion from a nonhostility topic to the hostility topic or reintroduces the hostility expressed by the patient earlier in the interview or in previous interviews.
P.: I was pretty fatigued when I got home. I went to bed right off the bat but I just tossed and turned. When I woke up in the morning I had this pain in the leg. I went to the doctor and he gave me a shot.
T.: Yes. Let's get back again to that evening, that irritated feeling you had.

d) Reflection. Therapist repeats or restates the patient's hostile feelings.
P.: And when the kids don't listen to me it rubs me the wrong way. I lose my temper.
T.: You get mad.

e) Labeling. Therapist names the patient's feelings, attitudes or behavior as hostile; points out patterns in the patient's feelings or behavior; suggests relationships between present hostile feelings and behavior and past experiences.
P.: I've picked up the tabs on that girl all my life. Always paying, always costing money. I think I resented her a good deal.
T.: Maybe some of your resentment for Joyce is partly displaced from your mother in that your mother shipped her to you to take care of. You were mad at your mother as well as Joyce.

2. Avoidance reactions: verbal responses designed to inhibit, discourage or divert the patient's hostile expressions.

a) Disapproval. Therapist is critical of the patient's having felt or behaved in a hostile, aggressive manner.
P.: So I blew my top and hit her.
T.: Just for that you hit her?

b) Topical transition. Therapist changes the discussion from the hostility topic to a nonhostility topic.
P.: My mother annoys me.
T.: How old is your mother?

c) Silence. Therapist makes no verbal response for 4 sec. or more after the patient has expressed hostility.
P.: I just dislike it at home so much at times.
T.: (Silence)
P.: So I just don't know what to do.

d) Ignoring. Therapist responds to the

content of the patient's response but ignores the hostile affect.

P.: I lose my temper over his tardiness.

T.: What are the results of his being tardy?

e) Mislabeling. Therapist labels as non-hostile feelings that are clearly hostile.

P.: When are you going to give me the results of those tests? I think I'm entitled to know.

T.: You seem to be almost afraid to find out.

3. Unclassified responses: unscorable utterances and responses that were irrelevant to the above subcategories.

5.3. Darbietung von Kategoriensystemen

Bei den vorgestellten Kategorienmustern lassen sich drei verschiedene Arten der Darbietung unterscheiden: (1) die Kategorien werden nur mit einem Oberbegriff bezeichnet, (2) die enthaltenen Elemente werden namentlich aufgezählt, und (3) der Rahmen einer Kategorie wird allgemein und evtl. in bezug zu anderen Kategorien beschrieben, ohne die einzelnen Elemente aufzuzählen. Welche der drei Möglichkeiten die beste ist, kann nicht allgemeingültig gesagt werden, sondern ist ebenso wie andere Merkmale der Kategorienbildung von der jeweiligen Fragestellung und dem Textmaterial abhängig. Die erste der obengenannten Möglichkeiten kann bei sehr konkreten, z. B. nur einen Namen umfassenden Kategorien durchaus angemessen sein, kann aber ebenso zu großen Problemen führen. Selbst eine so scheinbar eindeutige Kategorie wie «Selbstmord» (Nr. 25 bei Willey 1926) hilft nicht bei der Entscheidung, wie eine Nachricht über einen angeblichen Selbstmord, bei dem man jedoch vermutet, daß es sich tatsächlich um Mord handelt, kodiert werden soll. Und solange keine weitere Spezifizierung der Kategorien von Willey vorgenommen wird, bleibt es auch völlig unklar, ob Meldungen über ein Unwetter in die Kategorie «Wetter» (Nr. 48) oder «Katastrophen» (Nr. 27) oder in beide gehört. Man könnte zahlreiche weitere Fälle finden, wo es ähnliche Probleme bei der Kodierung gibt. Offensichtlich besteht bei dieser Art der Kategorienkennzeichnung die große Gefahr, daß keine eindeutigen Zuordnungen gesichert sind. Allerdings sollte man nicht aus einer derartigen Darstellung des Kategorienschemas in einer Publikation zwangsläufig auf eine mangelnde Eindeutigkeit schließen, denn häufig wird diese Darstellungsform nur der Einfachheit halber gewählt, während die Kodierer über weitaus ausführlichere Anweisungen verfügten. Damit erhebt sich dann aber der Vorwurf, daß der Forschungsprozeß nicht explizit gemacht und so seiner Nachvollziehbarkeit entzogen wurde.

Am besten gesichert ist die Forderung nach eindeutigen Kategorien, wenn die jeweiligen Elemente namentlich aufgezählt werden. Dabei kann es für den Kodierer keine Probleme geben, sein Kodierungsprozeß wird rein mechanisch. Deshalb wird dieses Vorgehen auch in den meisten Fällen verwendet, wenn die Kodierung mit Hilfe von Computern vorgenommen wird (siehe Kapitel 7). Die Praktikabilität einer Definition der Kategorien durch Aufzählung ihrer Elemente ist allerdings begrenzt. Sobald als Kategorisierungseinheit nämlich nicht mehr Wörter, sondern z. B. Sätze oder Themen gewählt werden, ist dieses Vorgehen kaum mehr möglich, da nicht alle in eine Kategorie fallenden Elemente aufgezählt werden können. Weiterhin stellt sich das Problem der Homographen und Metaphern (siehe Kapitel 3), was dazu führt, daß hier die hohe Reliabilität zu Lasten der Validität geht.

Demnach ist es im allgemeinen sinnvoller, den Rahmen einer Kategorie allgemein zu beschreiben und Abgrenzungen und Beziehungen zu anderen Kategorien aufzuzeigen. Um dies möglichst deutlich zu gestalten, sollten zusätzlich einige besonders markante Elemente und mögliche Zweifelsfälle namentlich genannt werden. Auf diese Art wird wahrscheinlich eine annähernd gleiche Reliabilität wie bei der vorher genannten Möglichkeit erreicht, ohne daß jedoch die Validität gleichzeitig verringert wird.

Aber nicht allein die Güte des Kategoriensystems ist auf dieser Stufe einer inhaltsanalytischen Untersuchung entscheidend, auch das Verhalten der Kodierer ist hier von Bedeutung. So kann man z. B. feststellen, daß dort, wo der zu kodierende Text nicht den Einstellungen des Kodierers entspricht, dessen Leistungen im allgemeinen schlechter sind als bei einem Text, der seine Einstellungen widerspiegelt (Donohew 1966). Weiter oben wurde bereits auf das Problem der Konsistenz des Bewertungssystems beim Kodierer hingewiesen. Denkbar sind eine ganze Reihe weiterer relevanter Aspekte des Kodiererverhaltens, wozu nicht zuletzt auch Müdigkeit, Umfang des zu bearbeitenden Materials, Engagement im Forschungsprojekt u. ä. gehören. Dies alles macht grundsätzlich ein intensives Kodierertraining notwendig (siehe Cartwright 1953, 461 ff).

6. Zuverlässigkeit und Gültigkeit

Als zentrale Kriterien für die Güte von Erhebungs- und Meßinstrumenten – insbesondere im Rahmen der klassischen Testtheorie – werden die Zuverlässigkeit (auch: Reliabilität) und die Gültigkeit (auch: Validität) angesehen. Beide Konzeptionen sind weder eindeutig definiert noch hinsichtlich ihrer wissenschaftstheoretischen und meßtheoretischen Implikationen unumstritten (eine ausgezeichnete Darstellung und Kritik gibt Fischer 1974). Als Common sense läßt sich aber wohl formulieren:

Zuverlässigkeit beinhaltet die Reproduzierbarkeit von Ergebnissen unter den gleichen intersubjektiven Bedingungen – insbesondere also die Forderung, daß andere Forscher bei Anwendung desselben Erhebungsinstruments in Interaktion mit demselben Untersuchungsgegenstand zu demselben Ergebnis gelangen.

Gültigkeit beinhaltet die Übereinstimmung von Ergebnissen mit dem durch die Untersuchung (Messung) vorgegebenen, theoretisch-begrifflich zu erfassenden Sachverhalt – insbesondere also die Forderung, daß die gewählten Operationalisierungen den begrifflichen Merkmalsbereich hinreichend erschöpfend erfassen, daß die Ergebnisse mit dem theoretischen Bezugsrahmen grundsätzlich in Einklang zu bringen sind und daß sie als Prognosekriterium für von der Theorie vorhergesagte (und empirisch feststellbare) Phänomene dienen können (differenzierter unter 6.2).

Da Forschung selber ein Teilbereich dessen ist, was Inhaltsanalyse zum Gegenstand hat, nämlich soziale Interaktion, wird an dieser Stelle die Verbindung von Inhaltsanalyse und allgemeinen Forschungsprinzipien deutlich: Zuverlässigkeit und Gültigkeit haben insbesondere pragmatischen Charakter. Sie sollen sichern helfen, daß unterschiedliche Forscherindividuen (zumindest innerhalb einer Scientific Community, welche sich über die Anerkennung bestimmter paradigmatischer Grundsätze verständigt hat) hinsichtlich eines bestimmten Teilbereichs der Welt hinreichend gleiche Erfahrungen machen können und über diese Erfahrungen sinnvoll (d. h. in gemeinsam akzeptierten Terminologien) kommunizieren können, um so einerseits koordiniertes Handeln, andererseits die Kumulation von Erfahrung (Wissen) zu ermöglichen.

In diesem Sinne hat eine hohe Zuverlässigkeit die intersubjektive Erfahrbarkeit im Gegensatz zu raum-zeitlich singulärer und individueller Erfahrung zu garantieren, während Gültigkeit die Verbindung zwischen realer Erfahrung und gängigen Kommunikationsprozessen (z. B. wissenschaftliches Sprachsystem) im Hinblick auf zielgerichtetes koordiniertes Handeln

(Prognosefunktion) gewährleisten soll. Jene Realität, die sich nur durch individuelle (z. B. geniale) Fähigkeiten einzelner erschließen läßt, hat für die Community so lange keine Bedeutung, bis diese die betreffenden Phänomene nachvollziehen kann (Reliabilität) oder zumindest die reproduzierbaren Ergebnisse in ihren Auswirkungen als handlungsrelevant akzeptiert werden (Validität).

Aus diesen Gründen ist hohe Zuverlässigkeit auch notwendige Voraussetzung für Gültigkeit: Singuläre Einzelerscheinungen (oder Erscheinungen mit zu großer ungeklärter Variabilität) eignen sich weder zur Prognose, noch können sie im Rahmen einer Theorie handlungsbestimmend sein. Was in seiner Reproduktion so wenig zuverlässig ist, kann auch keine (situationsunspezifische) Gültigkeit im Rahmen kumulierbaren Wissens haben und damit keine Sicherheit für eine unter bestimmten Bedingungen nachvollziehbare Erfahrung bieten. Bisher ungeklärte Einflüsse – oder in anderer Terminologie: Fehlervarianz – schlagen von der Reliabilität somit unmittelbar auf die Validität durch.

Umgekehrt allerdings muß auch ein sehr zuverlässiges Instrument noch lange nicht gültig sein. So kann man z. B. bei der Inhaltsanalyse ein unklar definiertes Kategoriensystem, bei dem die Kodierer in Auseinandersetzung mit demselben Text stark abweichende Reaktionen produzieren (das also sehr unreliabel ist), durch straffe und umfassende Operationalisierungen der Kategorien verbessern und so weitgehend eindeutige und voll reproduzierbare Zuordnungen erzwingen – damit ist jedoch noch nichts darüber ausgesagt, ob mit diesen Zuordnungen in das Kategoriensystem auch die theoretisch interessanten Phänomene erfaßt werden. Wenn also z. B. Weymann (1973 a) in einer publizierten Inhaltsanalyse, nachdem er das gewählte Kategorienschema beschrieben und die Stichprobenziehung erläutert hat, schreibt (S. 187): «Die Inter-Kodierer-Zuverlässigkeit . . . beträgt im vorliegenden Fall bei drei Kodierern durchschnittlich 0,79. Dieser Wert kann als ausreichend angesehen werden. Er belegt zur Genüge die Brauchbarkeit der Kategorienliste», so kann sich «Brauchbarkeit» höchstens auf den Aspekt *von entsprechend instruierten Kodierern hinreichend reproduzierbar* (siehe dazu aber unten!) beziehen; über die «Brauchbarkeit der Kategorienliste» im Sinne von: *die im Zusammenhang mit der Forschungsfrage wesentlichen Aspekte der Kommunikation rekonstruieren* ist hingegen mit der Übereinstimmung von Kodierern nichts ausgesagt, geschweige denn durch einen solchen Wert «zur Genüge belegt».

Die durch Zuverlässigkeit und Gültigkeit erhobenen Forderungen, den Forschungsprozeß so zu gestalten, daß die Phänomene insbesondere reproduzierbar und prognostizierbar sind, werfen das phänomenologische Problem auf, die unendliche Vielfalt erscheinender Realität in relevante Äquivalenzklassen zu strukturieren. Die Gültigkeit von Ergebnissen hinsichtlich ihres theoretisch-begrifflichen Rahmens kann nur auf dieser Ebene beantwortet werden: Welche Erscheinungen fallen in die Klasse, die den Merkmalsbereich ausmacht, welche gehören zu der Klasse der vorhergesagten Phänomene usw.? Im Zusammenhang mit der Zuverlässigkeit muß z. B. entschieden werden, was die Formulierung «unter gleichen Bedingungen» im konkreten Fall bedeuten soll. Es gibt stets eine unendliche Anzahl von Bedingungen – welche davon sind die entscheidenden, die «konstant gehalten» werden müssen, d. h. bei den unterschiedlichen Interaktionen des Untersuchungsbereiches mit dem Instrument (Forscher) wieder gleichgeartet sein sollen?

Bei der zweimaligen Vorgabe eines Tests an eine Person gibt es u. a. folgende Fragen zu klären: Ist die Person in ähnlicher Stimmung (Müdigkeit, Entspanntheit, emotionaler Zustand, Triebsättigung usw.), hat sie sich durch die erste Testung verändert (Lernerfolg, Einstellungsveränderung, Erkenntnisprozesse usw.), sind die äußeren Bedingungen gleich (Raum, Helligkeit, Testleiter, Material usw.) usw.?

In diesen Punkten nun treffen Stichproben-, Reliabilitäts- und Validitätsaspekte untrennbar miteinander vermischt auf: Realisierte Testwiederholungen können als Stichprobe aus der theoretischen Grundgesamtheit aller möglichen Wiederholungen betrachtet werden, d. h., man hätte die Person zu unendlich vielen Zeitpunkten testen können. Die beiden Tests – z. B. am 5. 1. 1977 um 15^h 0′ 30″ und am 12. 1. 1977 um 16^h 21′ 10″ begonnen – sind dann zwei realisierte Elemente aus der unendlichen Grundgesamtheit möglicher Testsituationen (statt um 15^h 0′ 30″ hätte die Testung auch um 15^h 0′ 40″ beginnen können). So gesehen, stellt sich sofort die Frage, welche Parameter zur Beschreibung dieses Stichprobenprozesses herangezogen werden müssen, d. h. wie die Grundgesamtheit definiert ist und welche der (unendlich oder zumindest nahezu unendlich vielen) Parameter praktisch relevant werden. Konkret gesprochen: Ist es pragmatisch sinnvoll, beide Testsituationen so zu gestalten, daß die Person zweimal mit gleichem Mageninhalt, gleicher Aufmerksamkeit, gleicher emotionaler Verfassung, ohne kognitive Veränderungen usw. in einem Raum gleicher Temperatur, gleicher Helligkeit, mit gleichen Nebengeräuschen usw. antritt (sofern dies überhaupt hinreichend möglich wäre und die Frage entschieden ist, ob als «Gleichheit» physikalisch-apparative Gleichheit oder aber Gleichheit der subjektiven Repräsentation gemeint und entscheidend ist)? Einige mögliche Störfaktoren[1] sind damit zwar reduziert, und die Chance für gleichartige Ergebnisse in beiden Situationen – und damit die Reliabilität – wird erhöht. Da dies aber über eine Beschränkung der Menge variierender Parameter erreicht wurde (Temperatur, Aufmerksamkeit usw. sind ja nun *keine* Ergebnisunterschiede hervorrufende Parameter mehr), hat sich natürlich auch die Grundgesamtheit möglicher Phänomene erheblich verändert. Aussagen –

---

1 Eine lesenswerte Auseinandersetzung mit der Störfaktorentheorie auf der Basis einer reinterpretierten Erkenntnistheorie Kants und zentraler Arbeiten von Sohn-Rethel findet sich in von Greiff 1976.

und damit auch solche über Validität – beziehen sich nur noch auf Situationen, die als Stichproben aus dieser so weit eingeschränkten Grundgesamtheit aufgefaßt werden können, d. h. auf Testsituationen mit einer bestimmten Temperatur, Ermüdung der Person usw.

Die Validität für *solche* Situationen wird nicht gesunken, sondern möglicherweise sogar wegen der höheren Reliabilität gestiegen sein. Erweitert man den Begriff der Gültigkeit allerdings um den Aspekt der möglichst umfassenden *Allgemein*gültigkeit im Hinblick auf common-sense-relevante Alltagsphänomene, so ist durch die artifizielle Testsituation diese Gültigkeit – im Sinne von Brauchbarkeit für Alltagshandeln – sicher erheblich gesunken.

Gerade in diesem Punkt besteht ein erheblicher Unterschied zwischen Natur- und Sozialwissenschaften. Typisch und praktisch relevant für Naturwissenschaft sind weitgehend artifizielle Situationen, denn in ihrer Anwendung hat sie sich unter von Menschen künstlich erzeugten, fest vorgegebenen und hinreichend konstant gehaltenen Bedingungen zu bewähren, im Zusammenhang mit von Menschen bereits weitgehend bearbeiteter Materie. Wo dies befriedigend erfüllt ist – z. B. in der Technik –, ist die Naturwissenschaft sehr viel erfolgreicher (und auch in den Aussagen viel reliabler und valider) als dort, wo sie sich mit nichtkünstlichen ursprünglichen Naturphänomenen auseinandersetzen muß (z. B. Wettervorhersage, Naturkatastrophen, Landwirtschaft, Schädlingsbekämpfung usw.). Die Phänomene in Vier-Zylinder-Benzinmotoren mit Einspritzung und deren Auswirkung auf das Drehmoment der Kurbelwelle sind von sehr vielen Parametern abhängig, die speziellen Bedingungen in einem bestimmten Motortyp sehr artifiziell. Durch technisierte Produktionsweise aber können diese Bedingungen beliebig oft hinreichend gut reproduziert werden, so daß reliable und valide Ergebnisse hinsichtlich Leistung, Verbrauch usw. eines bestimmten Motors aus dieser Typserie möglich werden. Die genauen Bedingungen, unter denen die Verbrennung in einem Zylinder stattfindet, sind sehr artifiziell und gelten *so* nur für die betreffende Metallegierung, Bohrung, Hubraum, Form usw. Dennoch ist das Ergebnis nicht nur zuverlässig und gültig, sondern diese Gültigkeit ist auch praktisch relevant, denn die Verbrennung in diesem Motor wird immer unter diesen speziellen Bedingungen ablaufen.

Eine Testvalidität, die an artifizielle Laboratoriumsbedingungen gebunden ist, hat hingegen wenig praktische Relevanz (jedenfalls auf dem gegenwärtigen Stand der Theorienbildung in den Sozialwissenschaften): Alltagsverhalten, das ja prognostiziert werden soll, findet unter sehr unterschiedlichen Bedingungen statt. Je stärker die Variabilität der Alltagsphänomene durch unentdeckte und/oder theoretisch unberücksichtigte Parameter (Störfaktoren) bestimmt ist, desto mehr wird eine Erhöhung der Reliabilität durch *Eliminierung* dieser Parameter den praktisch-relevanten Aspekt der Validität beeinträchtigen (denn um so größer wird die Diskrepanz zwischen Handlungsalltag und Untersuchungssituation). Andererseits aber ist – wie oben festgestellt wurde – eine hinreichend hohe Reliabilität notwendige Voraussetzung für eine brauchbare Validität – ein Dilemma, das nur zu lösen ist, indem man entweder artifizielle Bedingungsstrukturen untersucht, in der Hoffnung, aus den Einzelerkenntnissen eines Tages eine umfassende und alltagsrelevante Theorie konstruieren zu können, oder aber indem man statt der Eliminierung von Bedingungen möglichst weitgehend multivariat verfährt und so die Komplexität der Alltagssituationen zumindest teilweise erreicht. Letzteres bedeutet konsequenterweise aber auch eine weitgehendere Verschmelzung von Stichproben-, Reliabilitäts- und Validitätsaspekten, wie oben argumentiert wurde, denn wenn es in praxi keine genau gleichen Bedingungen gibt, werden daraus auch keine genau gleichen Ergebnisse folgen können. Wesentlich wird dann die Frage, ob aus Bedingungen, die zur gleichen alltagsrelevanten phänomenologischen Äquivalenzklasse gehören (oder anders: als n-parametrige Stichprobe aus der gleichen Grundgesamtheit stammen), auf der Ergebnisseite ebenfalls alltagsrelevante äquivalente Phänomene folgen.

Man mag geneigt sein, der Inhaltsanalyse vorschnell zu unterstellen, daß sie mit weit weniger Problemen auf diesem Gebiet konfrontiert ist; schließlich sind fixierte Buchstabenkombinationen invariant und haben weder Stimmungen, noch lernen sie usw., d. h., der Untersuchungsgegenstand scheint per se in beliebigen Situationen nahezu unverändert dem Forscher gegenüberzutreten, höchstens die Kodierer und Interpreten können in ihren Reaktionen auf den Text voneinander abweichen – vorwiegend also ein Problem des operationalisierten Kategoriensystems. Daß diese Auffassung – obwohl implizit in einschlägigen Lehrbüchern vertreten – zumindest in dieser Rigorosität irrig ist, wird noch gezeigt. Wichtig war, schon hier die grundsätzliche Frage nach den phänomenologischen Äquivalenzklassen anzuschneiden, da sie sowohl für die Zuverlässigkeit als auch für die Gültigkeit von Bedeutung ist.

Es liegt auf der Hand, daß versucht wurde, zwei so zentrale Konzepte wie Zuverlässigkeit und Gültigkeit weitgehend zu operationalisieren. Die wichtigsten Aspekte dieser Bemühungen für die Inhaltsanalyse sollen nun getrennt für Zuverlässigkeit und Gültigkeit erörtert werden.

6.1. Aspekte der Zuverlässigkeit

Wie bereits betont, wird Zuverlässigkeit in der Inhaltsanalyse üblicherweise als ein Problem des Kategoriensystems und der Kodiererschulung angesehen. So schreiben z. B. Mayntz, Holm und Hübner (1972, 161):

«Die Zuverlässigkeit einer Inhaltsanalyse drückt sich darin aus, daß derselbe Coder bei zweimaligem Verschlüsseln des gleichen Textes bzw. verschiedene Personen bei seiner getrennten Verschlüsselung zu genau den gleichen Ergebnissen (Häufigkeit der Eintragungen in einzelne Kategorien) kommen. Das Maß dieser Übereinstimmung läßt sich berechnen. Es leuchtet ein, daß eindeutig und präzise definierte Kategorien und klare Zuordnungsregeln die Zuverlässigkeit erhöhen, indem sie subjektiv willkürliche Bedeutungsinterpretationen durch den Codierer weniger wahrscheinlich machen. Eine weitere Voraussetzung für die Zuverlässigkeit der Ergebnisse ist, wie bei allen Datenermittlungsverfahren, die zuverlässige Befolgung der Verfahrensregeln durch die Codierer.»

Diese Auffassung geht wohl weitgehend auf eine oft zitierte Arbeit von Stempel (1955) zurück, eine im Rahmen einer Doktorarbeit unternommene experimentelle Studie über Codiererverhalten in der Inhaltsanalyse. Stempel schlägt insbesondere vor, inkompetente Codierer durch Vortests und Schulung herauszusuchen und sogar notfalls die Arbeit bestimmter Kodierer noch nach Fertigstellung der Studie zu eliminieren. Wenn der Forscher so «die beste Gruppe von Kodierern, die unter den gegebenen Umständen möglich ist» (Stempel, S. 455), zusammengestellt hat, muß er ihnen helfen, die Arbeit so gut wie möglich zu verrichten, indem er versucht, eine weitgehende Klarheit und Einfachheit des Kategoriensystems zu erreichen. In Anlehnung an Lasswell u. a. (1949) betont er zwei Aspekte:
1. Die Zuverlässigkeit wird größer, wenn jede Kategorie durch Aufzählung aller in Frage kommenden Wörter beschrieben ist, im Gegensatz zur eher üblichen Vorgehensweise, wo die wesentlichen Merkmale jeder Kategorie (ergänzt um Beispiele) erklärt werden.
2. Die Zuverlässigkeit nimmt zu, je weniger «gerichtete Kategorien» (z. B.: moralisch – unmoralisch) verwendet werden.

Holsti (1968) verweist neben der möglichst erschöpfenden Definition (1) und der möglichst weitgehenden Unterscheidungsfähigkeit (2) der Kategorien (notfalls durch Zusammenlegung nicht gut differenzierender Kategorien) noch auf eine dritte Möglichkeit, die Zuverlässigkeit zu erhöhen: Er schlägt vor, die Entscheidungen, welche Kodierer zu treffen haben, nach Möglichkeit auf dichotome Alternativen zu reduzieren, wobei allerdings auch Entscheidungssequenzen möglich sein sollen (z. B. 1. Entscheidung: (A_1) «politisch» – (B_1) «nicht politisch»; wenn $(A_1) \rightarrow$ 2. Entscheidung: (A_2) «betrifft USA» – (B_2) «betrifft nicht USA», usw.). Auf diese Weise werden die Kodierer gezwungen, sich bei ihren Entscheidungssequenzen an vorgegebene Strukturen zu halten und sich in jedem Moment auf nur eine Entscheidung zu konzentrieren.

Oberstes Ziel ist also in jedem Fall eine totale Gleichschaltung der Reaktionen mehrerer Kodierer. Daß dies nicht unmittelbar die einzige Lösung der Reliabilitätsforderung sein muß, sei nur angemerkt: Immerhin ist es unwahrscheinlich, daß die realen Empfänger einer Nachricht (sofern es mehrere oder gar sehr viele sind, wie z. B. bei einem Zeitungsartikel) ebenso gleichgeschaltet reagieren und die Nachricht dekodieren. Man könnte also unbefangen auch von der Idee ausgehen, das Kodiererteam als (möglichst repräsentative) Stichprobe aus der Grundgesamtheit der realen Rezipienten aufzufassen. Abweichende Reaktionen wären dann nicht «Störfaktoren», sondern Bestandteile einer komplexen Reaktions- und Dekodierungsverteilung bzw. -struktur, und Reliabilität hieße dann, diese *Struktur* zuverlässig zu reproduzieren. Doch das Methodenbewußtsein mancher Inhaltsanalytiker scheint so simpel gestrickt, daß ihnen diese Möglichkeit einer repräsentativen Reaktions*verteilung* gar nicht erst in den Sinn kommt; von *einer* «Normreaktion» abweichende Reaktionen sind «Fehler», und Kodierer, die zu viele »Fehler« produzieren, sind zu eliminieren. Bevölkerungsteile, welche die Welt nicht so sehen und kategorisieren wie der Inhaltsanalytiker, werden wegen Dummheit oder Bosheit von der weiteren Betrachtung ausgeschlossen – wozu soll man als Sozialwissenschaftler seine mühsam mit der «besten Gruppe von Kodierern» erreichte objektive Bedeutungshomogenität durch die realen Reaktions- und Interpretationsunterschiede in gesellschaftlichen Subgruppen gefährden lassen.

Unter diesem Gesichtspunkt sind die entwickelten Operationalisierungen der Zuverlässigkeit auch weitgehend Maße der Übereinstimmung. Im einfachsten Fall wird für zwei Kodierer folgendes Maß verwendet (so auch Weymann in der obigen Aussage):

$$(6.1) \qquad Z = \frac{2 \, \ddot{U}}{K_1 + K_2}$$

wobei
$\ddot{U}$ = Anzahl der übereinstimmenden Kodierungen zweier Kodierer,
K_1 = Anzahl der Kodierungen von Kodierer 1,
K_2 = Anzahl der Kodierungen von Kodierer 2.

Weymann hatte bei 3 Kodierern $\binom{3}{2} = 3$ solcher Paare gebildet und das arithmetische Mittel der drei Z-Werte als Maß für die durchschnittliche «Inter-Kodierer-Zuverlässigkeit» verwendet. Bei N Kodierern ergibt sich dann

$$(6.2) \qquad \bar{Z} = \frac{4}{N \, (N-1)} \sum_{i=1}^{N-1} \sum_{j=i+1}^{N} \frac{\ddot{U}_{ij}}{K_i + K_j}$$

wobei
$\ddot{U}_{ij}$ = Anzahl der Übereinstimmungen.

Ritsert gibt eine andere Verallgemeinerung des obigen Paar-Koeffizienten für N Kodierer an, nämlich (in analoger Terminologie):

$$(6.3) \qquad Z_N = \frac{N \cdot \ddot{U}}{\sum\limits_{i=1}^{N} K_i}$$

wobei $\ddot{U}$ die Anzahl der Übereinstimmungen *aller* Kodierer ist.

Inhaltlich bedeuten die beiden Koeffizienten etwas Verschiedenes: Der erste Koeffizient beinhaltet im wesentlichen die mittlere Anzahl der Übereinstimmung je zweier Kodierer, während der zweite Koeffizient die Anzahl gemeinsamer Übereinstimmungen aller Kodierer bedeutet. Da nun die Anzahl gemeinsamer Übereinstimmungen nie größer sein kann als die des schlechtesten Paares, wird in der Praxis Z_N kleiner ausfallen als $\bar{Z}$ – wobei der Unterschied zwischen beiden Koeffizienten um so größer ist, je stärker die paarweisen Übereinstimmungen voneinander abweichen. Z_N enthält somit die wesentlich rigorosere Forderung an die Reaktionsidentität: Auch wenn $N - 1$ Kodierer sehr gut übereinstimmen, läßt der N-te Kodierer mit abweichenden Reaktionen diesen Koeffizienten erheblich sinken. Andererseits verführt dieser Koeffizient geradezu, die von Stempel geforderte Eliminierung abweichender Kodierer praktisch umzusetzen, mit dem Ziel, die Reliabilität nicht unter eine bestimmte Grenze sinken zu lassen. Man kann nämlich mit $N = 2$ Kodierern, welche die höchste Übereinstimmung haben, beginnen und sequenziell N so lange erweitern, wie Z_N nicht unter eine vorher gewählte Schranke fällt. Man könnte Z_N sogar verwenden, um mit Hilfe taxometrischer Modelle (z. B. Clusteranalyse, vgl. Schlosser 1976) homogenere Subgruppen innerhalb der Kodierer zu finden. Letzteres wäre aber nur dann sinnvoll, wenn man gerade nicht eine möglichst weitgehende Übereinstimmung aller Kodierer durch ein stark operationalisiertes Kategorienschema in den Vordergrund stellt, sondern an der Erforschung unterschiedlicher Bedeutungsrekonstruktionen anhand desselben Reizmaterials interessiert ist – eine leider kaum gewählte Fragestellung in der Inhaltsanalyse.

Beide Koeffizienten haben den Nachteil, daß sie den Anteil zufällig zustande gekommener Übereinstimmungen nicht relativieren. Immerhin wird auch bei rein zufälliger Zuordnung von Texteinheiten zu Kategorien durch zwei Kodierer (z. B. durch einfaches Auswürfeln) eine bestimmte Anzahl von identischen Reaktionen zu beobachten sein, wobei die zu erwartende Anzahl erheblich von der Zahl der Kategorien abhängt: Je weniger Kategorien unterschieden werden, desto wahrscheinlicher ist das Zustandekommen von Übereinstimmungen bei zufälliger Zuordnung.

Bennett, Alpert und Goldstein (1954) haben daher eine Korrektur des ersten Koeffizienten vorgeschlagen. Ausgehend von der Überlegung, daß bei n-Kategorien und gleicher Häufigkeitsverteilung über die Kategorien der relative Anteil zufälliger Übereinstimmungen zwischen zwei Kodierern $\frac{1}{n}$ beträgt, kommen sie zu der Formel

$$(6.4) \qquad S = \frac{n}{n-1}\left(Z - \frac{1}{n}\right)$$

wobei Z der Koeffizient 6.1 ist.

Scott (1955) kritisiert die Voraussetzung der Kodierungsgleichverteilung über die Kategorien als praxisfern. Insbesondere weist er darauf hin, daß z. B. bei zwei Kategorien und einem Z von 0,60 ein S von 0,20 resultiert, während sich bei vier Kategorien und $Z = 0,60$ ein S von 0,47 ergibt – auch dann, wenn die zusätzlichen zwei Kategorien überhaupt nicht benutzt wurden, unter inhaltlichen Gesichtspunkten also beide Fälle gleich sind. Er schlägt daher den folgenden Koeffizienten vor:

(6.5)

$$Pi = \frac{Z-E}{1-E}$$

$$\text{mit } E = \frac{\sum\limits_{i=1}^{n} (K_{1i} + K_{2i})^2}{\left[\sum\limits_{i=1}^{n} (K_{1i} + K_{2i}) \right]^2} = \sum\limits_{i=1}^{n} R_i^2$$

wobei

$K_{i1} + K_{i2}$ die Summe der Kodierungen beider Kodierer in Kategorie i (i = 1 bis n) bedeutet

bzw. R_i die relative Häufigkeit der Kodierungen in Kategorie i (relativ zur Gesamtanzahl der Kodierungen).

Grundlage für diese Formel bildet die Annahme, daß die Kodierer sich hinsichtlich der Häufigkeitsverteilung über die Kategorien nicht wesentlich voneinander unterscheiden, daß also der Anteil der Urteile in einer Kategorie an der Gesamtzahl der Kodierungen für jeden Kodierer hinreichend gleich ist.

In einer Klammer vermerkt Scott, daß diese Annahme nicht notwendigerweise getroffen werden muß, sondern daß E auch aus der tatsächlichen Häufigkeitsverteilung berechnet werden könne, nur sei diese Vorgehensweise komplizierter. Durch diesen Hinweis suggeriert Scott, daß seine getroffene Annahme allein formal-rechentechnische Gründe hat – offenbar mit Erfolg, denn spätere Autoren übernehmen Scotts Verläßlichkeitsindex ohne Problematisierung (z. B. Herkner 1974, Holsti 1969, Ritsert 1972). Meines Erachtens hat sich Scott aber durch den Verweis auf rechnerische Einfachheit um ein inhaltliches Problem herumgedrückt, welches offenbar wird, wenn man versucht, die Erwartungswerte für zufällige Übereinstimmung aus der Reaktionsverteilung der beiden Koder ohne Scotts «rechnerische» Vereinfachung zu bestimmen. Dies soll an dem von Ritsert für die Berechnung von E gewählten Beispiel demonstriert und diskutiert werden (Ritsert 1972, 63 f).

Beispiel: Angenommen, zwei Koder hätten Motive in fünf Texten zu bestimmen. Ein Kategoriensatz mit sechs Kategorien sei vorgegeben.
Erläuterung:
Koder A hat zehn Zuordnungen von Textelementen zu Kategorien, Koder

Tabelle 6.1

Koder A

Kategorie Nr.	Text Nr.					Σ
	I	II	III	IV	V	
1	⊗					1
2		⊗		⊗		2
3		⊗		×		2
4			⊗		⊗	2
5				⊗	⊗	2
6				×		1
a)						10

Koder B

Kategorie Nr.	Text Nr.					Σ
	I	II	III	IV	V	
1	⊗					1
2		⊗	×	⊗		3
3		⊗			×	2
4		×	⊗		⊗	3
5				⊗	⊗	2
6	×					1
b)						12

B hat deren zwölf vorgenommen. Das ist durch die Kreuze im Schema festgehalten. Sie stimmen jedoch nur in acht Kodierungen überein. (Das ist durch die umkreisten Kreuze gekennzeichnet.)

Berechnen wir die Übereinstimmung für das von Ritsert gegebene Beispiel (Tabelle 6.1) zunächst nach Formel 6.1:

$$Z = \frac{2\,\ddot{U}}{K_1 + K_2} = \frac{2 \cdot 8}{10 + 12} = \frac{16}{22} = 0{,}73$$

Die durch Scott kritisierten Überlegungen von Bennett, Alpert und Goldstein lassen sich durch Diagramm 6.1 verdeutlichen.

Diagramm 6.1

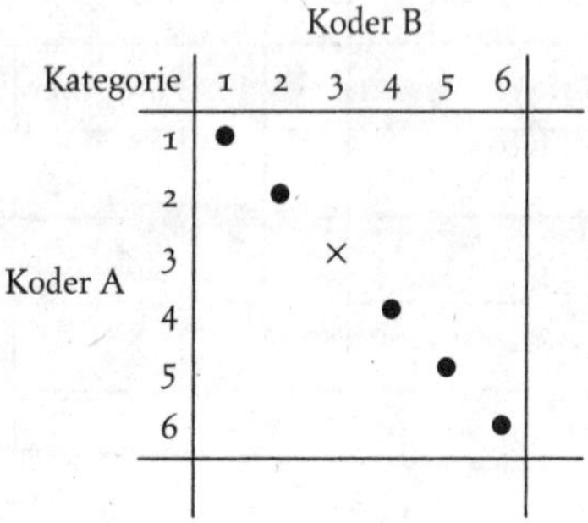

Bei sechs Kategorien fällt bei einer Gleichverteilung der Kodierungen in jede Kategorie $\frac{1}{6}$ der Reaktionen, d. h., die Wahrscheinlichkeit, daß eine Kodierung in Kategorie i fällt, ist (für alle i = 1 bis 6) = $\frac{1}{6}$. Demnach ist die Wahrscheinlichkeit, daß Koder A und Koder B zufällig Kategorie i (z. B. i = 3, durch x markiert) wählen, $\frac{1}{6} \cdot \frac{1}{6}$, nämlich formal die Produktwahrscheinlichkeit genau eines von 36 möglichen Ereignissen. Die Wahrscheinlichkeit für zufällige Übereinstimmung ist dann bei den sechs Kategorien $6 \cdot \frac{1}{6} \cdot \frac{1}{6} = \frac{1}{6}$, oder anschaulich: die sechs Diagonalzellen aus den 36 Zellen.

Der Koeffizient 6.4 ist nun so konstruiert, daß sich S = 0 ergibt, wenn Z = $\frac{1}{n}$ ist, und daß sich S = 1 ergibt, wenn Z = 1 ist. Es ergibt sich somit für das obige Beispiel:

$$S = \frac{n}{n-1}\left(Z - \tfrac{1}{n}\right) = \frac{6}{5}\left(0{,}73 - \tfrac{1}{6}\right) = 0{,}67$$

Scott, der die Annahme der Gleichverteilung kritisiert, setzt nun als Randsummenverteilung in das Diagramm 6.1 die relativen Häufigkeiten *beider* Kodierer ein (vgl. Diagramm 6.2).

Koder B

Kategorie	1	2	3	4	5	6		
1	●						$2/22 = .09$	
2		●					$5/22 = .23$	
3			●				$4/22 = .18$	
4				●			$5/22 = .23$	
5					●		$4/22 = .18$	
6						●	$2/22 = .09$	
	.09	.23	.18	.23	.18	.09	1	

(Koder A an der linken Seite, Zeilen 3 und 4)

Genau diese *gemeinsame* Reaktionsverteilung als Randsummenverteilung benutzt er nämlich, um den Anteil zufälliger Übereinstimmungen (Diagonale) zu berechnen:

$$E = P_{(1,1)} + P_{(2,2)} + P_{(3,3)} + P_{(4,4)} + P_{(5,5)} + P_{(6,6)}$$
$$= \sum_{i=1}^{6} R_i^2 = 0{,}09^2 + 0{,}23^2 + 0{,}18^2 + 0{,}23^2 + 0{,}18^2 + 0{,}09^2$$
$$= 0{,}187$$

womit er als Koeffizient Pi nach 6.5 erhält:

$$Pi = \frac{Z - E}{1 - E} = \frac{0{,}73 - 0{,}19}{1 - 0{,}19} = 0{,}67$$

was in diesem Fall genau mit dem von ihm kritisierten Koeffizienten übereinstimmt.

Versuchen wir nun, ohne die angeblich nicht notwendige, sondern nur unkompliziertere Annahme der gleichen Reaktionsverteilung für beide Kodierer auszukommen, d. h. die aus Tabelle 6.1 a und b ersichtlichen Kodierungen unmittelbar in das obige Schema zu übertragen. Sofern wir zunächst nur die übereinstimmenden Kodierungen eintragen (umkreiste Kreuze in Tabelle 6.1), ist dies noch möglich (vgl. Diagramm 6.3).

Doch damit haben wir nur die acht übereinstimmenden Kodierungen erfaßt, bzw. 16 der insgesamt 22 Kodierungen. Wie und wo sollen die anderen sechs Kodierungen eingetragen werden?

Wenn man sich klarmacht, daß die übrigen sechs Kodierungen (einfache Kreuze in Tabelle 6.1) dadurch zustande kamen, daß entweder Koder A *oder* Koder B eine Kategorie *nicht* gewählt hat, so ist eine vollständige Eintragung aller Kodierentscheidungen zunächst möglich, indem man Diagramm 6.3 um die Kategorie «0» (= «nicht den Kategorien 1–6 zugeordnet») erweitert (vgl. Diagramm 6.4).

Diagramm 6.3

	Koder B					
Kategorie	1	2	3	4	5	6
Koder A 1	1					
2		2				
3			1			
4				2		
5					2	
6						0

Diagramm 6.4

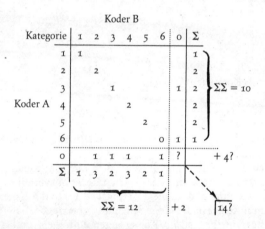

	Koder B						0	Σ
Kategorie	1	2	3	4	5	6	0	Σ
Koder A 1	1							1
2		2						2
3			1				1	2
4				2				2
5					2			2
6						0	1	1
0		1	1	1		1	?	
Σ	1	3	2	3	2	1	1	

$\Sigma\Sigma = 10$

$\Sigma\Sigma = 12$ $+2$ $\boxed{14?}$ $+4?$

Bis auf den Teil, welcher rechts und unterhalb der gepunkteten Linien ist, stimmt das Schema offensichtlich: Sowohl die in Tabelle 6.1 als Kreuze gekennzeichneten Kodierentscheidungen als auch die Randsummen sind aus dem Diagramm ersichtlich. Allerdings hat der so gebildete Ereignisraum statt 36 plötzlich 49 unterschiedliche Ereignisse.

Es stellt sich nun aber die Frage, wie das Diagramm 6.4 rechts unten ergänzt werden soll. Vernachlässigt man zunächst die Zelle mit dem Fragezeichen, so erhält man 14 «gemeinsame Kodierentscheidungen» (also weder 10 noch 12 noch 22), wobei der Ereignisraum auch nach inhaltlichen Gesichtspunkten in drei Bereiche gegliedert werden kann:

1. Diagonale ohne die Zelle «?»
   Kodierer A *und* Kodierer B wählen dieselbe Kategorie 1–6 (in Tabelle 6.1 die umkreisten Kreuze; Anzahl = 8).
2. Zellen außerhalb der Diagonalen[2]
   Kodierer A wählt eine andere Kategorie 1–6 oder 0 (d. h. «Nichtkodierung von 1–6») als Kodierer B (in Tabelle 6.1 die einfachen Kreuze; Anzahl = 6).
3. Zelle «?»
   Kodierer A und Kodierer B wählen dieselbe Kategorie 0 (sucht man diese Ereignisse in Tabelle 6.1, so sind dies jene Felder, die sowohl in 6.1 a als auch in 6.1 b leer geblieben sind; Anzahl = 16).

Durch diese Interpretation haben wir nun eine vollständige Beschreibung der möglichen Ereignisse; alle 30 gemeinsamen Kodierentscheidungen von Tabelle 6.1 sind dem Ereignisraum mit den 49 möglichen Ereignissen des Schemas (bzw. den drei obengenannten Ereignismengen) zuzuordnen (vgl. Diagramm 6.5).

Diagramm 6.5

Koder B

Kategorie	1	2	3	4	5	6	0	Σ
1	1							1
2		2						2
3			1				1	2
Koder A 4				2				2
5					2			2
6						0	1	1
0		1	1	1		1	16	20
Σ	1	3	2	3	2	1	18	30

Anhand dieser Überlegungen zeigt sich, wie sowohl das Konzept der Übereinstimmung von Kodierern als auch die Reliabilitätskoeffizienten als auch deren Korrektur und Kritik durch Bennett, Alpert und Goldstein bzw. Scott – kurz die Konzepte, die zu Formel 6.1 bis 6.5 führten – auf dubiosen und unsystematischen inhaltlichen Entscheidungen über die Frage «was ist Übereinstimmung» und «was ist eine Kodiererreaktion» basieren, was sich formal in unlogisch konstruierten Ereignisräumen niederschlägt (gerade die

---

2 In dem von Ritsert gewählten Beispiel sind nur Eintragungen in der Diagonalen oder in den beiden 0-Kategorien möglich. Bei anderen Kodieranweisungen – z. B. je Absatz genau eine Kodierung – sind auch Besetzungen der anderen Zellen möglich, z. B. A wählt Kategorie 2, B wählt 5 usw.

in alle Formeln eingehende Ereigniszahl 22 beruht auf logischer Inkonsistenz).

Nach wie vor sind insbesondere folgende Fragen ungeklärt:

a) Besteht eine Kodierentscheidung nur darin, einer bestimmten Kodiereinheit eine bestimmte Kategorie zuzuordnen: Ist es nicht genauso eine Kodierentscheidung, einer Kodiereinheit eine bestimmte Kategorie *nicht* zuzuordnen (dann gibt es in dem obigen Beispiel statt 10 bzw. 12 Kodierungen für beide Kodierer je 30 Entscheidungen)?

b) Liegt nur dann eine Übereinstimmung der Kodierentscheidungen vor, wenn beide Kodierer dieselbe Kategorie (1–6) wählen: Ist es nicht auch eine Übereinstimmung der Kodierentscheidungen, wenn beide Kodierer eine bestimmte Kategorie für eine bestimmte Kodiereinheit (übereinstimmend) *nicht* wählen?

c) Will man den Ereignisraum auf jene Fälle beschränken, wo zumindest einer der beiden Kodierer eine der vorgegebenen Kategorien «positiv» wählt (dann besteht die Grundmenge im obigen Beispiel statt aus 30 nur noch aus 14 «gemeinsamen» Kodierentscheidungen – jedenfalls hat auch hier die Zahl 22 keinen Sinn)?

d) Wie sollten aber nach Entscheidung für c jene erwarteten Ereignisse interpretiert und behandelt werden, die in die Kategorie 0,0 fallen? (Aus $P_{(A: \,"1\text{--}6" \,\wedge\, B: \,"0")} = 2/14$ und $P_{(B: \,"1\text{--}6" \wedge A: \,"0")} = 4/14$ folgt immerhin noch $P_{(A: \,"0" \,\wedge\, B: \,"0")} = 8/196 = 0{,}04$ für ein Ereignis, das in dem künstlich beschnittenen Ereignisraum überhaupt nicht definiert ist.)

e) Letztlich ergibt sich das Problem, daß gar nicht alle Ereignisse des Ereignisraumes beobachtbar sind – zumindest unter den von Ritsert gewählten Kodiermöglichkeiten mit Mehrfachentscheidung. Wurden z. B. von beiden Kodierern Kategorien 1 *und* 4 gewählt, so ist zwischen den «Übereinstimmungen» 1,1 und 4,4 und den «Nichtübereinstimmungen» 1,4 und 4,1 nicht zu unterscheiden.

Dies sind inhaltliche Fragen und Probleme, zu denen zuerst einmal explizit Stellung genommen werden müßte, bevor man das Konzept der «übereinstimmenden Kodierungen» für Aussagen über Zuverlässigkeit in formale Koeffizienten zu gießen versucht. Hinzu kommt, daß die hier gewählte Betrachtungsweise nicht die einzig mögliche ist, um «Übereinstimmung» und «Nichtübereinstimmung» bei der Kodierung zu klassifizieren.

Um inhaltlich ungerechtfertigte Aussagen zu vermeiden, soll gar nicht erst der Versuch unternommen werden, aus der subjektiv plausibelsten Lösung der aufgeworfenen Probleme a–e einen Koeffizienten als Alternative zu entwickeln. Nach der bisher vorgetragenen inhaltlichen Kritik an dem Phänomen «übereinstimmende Kodierung» als Grundkonzept der Zuverlässigkeit bei der Rekonstruktion sozialer Wirklichkeit muß nämlich ohnedies erheblicher Zweifel an der Aussagekraft eines einzelnen «Koeffizienten» angemeldet werden. Aus diesem Grunde soll hier auch von der Darstellung weiterer Koeffizienten, die auf gleichermaßen inhaltlich ungenügend geklärten und akzeptierten Klassifikationen beobachtbaren Kodiererverhaltens beruhen, verzichtet werden.

Man könnte nun meinen, daß durch die größer werdende Verbreitung maschineller Inhaltsanalyse (vgl. Kapitel 7) das Problem der Reliabilität ohnedies über kurz oder lang zufriedenstellend gelöst sei. Dort, wo die Zuordnung von inhaltsanalytischen Kodierungseinheiten zu Kategorien durch den Computer vorgenommen wird, liegen perfekte Bedingungen für die Reproduzierbarkeit identischer Kodierentscheidungen vor: Abgesehen von Programm- oder technischen Fehlern verläuft die Zuordnung beliebig oft auf immer genau dieselbe Weise.

Gerade aber diese Perfektionierung der Zuordnung läßt die völlige Einseitigkeit und Beschränkung des verwendeten Reliabilitätskonzepts deutlich werden. Ideale Reproduzierbarkeit von Kodierentscheidungen garantiert nämlich noch lange nicht ideale Reproduzierbarkeit von inhaltlichen Ergebnissen. Dies wird sofort einsichtig, wenn man z. B. Reliabilitätskonzepte aus der klassischen Testtheorie heranzieht. Eines der dort verwendeten Modelle ist die «split-half-technique», wobei die Testitems nach dem Zufall zwei Gruppen zugeordnet und dann die Ergebnisse dieser beiden Testhälften miteinander verglichen werden.

Analog könnte man in der Inhaltsanalyse die Kodiereinheiten des zu analysierenden Materials nach dem Zufall in zwei Hälften untergliedern, die Inhaltsanalyse auf beide Hälften anwenden und die Ergebnisse miteinander vergleichen. Die Reproduzierbarkeit von Kodierentscheidungen spielt in diesem Zusammenhang bestenfalls die Rolle einer notwendigen Voraussetzung. Auch wenn diese ideal erfüllt sein sollte, können sich große Unterschiede zwischen den beiden Hälften ergeben. Diese können insbesondere auf große Variabilität in den zu analysierenden Texten zurückgehen, was durch ein sehr differenziertes Kategorienschema mit wenig Kodierungen pro Kategorie noch verstärkt wird. Wird nach anderen Gesichtspunkten als nach dem Zufall gesplittet, so kann in den unterschiedlichen Analyseteilen auch systematisch Veränderung der zu beobachtenden sozialen Interaktion zum Ausdruck kommen. Letztere kann sogar – hypothesengeleitet – erwünscht sein und explizit ins Forschungsdesign aufgenommen werden, z. B. beim Vergleich der Meldungen von bestimmten Presseorganen vor und nach einer Wahl. Allerdings müßten dann die einzelnen Analyseeinheiten, für die inhaltliche (Teil-)Aussagen getroffen werden (hier: die Meldungen vor der Wahl und die nach der Wahl), in sich zuverlässig sein, d. h. z. B., bei erneuter (und diesmal zufälliger) Splittung innerhalb der Einheiten müssen vergleichbare Ergebnisse gefunden werden. Eine solche Analyse würde dann folgende Vergleiche ermöglichen:

Die Meldungen vor der Wahl werden zufällig in zwei Gruppen A und B aufgegliedert. Die Meldungen nach der Wahl werden zufällig in zwei Gruppen C und D aufgegliedert.

1. Vergleich A mit B
2. Vergleich C mit D
3. Vergleich A mit C $\Big\}$ oder $\Big\{$ A mit D
4. Vergleich B mit D $\qquad$ B mit C
5. Vergleich 3 mit 4
6. Vergleich A und B mit C und D

Die eigentliche Fragestellung ist also 6, deren Ergebnisse mit 3 und 4 weitgehend übereinstimmen sollten; 1, 2 und 5 sind Prüfungen der Zuverlässigkeit.

Mangelnde Zuverlässigkeit kann nun einerseits dadurch entstehen, daß die Hälften des Untersuchungsmaterials A und B bzw. C und D zwar äquivalent sind, aber das Instrument (Kategorienschema und Kodieranweisung) Mängel aufweist (dies ist der bisher betrachtete Aspekt). Andererseits können aber auch allein durch die Interaktion eines perfekten Instruments mit den beiden Stichproben aus der zu untersuchenden sozialen Interaktion die Unterschiede zwischen den Gruppen entstehen – womit eine Reproduzierbarkeit, die von der zufällig gewählten Stichprobe unabhängig wäre, nicht mehr gegeben ist (natürlich können auch *beide* Zuverlässigkeitsaspekte mangelhaft sein).

Es ist also zu unterscheiden zwischen der Zuverlässigkeit als Reproduzierbarkeit der (Teil-)Ergebnisse aus der Interaktion «Untersuchungsobjekt – Instrument» und der Zuverlässigkeit als Reproduzierbarkeit der (Teil-)Ergebnisse aus der Interaktion «Instrument – Forscher». Bei einem guten Kategorienschema und «guten» Kodierern bzw. bei Computer-Kodierung wird nur der zweite Aspekt in den Griff bekommen. Ebenso aber, wie Reliabilität in der klassischen Testtheorie insbesondere beinhaltet, reproduzierbare Aussagen über den Gegenstandsbereich (z. B. Eigenschaften einer Person) treffen zu können und nicht etwa nur über die zufällig zustande gekommene Testsituation, will man in der Inhaltsanalyse in der Regel nicht etwa über die zufällig herausgegriffenen Textstellen etwas aussagen, sondern über die durch die Fragestellung definierte soziale Interaktion.

Wichtig ist demnach nicht (nur), daß unterschiedliche Kodierer übereinstimmende Kodierungen liefern, wichtig ist vielmehr, daß die Aussagen über den Untersuchungsbereich von den zufällig gewählten Ausschnitten der Interaktion (Textstichproben) und dem zufällig gewählten Codiererteam (als Stichprobe aus den Rezipienten) hinreichend unabhängig und damit reproduzierbar sind. Damit ist nicht gemeint, daß nicht die bei den unterschiedlichen gesellschaftlichen Teilgruppen differierende Wahrnehmung sozialer Prozesse zu unterschiedlichen Interpretationen führen kann; sofern dies ins Forschungsdesign aufgenommen wurde, wäre die Feststellung solcher Interpretationsunterschiede sogar sehr erwünscht und im Sinne einer handlungsrelevanten Forschung, die immer auf das vorhandene Bewußtsein der intendierten Adressaten Rücksicht zu nehmen hat, äußerst notwendig (nur so ist z. B. politische Arbeit zur Veränderung der Gesellschaft möglich).

Zuverlässigkeit beinhaltet somit insbesondere, sich im Rahmen bestimmter Handlungen (Operationen) auf bestimmte Phänomene und Ergebnisse – als reproduzierbar und prognostizierbar – verlassen zu können. Man kann daher die gesamten Erörterungen in diesem Abschnitt über Zuverlässigkeit auch unter die Frage subsumieren: «*Was* soll eigentlich bei der Inhaltsanalyse reproduzierbar sein?» – mit der Antwort: Nicht die Kodierentscheidungen, sondern Aussagen über wesentliche Strukturen in den vielfältigen Erscheinungen sozialer Interaktion, welche die Fragestellung zum Gegenstand hatte (z. B. Funktion bestimmter Presseorgane im Wahlkampf). Die sich daran logisch anschließende Frage: «*Wofür* sollen die Aussagen reproduzierbar sein?» führt unmittelbar zum Problem der Gültigkeit (welche so, wie sie im ersten Abschnitt aufgefaßt wurde, eng mit der Frage der Handlungsrelevanz verknüpft ist).

6.2. Aspekte der Gültigkeit

Die eben aufgeworfene Frage des Wofür wurde bereits im ersten Abschnitt dahingehend beantwortet, daß nur hinreichend reproduzierbare Ergebnisse – also ein interindividuell akzeptabler Wissensbestand – die Grundlage für zielgerichtetes koordiniertes Handeln bilden kann. Gerade dieser Aspekt, daß man gültigen Ergebnissen vertrauen können muß, um daraus Handeln abzuleiten und die Folgen dieses Handelns abzuschätzen, ist der zentrale gemeinsame Aspekt der vielen unterschiedlichen Validitätsarten.

So ist «inhaltliche Validität» (content validity) – gewöhnlich mit Fragen umschrieben wie: «Sind die Ergebnisse plausibel?», «Beschreiben die ausgewählten Indikatoren das gewünschte Merkmal hinreichend vollständig?» – unmittelbar mit dem Aspekt verknüpft, ob die Ergebnisse den bisherigen Erfahrungen und dem darauf aufbauenden Handlungsrahmen einer Community hinreichend entsprechen. Dies bedeutet insbesondere, daß sie anderen als gültig akzeptierten Ergebnissen (Wissensbestand) nicht widersprechen, sondern in strukturellem Zusammenhang mit diesem «Außenkriterium» stehen und entsprechende Schlüsse oder gar Ersetzungsregeln gestatten, was insgesamt als «Parallelenvalidität» (concurrent validity) bezeichnet wird.

Wenn aber die Ergebnisse nicht redundante Trivialitäten beinhalten sollen, müssen sie die bisherigen Erfahrungen genau um jenen Aspekt erweitern, der zukünftige Erfahrung prognostizierbar macht. Von den jetzt erhaltenen Ergebnissen muß somit auf andere, zukünftige geschlossen werden können. Die Betonung dieses Einzelaspekts nennt man auch «Prognosevalidität» (predictive validity). Der Vergleich dieser Prognosen mit der beobachteten Realität ist natürlich nur vor dem Hintergrund eines theoretischen Rahmens möglich. Denn welche Phänomene zu einem «Außenkriterium» zusammengefaßt werden, läßt sich wiederum nur auf dem gültigen Wissensbestand einer Community, dem akzeptierten Handlungs-, Begriffs- und Interpretationsrahmen festmachen. Gültigkeit erfordert so gesehen zwangsläufig eine Konsistenz mit den entsprechenden theoretischen Konstrukten, so daß letztlich auch der Aspekt der «Konstruktvalidität» (construct validity) eng mit Kommunikation, Prognose und Handeln innerhalb einer Community verknüpft ist.

Durch diese eher allgemeinen Feststellungen ist allerdings nicht bestimmt, wie nun eigentlich die Güte der Übereinstimmung zwischen den Aussagen und den Kriterien operational erfaßbar ist, so daß auch Aussagen über die Validität selbst interpersonell akzeptiert werden können. In der Tat liegen hier erhebliche Probleme (die allerdings für andere Modelle der Realitätserfassung wie Fragebogen oder Beobachtung nicht geringer sind). Die Hauptursache dürfte darin liegen, daß die Kriterien und Theorienstücke, mit denen die Ergebnisse ja übereinstimmen sollen, selten für die überwiegende Mehrheit der Community akzeptabel formalisiert sind. Werden solche Formalisierungen nun aber zum Zweck der Validitätskontrolle erst eingeführt oder werden vorhandene Formalisierungen als Indikatoren interpretiert, so wird das Problem in der Regel nur verschoben, nicht aber gelöst: Es stellt sich dann nämlich die Frage, ob die als Kriterium herangezogenen Indikatoren selbst valide sind.

So ließe sich bei einem Vergleich der Flugblätter unterschiedlicher Studentengruppen mit Hilfe bestimmter inhaltsanalytischer Modelle über Sprachverwendung die Feststellung treffen, daß z. B. Gruppe A «dogmatischer» sei als Gruppe B. Als Nachweis der Validität einer solchen Aussage könnte man wiederum bestimmte Tests heranziehen, die Dogmatismus messen sollen, und sie den Herausgebern der Flugblätter vorlegen. Selbst bei einer hohen positiven Korrelation beider Ergebnisse stellt sich aber die Frage, ob denn nun «wirklich» Dogmatismus erfaßt wurde – immerhin ist es auch möglich, daß das inhaltsanalytische Modell und der Test in ihrer Konzeption ähnlich sind (und somit den positiven Zusammenhang hervorrufen), aber dennoch *beide* mit Dogmatismus nicht viel zu tun haben.

Der oben herausgearbeitete Aspekt «Handlungsrelevanz» wird in diesem Zusammenhang deutlich: Letztlich wäre es nämlich völlig gleichgültig, ob nun Dogmatismus festgestellt wird oder nicht, wenn dieser Tatsache nicht irgendein Korrelat im Alltagshandeln entspricht. Es geht also zunächst einmal darum, welche praktische Relevanz die Fragestellung hat, d. h. was denn das Dogmatismuskonzept zur Erklärung sozialer Prozesse beiträgt. Erst wenn dies hinreichend geklärt ist, läßt sich die Frage nach der Gültigkeit der Analyse (bzw. des Tests) beantworten, indem nämlich Prognosen über unterschiedliches soziales Agieren der Gruppen A und B hinreichend zutreffen. Ist dies der Fall, so hat sich zumindest in einem Fall das inhaltsanalytische Modell (bzw. der Test) praktisch als gültig bewährt; es ist dann zunächst geeignet, bei der Selektion von Verhaltensalternativen mitzuwirken (bis die Gültigkeit der Ergebnisse möglicherweise durch neue Erfahrung falsifiziert wird).

Gerade in dem Konzept der Validität wird der pragmatische Aspekt von Inhaltsanalyse (die man hier noch deutlicher als «Kommunikationsanalyse» bezeichnen könnte) sichtbar. Die zu analysierenden Dokumente als manifest gewordene Bestandteile sozialer Interaktion sollen ja irgend etwas bewirken – ansonsten hätte der Kommunikator Zeit, Geld und Energie sparen können. Gültigkeit von inhaltsanalytischen Ergebnissen beinhaltet somit auch immer die Frage, was die Nachricht beim Rezipienten bewirkt, bzw. – indem man auf die Intention des Kommunikators zu schließen versucht – was diese bewirken sollte. Dazu bedürfte es allerdings eines gesicherten Wissensbestandes über die Wirkungen von bestimmten Wörtern, Sätzen usw. und über empirisch in den Köpfen realer Kommunikatoren vorfindliche Ansichten über solche Wirkungen. Darüber hinaus ist selbstverständlich eine Theorie über gesellschaftliche Prozesse notwendig, in die solch ein Wirkungszusammenhang eingebettet werden muß.

Auf dieser Argumentationsebene wurde schon früher (Kriz 1975 a) *eine* Möglichkeit skizziert, die Gültigkeit inhaltsanalytischer Ereignisse zu operationalisieren: In Umkehrung des Analyseprozesses wird unter den Bedingungen des jeweiligen Modells ein Text *generiert* und die Wirkung dieses synthetischen Dokuments auf Rezipienten untersucht (was allerdings nur dann möglich ist, wenn die angenommenen Rahmenbedingungen des analysierten sozialen Prozesses ebenfalls hinlänglich rekonstruierbar sind; wenn also insbesondere der Common sense jener Rezipienten, welche auf den synthetischen Text reagieren, mit dem der «ursprünglichen» Rezipienten hinreichend übereinstimmt).

Unter diesen Einschränkungen aber müßte ein inhaltsanalytisches Modell, welches wirklichkeitsrelevant (d. h. alle wesentlichen Aspekte erfassend) Texte zerlegen und analysieren können soll, auf umgekehrtem Wege aus den Kategorien heraus Texte mit entsprechender Wirkung wieder generieren können. Gelingt dies nicht (unter den gegebenen Bedingungen), so sind offenbar noch nicht alle wesentlichen Aspekte eines Textes erfaßt worden, die zu seiner bestimmten Wirkung beitragen (hier wird noch einmal die Wichtigkeit der Forderung deutlich, daß auch der übrige soziale Kontext der Interaktionssituation hinlänglich mit rekonstruiert werden muß).

Für sehr einfache und besonders typische Situationen wurden solche synthetischen Texte erstellt (vgl. Kriz 1975 a, 170). Will man aber Texte synthetisieren, die alltäglichen Dokumenten sozialer Interaktion weitgehend entsprechen sollen (z. B. Pressemeldungen), so stellt sich erneut das Problem äquivalenter Interaktionssituationen bei der Validitätsuntersuchung mit aller Schärfe: Die Wirkung einer synthetisierten Wahlwerbung für eine Partei im Wahlkampf 1976 auf Rezipienten läßt sich eben schon deshalb nur mit sehr starker Einschränkung untersuchen, weil die spezifische historische Situation, in der ein solches Dokument eine bestimmte Bedeutung hat, experimentell nicht rekonstruierbar ist. Auch wenn die Wirkung des synthetischen Textes, verglichen mit einem entsprechenden Originaltext, *heute* die gleiche wäre, ist damit nicht gesagt, daß beide im Wahlkampf 1976 (mit völlig anderer Stimmung und Wahrnehmungsakzentuierung usw. der Rezipienten) ebenfalls als gleich gewirkt hätten. Es bedürfte also erheblicher theoretischer Annahmen, um entscheiden zu können, wann zwei Situationen, in denen soziale Interaktion stattfindet, als hinlänglich äquivalent angesehen werden können und wann nicht – d. h., eine Theorie über die wesentlichen Parameter für die Kennzeichnung sozialer Situationen müßte zumindest soweit vorliegen, daß abgeleitete Aussagen daraus gültiger sind als die face validity der inhaltsanalytischen Ergebnisse.

Die Möglichkeit, den Validitätsbegriff in der Inhaltsanalyse zu operationalisieren oder gar zu formalisieren, ist somit eng verknüpft mit dem Entwicklungsstand sozialwissenschaftlicher Theorienbildung. Der Begriff «Gültigkeit» hat nur einen Sinn innerhalb eines theoretischen Rahmens, welcher in der schillernden Vielfalt sozialer Handlungserscheinungen die wesentlichen Strukturen ausmacht. Vorliegende Theorienansätze sind aber bisher nicht genügend ausgearbeitet, um für die überwiegende Mehrzahl der Ergebnisse ein Bedingungsgefüge anzugeben, so daß die Adäquatheit der Ableitungen und Prognosen aus solchen Einzelergebnissen im Hinblick auf dieses theoretische Erklärungsnetz unmittelbar ersichtlich wäre (wie es z. B. in den Naturwissenschaften der Fall ist).

Es ist daher gegenwärtig besonders notwendig, daß der einzelne Forscher erhöhtes Gewicht legt auf die Explikation des theoretischen Rahmens, in den seine Untersuchung eingebettet ist. Die Frage der Validität stellt sich somit vom allerersten Moment der Konzeption eines Forschungsdesigns an und sollte bei jedem wesentlichen Entscheidungsschritt, der die Ergebnisse beeinflußt, mitbedacht werden. Gerade der Begriff «Gültigkeit» (welcher logisch konsequent die Frage enthält: «gültig wofür?») macht deutlich, daß sozialwissenschaftliche Forschungsergebnisse nicht so sehr Endprodukte wissenschaftlicher Analyse als vielmehr Ausgangspunkt für soziales Handeln sein sollten.

Jürgen Kriz

7. Inhaltsanalyse und EDV

Die elektronische Datenverarbeitung hat sich bei der Analyse sozialwissenschaftlicher Daten im letzten Jahrzehnt weitgehend durchgesetzt. Dabei hat man sich die drei wichtigsten Eigenschaften des Computers zunutze gemacht, nämlich

1. sehr große Datenmengen speichern und schnell verfügbar machen zu können,
2. elementare Verknüpfungsoperationen (Rechenoperationen, Zeichenmustervergleiche usw.) in kürzester Zeit bewältigen zu können,
3. diese einzelnen Operationen in einer durch ein Programm vorgegebenen Reihenfolge mit unerhörter Exaktheit (also praktisch ohne «Irrtümer») durchführen zu können.

Gemäß einem Theorem von Turing läßt sich jedes Problem, dessen Lösung in expliziten Sätzen formulierbar ist, durch eine Aufeinanderfolge elementarer Verknüpfungsoperationen bewältigen. Neben den daraus resultierenden vielseitigen Einsatzmöglichkeiten ist für die schnelle Verbreitung der EDV besonders die Tatsache ausschlaggebend gewesen, daß sich im Laufe der Computerentwicklung das Schwergewicht immer mehr von der Hardware – der technisch-materiellen Computertechnologie – hin zur Software – dem programmtechnischen Know-how im praktischen EDV-Betrieb – verschoben hat. Dadurch wurde der Zugang zum Computer für Benutzer zunehmend erleichtert, so daß diese immer weniger von der eigentlichen «Technik» verstehen können müssen, sondern sich verstärkt auf *ihre* inhaltlichen Probleme konzentrieren können. Darüber hinaus liegen für eine überaus große Anzahl praktischer Benutzerwünsche bereits fertige Programme im Direktzugriff des Computers vor, so daß meist wenige Anweisungen genügen, um empirisch erhobene Daten mittels bestimmter Analysemodelle bearbeiten zu lassen.

7.1. Numerische und nichtnumerische EDV

Diese Entwicklung – so positiv sie insgesamt für den wissenschaftlichen Fortschritt zu werten sein mag – hat aus sozialwissenschaftlicher Sicht und vor dem Hintergrund des gegenwärtigen methodologischen Bewußtseins empirisch arbeitender Sozialwissenschaftler nicht nur Vorteile für die Forschung in unserer Disziplin gebracht. Da Sozialwissenschaftler an der gesamten Konzeption von EDV-Anlagen praktisch nicht beteiligt waren – und das gilt insbesondere für den Bereich der Software –, haben sich verständlicherweise die Vorstellungen von Naturwissenschaftlern, als Urheber moderner Computer, sowie die Wünsche und Bedürfnisse der Anwender auf dem kommerziellen Sektor in Hardware und Software niedergeschlagen. Datenverarbeitung im wissenschaftlichen Bereich ist somit fast ausschließlich numerische EDV – also die Lösung mathematischer (einschließlich statistischer) Probleme mittels entsprechender Programme.

Daß die weitgehende Beschränkung auf numerische EDV, gemessen an den Möglichkeiten der Computertechnologie, eine enorme Einschränkung bedeutet, ist der überwiegenden Mehrzahl der Sozialwissenschaftler sicherlich nicht einmal bewußt. Empirische Sozialforschung hat sich seit langem damit begnügt, auf den Hinterhöfen naturwissenschaftlicher Disziplinen nach verwertbaren Abfallprodukten zu suchen und daraus ihr methodisches Handwerkszeug unreflektiert zusammenzuschustern, statt eine eigenständige Methodenentwicklung, orientiert an sozialwissenschaftlichen Fragestellungen, forciert voranzutreiben. Während man aber vor der Verwendung von Computern zumindest noch ungefähr wissen mußte, wie man das gefundene Werkzeug anzupacken hatte, um sich nicht allzu lächerlich zu machen, ist nun innerhalb der «black box» Computer alles so weit automatisiert, daß es genügt zu wissen, wo sich das «Knöpfchen zum Drücken» befindet. Weniger metaphorisch ist damit gemeint, daß die Zahl jener sozialwissenschaftlichen Datenanalysen in erschreckendem Maße wächst, bei denen der Autor offensichtlich nicht viel mehr über das jeweils verwendete Analysenmodell weiß als dessen Namen.

Es ist daher kaum verwunderlich, daß für den zentralen Bereich sozialwissenschaftlicher Analyse, nämlich die Untersuchung sprachlichen Materials, der Entwicklungsstand hinsichtlich des Einsatzes von EDV-Anlagen eher dürftig ist. Weder auf seiten der Naturwissenschaftler noch auf dem kommerziellen Sektor liegt ein besonderes Interesse an der Lösung inhaltsanalytischer Fragen vor – wenn man einmal von dem sehr aktuell gewordenen Randbereich des «Information-retrieval» absieht, wo es darum geht, auf abgespeicherte Information (z. B. Zeitungsmeldungen) nach bestimmten inhaltlichen Gesichtspunkten selektiert zuzugreifen (vgl. Kriz 1975 a, Kapitel 3.4).

Die Unterrepräsentation nichtnumerischer Datenverarbeitung schlägt sich schon bei den von den Computerfirmen im Rahmen der Standard-Software angebotenen Compilern nieder (das sind zum Betriebssystem gehörige Programme, welche Benutzerprogramme höherer Programmiersprachen in den zur Durchführung der Operationen notwendigen Maschinenkode übersetzen). Für alle größeren Computer ist es heute selbstverständlich, mindestens FORTRAN-, ALGOL- und COBOL-Compiler für mathemathische und kommerzielle Probleme mitzuliefern. Nichtnumerische Compiler wie z. B. SNOBOL aber werden nur von wenigen Herstellern angeboten. Verglichen mit den Angeboten auf dem mathematisch- statistischen Sektor, wo auch für relativ ausgefallene Probleme oft Programme in mehrfachen Varianten vorliegen, bereitet es in vielen Rechenzentren immer noch Schwierigkeiten und erfordert es unangemessenen Aufwand, selbst elementarste Textanalysen durchführen zu lassen, wie z. B. Wortauszählungen, Suchen nach bestimmten Wörtern in Texten, Kategorisierungen nach Wörterbüchern usw. Meist muß der Benutzer für die speziellen Wünsche, die er hat, ein Programm schreiben oder schreiben lassen, welches dann aber in der Regel so speziell ausfällt (und schlecht dokumentiert ist), daß andere Benutzer mit leicht abweichenden Wünschen kaum darauf zugreifen können. Damit stellt sich aber sehr häufig die Frage nach dem Verhältnis zwischen Aufwand (für ein Programm) und Ertrag (der Analyse), was oft zur Folge hat, daß auch solche inhaltsanalytischen Arbeitsschritte, die relativ leicht und problemlos auf EDV-Anlagen durchzuführen wären, wegen des mangelhaften Standes angebotener Software in diesem Bereich in Handarbeit bewältigt werden, was die Verbreitung inhaltsanalytischer Ansätze sicher nicht fördert.

Darüber hinaus ist die Entwicklung von Klarschriftlesern immer noch nicht auf einem Stand, um eine kostengünstige Erfassung selbst relativ standardisierter Druckschriften, wie sie in den meisten Zeitungen, Dokumenten usw. vorzufinden sind, zu ermöglichen. Theoretisch und technisch sind dabei die meisten Probleme zwar gelöst, in den Laboratorien wird längst mit der Erfassung weitgehend ungenormter Handschriften experimentiert, dennoch ist der Markt offensichtlich so beschaffen, daß eine größere, preiswerte Verbreitung noch nicht den gewünschten Profit abwirft. In der Regel müssen daher in der täglichen inhaltsanalytischen Forschungspraxis Texte immer noch in mühevoller «Abschreibarbeit» (z. B. auf Lochkarten oder Magnetbänder) in eine für übliche EDV-Anlagen «lesbare» Form gebracht werden.

7.2. EDV-Einsatz

Nicht nur Soziologen sind an der Analyse von Texten interessiert, sondern ebenso Philologen, Linguisten und Psychologen. Einen Überblick über Ansätze der Linguisten geben z. B. der Band «Computerlinguistik» von Dietrich und Klein (1974) sowie die beiden gerade erschienenen Sammelbände über «Maschinelle Sprachanalyse» und über «Semantik und künstliche Intelligenz» (Eisenberg 1976, 1977). Eine kaum übersehbare Fülle von inhaltsanalytischen Unternehmungen liegt auf dem Gebiet der Psychotherapie vor. Dieser Bereich eignet sich schon deshalb besonders gut zur Erforschung, weil ein wesentlicher Teil der Prozesse – etwa in der Psychoanalyse oder in der Gesprächspsychotherapie – verbal abläuft und gut dokumentiert werden kann bzw. sogar regelmäßig dokumentiert wird.[1]

---

1 So ist es z. B. Pflicht der in der Gesellschaft für wissenschaftliche Gesprächspsycho-

So wurde an der Universität Ulm (Abteilung für Psychotherapie) ein Sonderforschungsbereich der DFG eingerichtet, wo Prozesse in der Psychotherapie inhaltsanalytisch erforscht werden (siehe z. B. Grünzig, Kächele und Büscher 1976). Ferner gibt es bereits von verschiedenen Institutionen Datenbanken, in denen unterschiedliches verbales Material gesammelt wird, so z. B. Zeitungsnachrichten. Hier könnte eine verstärkte Zusammenarbeit zumindest unnötige Mehrfacharbeit verringern. Ein Ansatz in dieser Richtung ist in dem Heft «Maschinelle Inhaltsanalyse, Materialien 1» (Deichsel und Holzscheck 1976) dokumentiert – ein Bericht über die Zusammenkunft von Forschern, welche sich mit computerorientierter Inhaltsanalyse beschäftigen.

Wenn man die unterschiedlichen Anwendungen resümiert, so wird der Computer vorwiegend auf recht elementare und konventionelle Weise eingesetzt: Automatisiert werden insbesondere das Auffinden von Wörtern in Texten, deren Auszählung (und statistische Weiterverarbeitung) sowie die Zuordnung von gefundenen Wörtern zu Kategorien, also das «Kodieren». Darüber hinaus ist noch die formalstatistische Bearbeitung von Daten zu nennen, die durch manuelle Inhaltsanalyse (z. B. Bewertungsanalyse, Kapitel 8.5, oder funktionale Distanzanalyse, Kapitel 9.1) gewonnen wurden. Vereinzelt gibt es zwar wesentlich weiter reichende Ansätze – z. B. von Linguisten auf dem Gebiet der maschinellen Sprachanalyse, sowie in linguistischen Semantik-Programmen und der «artificial intelligence» –, doch sind diese von sozialwissenschaftlichen Inhaltsanalytikern weder rezipiert noch umgesetzt worden.

Bis auf wenige Ausnahmen orientieren sich sozialwissenschaftliche EDV-Analysen von Texten an dem von Stone, Dunphy, Smith und Ogilvie entworfenen «General Inquirer». Dazu erschien ein erster Bericht 1962, die zentrale Arbeit wurde 1966 vorgelegt, zwei Jahre später folgte noch ein «User's Manual». Der General Inquirer setzt sich aus einer Reihe unterschiedlicher Programme zur Inhaltsanalyse zusammen. So können z. B. Sätze, die bestimmte Merkmale (Worte, Wortkombinationen usw.) enthalten, gezählt und ausgedruckt werden, die Erstellung von KWIC(Key-Word In Context)- und KWOC(Key-Word Out of Context)-Listen ist möglich (vgl. Abbildung 7.1a bzw. 7.1b); oder man kann bestimmte Indizes berechnen und graphisch darstellen lassen. Das Kernstück aber besteht aus einem Wörterbuch, welches ermöglicht, «wesentliche» Begriffe in Texten automatisch in ein komplexes Kategoriensystem einzuordnen. Dies soll an einer deutschen Variante, dem «Hamburger kommunikationssoziologischen

---

therapie organisierten Gesprächstherapeuten, ständig in gegenseitiger Begutachtung – organisiert in regionalen Arbeitsgruppen – ihr Therapieverhalten zu kontrollieren und deren Angemessenheit zu überprüfen sowie Forschung zu unterstützen, weshalb grundsätzlich von jedem Therapiekontakt u. a. vollständige Bandaufnahmen (durch Kodierungen anonym gemacht) vorliegen und der gesamte Verlauf durch weitere Unterlagen dokumentiert ist.

Wörterbuch» (HKW) von Deichsel (1973 a, 1975) und Tiemann (1973) erläutert werden.

Das HKW ist aus der und für die Analyse von rd. 3000 Zeitungsschlagzeilen entwickelt worden; es enthält etwa 5200 verschiedene Wörter inklusive der einzelnen Flexionen, d. h. Beugungen von Substantiven, Adjektiven, Verben usw. Das Wörterbuch ist in 86 Kategorien gegliedert (vgl. Abbildung 7.2). Kategorie 1–68 sind exklusive Kategorien – ein Wort kann also nur *einer* dieser Kategorien zugeordnet werden. Die Kategorien 75–99 hingegen sind nicht unabhängig voneinander, so daß Wörter diesen Kategorien teilweise mehrfach zugeordnet werden können (z. B. das Wort «Demokratie» den Kategorien «Werte/Unwerte», «positive Wertbezogenheit», «Politik» und «Recht»). Durch diese Mehrfachverschlüsselungen sind rd. 11 000 Kategorisierungen im Wörterbuch enthalten.

7.3. Probleme der Wörterbuchkonstruktion

So ein Wörterbuch mit dem dazugehörigen Kategorienschema läßt sich in der EDV-orientierten Inhaltsanalyse auf drei unterschiedlichen Wegen entwickeln; denn sowohl die Kategorien als auch ihre Operationalisierungen (also die Wörter) können jeweils aufgrund abstrakter Überlegungen oder anhand konkreten Materials gewonnen werden:

1. Interessierenden Kategorien werden nach dem eigenen Sprachverständnis des Forschers Wörter zugeordnet; z. B. der Kategorie «Sozialisation» Wörter wie «Lehrer», «Schule», «Unterricht», «Zensuren» usw.

2. Das Kategorienschema wird wie in 1 abstrakt entworfen; aber man sucht sich per Computer alle Wörter aus einem Material heraus und versucht diese soweit wie möglich den entworfenen Kategorien zuzuordnen.

3. Man läßt zuerst eine Liste aller Wörter erstellen und entwickelt daran die Kategorien.

Im Bereich der manuellen Inhaltsanalyse wird üblicherweise nach 1 verfahren, wobei die Kategorien nicht durch Aufzählung der Wörter, sondern durch Angabe der typischen Merkmale (evtl. ergänzt um einige typische Beispiele) definiert sind, so z. B. das Kategoriensystem von Bales (1950) für die Kodierung von Gruppendiskussion oder das sehr umfangreiche Kategoriensystem von Laffal (1965).

Das HKW hingegen ist auf die letzte Art entstanden, indem also aus allen «relevanten» Wörtern der 3000 Schlagzeilen das Kategoriensystem entwickelt wurde. Dabei hat man sich allerdings einen mehrfach rückgekoppelten Prozeß vorzustellen, denn *dieses* Kategorien*system* ist natürlich nicht in den 5200 Wörtern «unmittelbar» enthalten, sondern ein mehr oder weniger implizit vorhandenes Kategorienschema im Kopfe des Forschers wird im Laufe der praktischen Arbeit mit den Wörtern schrittweise immer expliziter, bis das (zunächst) endgültige Kategoriensystem «steht», in dem alle Wörter untergebracht wurden und das der soziologischen Weltsicht des Forschers

```
CUT HIM UP FOR US. ANC THE EAGLE BIT  A  HOLE IN THE SKIN ON THE RUMP. THE         8L1 OMAHA
THIS SUMMER. I HAVE LEARNED QUITE A    BIT  ABOUT ETHIOPIA AND ITS PEOPLE BUT I     2K1 RAMALLO
MY HUSBAND. I HAVE WORRIED QUITE A     BIT  ABOUT HIS ILLNESS. I JUST HOPE THIS     4B2 FRISBIE DETROIT SAMPLE
MORE TO DRINK. I CAN TELL A LITTLE     BIT  ABOUT IT. THIS HERE GIRL, SHE WAS UP    5A2 HARTMAN DETROIT GANGS
IN THE SHOP WINDCWS NOT FEELING A      BIT  ALONE IN THIS STRANGE TOWN WHEN A       0B1 CHILDREN S DREAMS
VERY SOCN AT THE TCP I FOUND A LEVEL   BIT  AND THEN A LAST RIDGE OVERLOOKING A     6A3 T E LAWRENCE
THEY FINISH CANCING THEY ATE A LITTLE  BIT  AND WENT HOME. WELL THE MAN IS KIND     5G1 NAVAHO TATS
GROUP GOES. IN COING THIS, HE SEEMS A  BIT  ANTAGONISTIC, AND, WHETHER HE HAS       2H3 SHAPIRO SMALL GROUP
OBJECT WHICH IS FILLING THE NEK AS A   BIT  AS A MOUNTAIN THAT IS WHOLUMOLUMO.      8B1 BASUTO TALES
LIVE WITH IT... THE OLDER MAN SMILES A BIT  AS HE REMEMBERS HIS OWN YOUTH, BUT      5D1 WILLIAMSON UNDERGRAD
REDICULOUS SPEAKING ABCUT IT A LITTLE  BIT  ASHAMED I GUESS BUT I DONT KNOW AND     1F1 JAFFE CASE
BUTI/8P FIGURE/9 IT MIGHT BE LITTLE    BIT  BETTER IF HE/IC GOT/3 OUT AND MET/3     1G4 MILLS
I KNOW ARE THE CNES INFLUENCED QUITE A BIT  BY WHAT I SAY. -UH -HUM. AND I          1A1 FAM INTERACTION FRISBIE
A RESPCNSIBLE PERSCN + A LITTLE 20191  BIT  COCKY + LOYAL TO MY FRIENDS + A PLAY    9C2 WHO AM I
TO THEM. THE OTHER THREE MEN ARE A     BIT  CONCERNED WITH WHAT IS BEING TOLD       5F2 N ACH TAT
ADDITIONS TO THE GRCUP. I AM A         BIT  DISAPPOINTED THAT THERE IS NOT MORE     2K4 RAMALLO
SURREALISTIC HE SEEMED HE LOOKED A     BIT  DISTORTED POSSIBLY WITH HIS EYES IN     2E3 PSILOCYBIN
THE FOOD YCU ARE GIVING ME. I FEEL A   BIT  DOWN WITH A COUGH I SAID. YOU SEE AH    0A3 ZINACANTAN DREAMS
OF ANY READER WHC MAY HAVE FELT A      BIT  FRAYED AROUND THE EDGES AT ONE TIME     7F1 CITIZEN S COUNCIL
SLIPPING THRCUGH THE UNIVERSE WAS A    BIT  FRIGHTENING OR RATHER TENSION           2E3 PSILOCYBIN
THE GRATING SOUNDS OF CX CARTS, ALL A  BIT  FRIGHTENING TO ONE WHO HAD JUST LEFT    2D3 PEACE CORPS
COOKING AND CLEANING FCR US. I FEEL A  BIT  FUNNY ABOUT THIS AS I HAVE NEVER        2K4 RAMALLO
THINGS BROUGHT OUT THIS WEEK WENT A    BIT  FURTHER IN FORMULATING THE OPINION      2F1 CLEVELAND DIALOGUES
OF COURSE IT/1 (SPECULATION) IS A      BIT  FUTILE/1. BUT PERHAPS INTERESTING/1.    2C5 RADCLIFFE EGYPT
GOOD. SOME OF THE AFRICAN FODC IS A    BIT  HARD TO GET USED TO BUT THE MORE I      2K4 RAMALLO
I AM UNHAPPY IT SEEMS. I LIKE IT A     BIT  HIM. HE SAID. WHY HE WAS ASKED. AH      0A2 ZINACANTAN DREAMS
PLAYING WITH HIS CCG WHEN THE ANIMAL   BIT  HIM ON THE WRIST. THE CUT BLED          0B2 CHILDREN S DREAMS
VERY CLOSE TO THE LITTLE BOY THE BOY   BIT  HIS (SAINT MICHAEL S) THUMB AND         0B1 CHILDREN S DREAMS
,KIND SIR, BCYS WHC WERE PERHAPS A     BIT  INTIMIDATED BY THE MERE PRESENCE OF     2D3 PEACE CORPS
RIGHTNESS CF THIS. I BEGAN TO SEE A    BIT  INTO THE FUTURE. I UNDERSTOOD THAT I    2E2 PSILOCYBIN
MY HEALTH HAS BEEN WORRYING ME QUITE A BIT  LATELY. I HAVE BEEN WANTING             4B3 FRISBIE DETROIT SAMPLE
STATES A BIT MORE CCMESTIC HELP, A     BIT  LESS OF OTHER CONVENIENCES, BUT NOT     2D5 PEACE CORPS
TCO MUCH ALREADY HE SAID. AH WAIT A    BIT  LET ME FINISH SPLITTING MY WOOD HE      8A1 ZINACANTAN FOLK
NOT LOVE ME + A GOOF CFF AT TIMES + A  BIT  LOST + I AM. THE LAST TIME I SAW        9C4 WHO AM I
WITH LIFE IN THE UNITED STATES A       BIT  MORE DOMESTIC HELP, A BIT LESS OF       2D5 PEACE CORPS
ENCUGH SHE SAID I MUST ACD A LITTLE    BIT  MORE SO THAT THE BAG CAN BE FASTENED    8J1 KIKUYU
NEW/I YORKERS/1, + HOWEVER, (CHANGE) A BIT  MORE/1 BUSTLE/1 ONCE/4 IN/4 A           4D4 MASTERS NEW CASTLE
SPRING WAS BEAUTIFUL IT WAS NOT A      BIT  MUDDY. ALL THE FECES CAME OFF MY        0A1 ZINACANTAN DREAMS
HOURS. I MUST SAY I FINC COING THESE A BIT  OF A NUISANCE SINCE I WRITE THE SAME    2K4 RAMALLO
DO IF WE HAD BETTER FINANCES. IT IS A  BIT  OF A SMALL PROBLEM WITH THE CHILDREN    4B3 FRISBIE DETROIT SAMPLE
I HAD THE TIME AT SCHCCL) ACTRESS + A  BIT  OF A SNOB + A LOVER OF SHAKESPEARE,     9D2 ALYMER SENT CCMP
HAVING READ THE PAPERS HAVE A LITTLE   BIT  OF ACQUAINTANCE WITH WHAT IS GOING      1A1 FAM INTERACTION FRISBIE
I DID OR THOUGHT MACE THE SLIGHTEST    BIT  OF DIFFERENCE. I WOULD HAVE GIVEN       2E2 PSILOCYBIN
WE NEED THE CAR AND IT NEEDS QUITE A   BIT  OF FIXING. SICKNESS. I AM AFRAID I      4B1 FRISBIE DETROIT SAMPLE
FOR THE MCST PART. WE DID HAVE A       BIT  OF FRUSTRATION WHEN WE HAD TO SIT       2K1 RAMALLO
```

Abbildung 7.1b: KWOC-Index (aus Kriz 1975 a)

```
                          B* 2791-A* E*
                          --------------
ALGORITHMUS

LURJE, A.L.*
EIN ALGORITHMUS ZUR LOESUNG DES
VERTEILUNGSPROBLEMS*
******* VON SEITE 177 - 197****** IN *******

NEMTSCHINOW, W.S. *DADAJAN, W.S.*

MATHEMATISCHE METHODEN IN DER SOWJETISCHEN
WIRTSCHAFT* A.D.RUSS.*
1. DEUTSCHE AUFL.* MUENCHEN, WIEN *R.
OLDENBOURG* 1966* 479 S., 11 ABB., 60 TAB.,
2 TAFELN IM ANHANG*




                          B* 2791-A* E*
                          --------------
VERTEILUNGSPROBLEMS

LURJE, A.L.*
EIN ALGORITHMUS ZUR LOESUNG DES
VERTEILUNGSPROBLEMS*
******* VON SEITE 177 - 197****** IN *******

NEMTSCHINOW, W.S. *DADAJAN, W.S.*

MATHEMATISCHE METHODEN IN DER SOWJETISCHEN
WIRTSCHAFT* A.D.RUSS.*
1. DEUTSCHE AUFL.* MUENCHEN, WIEN *R.
OLDENBOURG* 1966* 479 S., 11 ABB., 60 TAB.,
2 TAFELN IM ANHANG*




                          B* 2791-A* E*
                          --------------
DUDKIN, L.M.

DUDKIN, L.M. *KOSSENKO, T.A. *JUSSUPOW,
M.CH.*
STANDORTVERTEILUNG, SPEZIALISIERUNG UND
KOOPERATION DER INDUSTRIELLEN PRODUKTION
ALS PROBLEME DER LINEAREN OPTIMIERUNG*
******* VON SEITE 199 - 217****** IN *******

NEMTSCHINOW, W.S. *DADAJAN, W.S.*

MATHEMATISCHE METHODEN IN DER SOWJETISCHEN
WIRTSCHAFT* A.D.RUSS.*
1. DEUTSCHE AUFL.* MUENCHEN, WIEN *R.
OLDENBOURG* 1966* 479 S., 11 ABB., 60 TAB.,
2 TAFELN IM ANHANG*
```

Abbildung 7.2: Übersicht über die Kategorien des HKW

01 ICH
02 WIR
03 ANDERE

04 BERUFSROLLE
05 TÄTIGKEITSROLLE
06 SITUATIVE ROLLE
07 KULTURROLLE

10 KLEINGRUPPE
11 GROSSGRUPPE

13 DENK-
   u. MITTEILUNGSFORM
14 WERKZEUGE
15 NAHRUNG/KLEIDUNG
16 ÖRTLICHKEITEN
17 FESTE/SPIELE
18 REST:KULTURELLE PHÄNOMENE
19 WERTE/UNWERTE

21 SPD	PERSONEN	NAMEN
22 FDP	PERSONEN	NAMEN
23 CDU/CSU	PERSONEN	NAMEN
25 SONSTIGE EINZELNE	PERSONEN	NAMEN
26 USA	PERSONEN	NAMEN
27 OSTASIEN	PERSONEN	NAMEN
28 AFRIKA	PERSONEN	NAMEN
29 VORDERER ORIENT	PERSONEN	NAMEN
30 WESTEUROPA	PERSONEN	NAMEN
31 SONSTIGE WESTEN	PERSONEN	NAMEN
32 UdSSR	PERSONEN	NAMEN
33 DDR	PERSONEN	NAMEN
34 SONSTIGE OSTEN	PERSONEN	NAMEN
35 BRD		LAND/STADT
36 USA		LAND/STADT
37 OSTASIEN		LAND/STADT
38 AFRIKA		LAND/STADT
39 VORDERER ORIENT		LAND/STADT
40 WESTEUROPA		LAND/STADT
41 SONSTIGE WEST		LAND/STADT
42 UdSSR		LAND/STADT
43 DDR		LAND/STADT
44 SONSTIGE OST		LAND/STADT

45 KÖRPER/GESUNDHEIT
46 NATUR

47 ZEIT
48 MENGE/GEWICHT
49 RAUM
73 SENSORISCHES

50 ERREGUNG/DRANG
51 FREUDE/ZUNEIGUNG
52 KUMMER/ANGST/ÄRGER

53 WAHRNEHMUNG
54 DENKEN
55 DENKEN KONNOTATIV
56 VERNEINUNG

59 SOLLEN

60 GEGENSATZ
61 KONFLIKT
62 VERNICHTUNG
63 NEUTRALE INSTRUMENTELLE HANDLUNG
65 ANNÄHERUNG
66 HELFEN
67 ZUSAMMENARBEIT
68 WANDEL DENOTATIV

75 POSITIVE WERTBEZOGENHEIT
76 NEGATIVE WERTBEZOGENHEIT

77 HOHER STATUS
78 MITTLERER STATUS
79 TIEFER STATUS

80 AKADEMISCH-WISSENSCHAFTLICHER   INSTITUT. BEREICH
81 ERZIEHUNG   INSTITUT. BEREICH
82 FAMILIE   INSTITUT. BEREICH
83 FREIZEIT   INSTITUT. BEREICH
84 GEMEINDE   INSTITUT. BEREICH
85 KUNST   INSTITUT. BEREICH
86 MEDIZIN   INSTITUT. BEREICH
87 MILITÄR   INSTITUT. BEREICH
88 POLITIK   INSTITUT. BEREICH
89 RECHT   INSTITUT. BEREICH
90 RELIGION   INSTITUT. BEREICH
91 SEXUALITÄT   INSTITUT. BEREICH
92 SPORT   INSTITUT. BEREICH
93 TECHNIK   INSTITUT. BEREICH
94 WIRTSCHAFT   INSTITUT. BEREICH
95 BERUF   INSTITUT. BEREICH
96 FREUDE
97 GEFAHR
98 ERFOLG
99 SCHEITERN

Abbildung 7.3: Auszug aus dem HKW

KATEGORIE: 4 BERUFSROLLE

1	185	ABT	4	77	90	
2	202	AERTZTE	4	77	86	
3	203	AERZTE	4	77	86	
4	205	AERZTIN	4	77	86	
5	295	ANGESTELLTE	4	78		
6	296	ANGESTELLTEN	4	78		
7	310	ANSAGERIN	4	77		
8	323	ANWALT	4	77	89	
9	337	ARBEITER	4	79		
10	339	ARBEITERN	4	79		
11	361	ARZT	4	77	86	
12	535	BAUERN	4	79	88	94
13	549	BEAMTE	4	77		
14	550	BEAMTEN	4	77		
15	601	BEICHTVATER	4	77	90	
16	646	BERGLEUTE	4	75	94	
17	755	BISCHOEFE	4	77	90	
18	756	BISCHOF	4	77	90	
19	803	BOTSCHAFTER	4	77	88	
20	811	BRANDMEISTER	4			
21	887	BUNDESRICHTER	4	77	89	
22	915	CHEFSEKRETAERIN	4	77		
23	922	CHORLEITERS	4	77		
24	987	DETEKTIVE	4	77	89	
25	1020	DIPLOMAT	4	77	88	
26	1021	DIPLOMATEN	4	77	88	
27	1028	DIREKTOR	4	77	95	
28	1175	EISENBAHNER	4	78		
29	1368	ERZBISCHOF	4	77	90	
30	1413	FAHRER	4	78	95	
31	1453	FELDWEBEL	4	78	87	
32	1460	FERNFAHRER	4	78		
33	1483	FEUERWEHRLEUTE	4	78		
34	1496	FINANZBEAMTER	4	78		
35	1539	FLUGLEITER	4	77	93	
36	1549	FOERSTER	4			
37	1576	FOTOGRAF	4	78	85	
38	1597	FRAUENARZT	4	77	86	
39	1734	GEFREITER	4	79	87	
40	1805	GENERAELE	4	77	87	

Erläuterung:
Zahl vor dem Eingangswort: lfd. Nummer innerhalb der Kategorie;
Zahlen nach dem Eingangswort: Kategorienbezeichnungen, die angeben, welche Kategorien das Wort insgesamt erhalten hat.

entspricht (d. h. der soziologisch relevanten Strukturierung von verbaler Wirklichkeit in einem – mit seiner Scientific Community rückgekoppelten – Bewußtsein).

Dies zeigt sich schon an den ausführlichen theoretischen Begründungen, mit denen Deichsel seine Ableitungen der Kategorien versieht, z. B. bei Kategorie 14–17 (Deichsel 1975, 50):

«Neben dem sozialen und personalen interessierte auch der *kulturelle Bereich*. Er unterteilt sich in einen *materiellen* und einen *immateriellen* Sektor. Die materialen Objekte, die Menschen in Sprechsituationen berücksichtigen, sind besonders bei anthropologischen Fragestellungen und im cross-cultural-Vergleich interessant. Sie geben aber auch gewisse Anhaltspunkte zum *Vergleich von Subkulturen*. So geht die Kategorie HERGESTELLTE WERKZEUGE recht weit, vom ‹Auto› über ‹Klimaanlage› bis ‹Zeitzünder›. Ebenfalls soll die Kategorie NAHRUNG/KLEIDUNG einen gewissen Objektbereich abdecken. Sprechen Menschen über Orte, an denen sie sich treffen, in denen sie leben oder arbeiten? Wir übernahmen die Kategorie SOZIALE ÖRTLICHKEITEN aus dem H III D. Sie ist nicht gut stabilisiert, da sie zum Teil mit den Kategorien GROSSGRUPPE und WERKZEUGE überlappt (‹Bus›, ‹Krankenhäuser›, ‹Verkehrsflugzeug›). Ich wollte sie jedoch wegen ihrer theoretischen Bedeutung nicht ausschalten. Sie könnte ein Indikator für die Komplexität von Gesellschaften werden. Außerdem entwickelte ich eine kleine Kategorie FESTE/SPIELE, die sich besonders in Hinblick auf unser Material anbot. Es schien mir von Interesse, das Ausmaß der Freizeitpräokkupationen zu beobachten. Reden und schreiben Interagierende über kulturell definierte Zeremonien, Feste, Feiern und Spiele? Diese Kategorie ist recht denotativ und daher stabil.»

Der Vorteil, diese Kategorisierungen in unmittelbarer Rückkopplung mit empirischem Material zu entwickeln, liegt insbesondere darin, daß man schnell ein umfassendes Wörterbuch erhält, mit dem man arbeiten kann. Das Kategoriensystem ist dann zwar zunächst auf den speziellen Inhalt (hier: diese 3000 Schlagzeilen) zugeschnitten und durch diesen möglicherweise typisch gefärbt. Doch im Verlauf der Arbeit mit weiteren Texten fallen jene Wörter, die noch nicht im Wörterbuch berücksichtigt wurden (und nicht zu irrelevanten Füllwörtern gehören, welche durch eine Stop-Wort-Liste aussortiert werden könnten), in eine Restkategorie. Durch die Aufarbeitung dieser Restkategorie seitens des Inhaltsanalytikers wird dann eine Erweiterung des Wörterbuches und gegebenenfalls auch des Kategorienschemas – bzw. dessen Revision – ermöglicht, so daß ein anfänglicher Bias durch Verwendung unterschiedlicher Texte nivelliert wird.

Dabei stellt sich allerdings die Frage, was überhaupt unter einem Bias zu verstehen ist, oder schärfer: ob es ein Kategoriensystem (mit entsprechendem Wörterbuch) ohne einen wie immer gearteten Bias, also irgendwie «objektiv, wertfrei», geben kann. Die Frage aber so zugespitzt zu stellen heißt sie zu verneinen: Wenn Inhaltsanalyse bedeutet, aus einer bestimmten Forschungsfrage heraus eine soziale Interaktion zu rekonstruieren, die an der Interaktion Beteiligten aber ihre Kodierungen gemäß der spezifischen und gemeinsam definierten Situation wählen (und in Form von Regelprozessen die soziale Interaktion selbst wieder auf die gemeinsame Situationsdefinition zurückwirkt), so hat es keinen *Sinn*, ein von solchen Situationen unabhängiges Rekonstruktionsinstrument entwickeln zu wollen.

In diesem Sinne betont Deichsel die Entwicklung des HKW zur «Analyse von Symbolwelten», wobei er Symbolwelten wie folgt definiert (Deichsel 1975, 40):

> «Als Symbolwelt werden aus verbalen und/oder nichtsprachlichen Zeichen zusammengesetzte Formen symbolischer Interaktion verstanden. Sie sind Elemente sozialer Systeme, wobei unter sozialem System ein Interaktionszusammenhang aus zwei oder mehr Kommunikanten verstanden wird, die die Natur ihrer Beziehung definieren. Symbolwelten entstehen also erstens in multipolaren Interaktionszusammenhängen. Zweitens werden sie als intentionale, verändernde Handlungen aufgefaßt.»

Deichsel rekurriert dabei in Anlehnung an A. Schütz auf die «multiplen Wirklichkeiten» bzw. «Sinnprovinzen», in denen Mitglieder einer Gesellschaft in je unterschiedlichen Rollen gleichzeitig leben. Angewandt auf die Analyse von Texten hat z. B. die Zeichenfolge «Frische Brise aus dem Osten» eine völlig unterschiedliche Bedeutung, je nachdem, ob sie innerhalb eines Wetterberichts oder als Schlagzeile über einem politischen Kommentar steht; und letztere hängt z. B. wieder stark davon ab, welches Vorwissen über bestimmte Geschehnisse bei den Kommunikationspartnern aktualisiert wird bzw. als gemeinsamer Erfahrungshintergrund vorausgesetzt werden darf.

Solange elektronische Inhaltsanalyse nicht situationsspezifisches «Bewußtsein» (d. h. die o. g. Erfahrungshintergründe) simulieren kann, entsprechen unterschiedliche Bias dem Wechsel der Sinnprovinzen: Je nachdem, ob ein Kategoriensystem zur Analyse von Wettervorhersagen oder für politische Kommentare entwickelt wurde (und einen entsprechenden Bias besitzt), wird die obige Zeichenfolge dann unterschiedlich kategorisiert.

Sofern also ein Bias im Sinne einer bewußten Interpretationsrichtung hinsichtlich einer (für die Fragestellung relevanten) Sinnprovinz verstanden wird, ist er notwendig und erwünscht. Es bleibt dann allerdings der Verantwortlichkeit des Inhaltsanalytikers überlassen, eine der analysierten Kommunikation adäquate Sinnprovinz zu wählen, d. h., das Problem der Rekonstruktion des sozialen Kontextes mit seinem spezifischen Erfahrungshintergrund bleibt selbstverständlich erhalten – im o. g. Beispiel muß somit Nonsens entstehen, wenn ein meteorologisches Wörterbuch zur Analyse politischer Nachrichten herangezogen wird, wobei allerdings die unterschiedlichen Sinnwelten üblicherweise nicht so deutlich und leicht ersichtlich unterschieden sind.

Wieweit die Rekonstruktion der spezifischen Interaktionsbedingungen gelungen ist, ließe sich theoretisch von jedem überprüfen, der sich die Mühe macht, die entsprechenden Kategorisierungen durch die EDV-Anlage aufgrund der vorliegenden Wörterbücher und Originaltexte nachzuvollziehen.

Deichsel argumentiert daher auch, daß durch die explizite Darstellung der Kategorisierungsentscheidungen (in Form des Wörterbuches) der Prozeß der Inhaltsanalyse durchsichtiger geworden sei und damit «im wissenschaftlichen Sinn intersubjektiv diskutierbar». Dies stimmt in praxi sicherlich nur für die Zuordnung der Wörter im Wörterbuch zu den Kategorien: Da elektronische Inhaltsanalyse gerade bei umfangreichem Material verwendet wird, welches nicht mehr in vertretbarem Zeitaufwand manuell bearbeitet werden kann, ist eine Überprüfbarkeit der konkreten Kodierentscheidungen de facto somit bestenfalls in Form von Zufallsstichproben möglich.

Immerhin muß aber der elektronischen Inhaltsanalyse zugestanden werden, daß zumindest einzelne Schritte im Vergleich zur manuellen Inhaltsanalyse prinzipiell diskutierbarer werden, denn die Operationalisierung der Kategorien bleibt bei der manuellen Verarbeitung weitgehend in der black box «Forscherhirn», ebenso wie die konkreten Kodierentscheidungen. Daß aber trotz der elektronischen Kodierung mit ihrer Reproduzierbarkeit nicht die Reliabilität der Ergebnisse gleich eins wird, wurde bereits in Kapitel 6 dargelegt.

7.4. Zur Syntax- und Semantik-Frage

Als ein weiterer Vorteil der elektronischen Inhaltsanalyse ist die erhöhte Möglichkeit des Experimentierens mit unterschiedlichen Wörterbüchern zu nennen. Gerade für ein so unterentwickeltes Modell wie die Inhaltsanalyse ist es von großem Wert, wenn man auf relativ einfache Weise Erfahrungen über die Auswirkung von Variabilität der einzelnen Analyseschritte auf das Gesamtergebnis sammeln kann. Wenn man bedenkt, wie erstaunlich gut Alltagskommunikation auch zwischen sehr unterschiedlich eingestellten Personen mit kaum vergleichbarem Vorwissen, ungleichen Rollenerwartungen usw. funktioniert, oder wie schon 1½jährige sehr weitgehend an der Kommunikation mit Erwachsenen teilnehmen können, obwohl sie sicher nur einen ganz geringen Bruchteil der Syntax und Semantik der Sprachlaute «verstehen», ist gerade in Hinblick auf die Pragmatik von Kommunikation möglicherweise mehr Stabilität und weniger Komplexität vorhanden, als es das Scheitern von semantischen und syntaktischen Analysen befürchten läßt (wobei allerdings nicht unterschätzt werden soll, daß in Alltagskommunikationen die Situation durch Ort und Zeit und Erfahrung weitgehend vorgeklärt ist und zudem in der Face-to-face-Kommunikation die Beziehung der Interagierenden in hohem Ausmaß über paralinguistische Kanäle definiert wird).

Dennoch ist der Verzicht auf jede syntaktische und kontextuelle Struktur bei der Analyse durch das HKW sicherlich eine sehr starke Einschränkung. Es erhebt sich allein schon die Frage, ob durch die «KOFEINA»-Technik

(*Kontextfreie Einwort-Analyse*) (Deichsel 1973 b, 4) – bei der das einzelne Wort ohne Berücksichtigung seines Umfeldes kodiert wird – nicht eine erhebliche Anzahl von Fehleinordnungen in Kauf genommen werden muß, auch bei solchen Wörterbüchern, die relativ eingeschränkten Sinnbezirken adäquat zugeordnet sind (was bei der Analyse von Schlagzeilen, deren Sinnbezirke sicher stark variieren, ohnedies schwer zu realisieren sein dürfte).

Immerhin waren die Linguisten zu jener Zeit, als die Arbeit am General Inquirer gerade begann, über die Möglichkeiten einer maschinellen Übersetzung auf Wortebene bereits so desillusioniert, daß sie sich daranmachten, zunächst eine systematische syntaktische Grundlage zu schaffen, da der «lexikalische Ansatz mit allen möglichen Flickverbesserungen (in syntaktischer Hinsicht) doch an der ‹syntactic barrier› (ein Ausdruck von V. Yngres) scheitern mußte» (Dietrich und Klein 1974, 119).

Gerade das Problem der Homographen (vgl. Kapitel 3.3) stellt sich bei der Einwortanalyse zwangsläufig mit aller Schärfe. Deichsel arbeitet daher auch an einer Erweiterung von KOFEINA, der SYGEINA (*Syntaktisch gebundene Einwort-Analyse*), wobei syntaktische Zusammenhänge erkannt und zur Kategorisierung mitverwendet werden sollen. Dieses Modell ist allerdings noch nicht einsatzbereit.

Eine Lösungsmöglichkeit wurde bereits an anderer Stelle grob skizziert (Kriz 1975 a, 159 f): Man operationalisiert das Kategorienschema nicht einfach durch unstrukturierte Aufzählung aller Wörter, die unter eine bestimmte Kategorie fallen, sondern führt zwischen den Wörtern und den theoretischen Kategorien eine Ebene von Unterkategorien ein, welche durch logische Verknüpfungen die Kategorien dann selbst erst definieren. So könnte man z. B. die Kategorie «Kooperation» wie folgt definieren:

	vorhanden	*nicht vorhanden*
	mindestens zwei Partner	Konkurrenz
Kooperation	aktives Handeln	Dissens
	gemeinsames (Teil-)Ziel	

Die fünf angegebenen Unterkategorien oder Merkmale müßten entsprechend der obigen Struktur in einer Kategorisierungseinheit (Satz, Absatz) vorkommen und können ihrerseits durch Aufzählung der entsprechenden Wörter operationalisiert werden (wobei es hier nur um die Demonstration des Prinzips ging; praktisch ließe sich das sicher besser machen). Durch diese zweistufige Operationalisierung lassen sich somit auch solche Inhalte erfassen, die nicht in einem einzelnen Wort «manifest» werden.

Wichtig ist aber, daß auf diese Weise gleichzeitig das Homographenproblem verringert werden würde, z. B.:

«Heide»: «Mensch» oder «Kultur» oder «Religion», nicht «Pflanze»
«Heide»: «Pflanze» oder «Landschaft, Ort», nicht «Religion»

Im vorliegenden Beispiel werden Assoziations- oder Bedeutungsschablonen vorgegeben, und die am besten passende Schablone wird gewählt. Daß auch hier Fehler auftreten, läßt sich leicht zeigen (im gewählten Beispiel etwa: «Sie flocht aus Heide einen Kranz für das Kreuz in ihrer Gebetkammer»). Aber insgesamt wird selbst bei diesem sehr einfachen Modell die Fehlerquote gegenüber dem «einphasigen» Wörterbuchmodell – welches Homographen ja überhaupt nicht differenzieren kann – sicherlich erheblich gesenkt. Dietrich und Klein berichten sogar von einem Analyseverfahren für die deutsche Gegenwartssprache, durch welches Homographen, wie sie in gewöhnlichen Texten vorkommen, bis auf etwa 5 % richtig aufgelöst werden (Dietrich und Klein 1974, 92 ff).

Ein anderes Problem der Einwortanalyse ist die Auflösung deiktischer Ausdrücke wie: «er», «dieser», «jetzt», «hier» usw., deren konkrete Bedeutung also nur durch die Kenntnis der raum-zeitlichen Kontexte sichtbar wird. Der Anteil solcher Ausdrücke ist nun zwar bei Schlagzeilen überproportional gering – denn Schlagzeilen sollen ja gerade weitgehend ohne Kontext (wenn auch nicht ohne Vorwissen) wirken können –, aber in der deutschen Sprachstatistik von 11 Millionen Wortnennungen (Meier 1964) rangieren gerade diese Ausdrücke in der Häufigkeitsliste ganz weit vorn, weit bevor überhaupt irgendein Verb oder Substantiv zu finden ist. Sofern es also auf die konkrete Bedeutung ankommt (etwa für Begriffshäufigkeiten, Kontingenzen usw.), wird man den automatisch zu analysierenden Text vorher per Hand bearbeiten und die deiktischen Ausdrücke durch deren «eigentliche» Bedeutung substituieren müssen.

Wie in Abbildung 7.3 deutlich sichtbar wird, sind im HKW die Wörter noch mit allen Flexionen (soweit sie in den Schlagzeilen vorkamen) aufgeführt. Auch dazu gibt es Alternativen, die bisher teilweise in englischsprachigen Wörterbüchern verwendet wurden: Dabei werden die Wörter in einen Stamm und entsprechende Suffixe zerlegt und sowohl für die Wortstämme als auch für die Suffixe je ein Verzeichnis (von «Wörterbuch» kann man ja nun nicht mehr reden) angelegt. Die praktischen Probleme sind allerdings im Englischen aufgrund der einfacheren Regeln wesentlich leichter zu lösen als im deutschen, wo es bisher noch kein einsatzbercites Programm gibt.

7.5. Verwendete Wörterbücher

Es wurde bereits betont, daß das HKW sehr stark am General Inquirer orientiert ist, insbesondere am «Harvard Third Psychosociological Dictionary» (in McPherson u. a. 1963), welches über 3500 Eintragungen in 83 Kategorien umfaßt, davon – ähnlich dem HKW – 55 Exklusivkategorien und 28 Kategorien mit der Möglichkeit zur Mehrfachverschlüsselung. Es ist ebenfalls ein sehr allgemeines, für unterschiedliche Fragestellungen verwendbares Wörterbuch, bei dem z. B. die Trennung in Wortstämme und Suffixe praktisch verwirklicht wurde. Stone u. a. haben daneben noch 16 weitere Wörterbücher aufgeführt, so z. B. das «Stanford Political Dictionary» mit 3500 Eintragungen in nur 9 Kategorien, das «Harvard Need-Achievement Dictionary» für die Feststellung von Leistungsmotivationen mit ca. 850 Eintragungen in 14 Kategorien oder das «Santa Fe Third Anthropological Dictionary».

In der BRD sind gegenwärtig außer dem HKW noch drei größere und einige spezielle Wörterbücher auf EDV-Anlagen einsatzbereit, und zwar

1. der Parteiimage-Diktionär POLITDIC, der als ein Instrument zur Erfassung von Überzeugungen und von Eigenschaften deutscher politischer Parteien konzipiert ist; mit diesem wird in Mannheim gearbeitet;
2. das ULMLAFFAL-Wörterbuch, das zur Analyse der Angstphänomene von den Ulmer Psychologen adaptiert und verwendet wird;
3. das ZAR-Wörterbuch (Zentralarchiv Aufbereitungs- und Rückgewinnungssystem-Wörterbuch), das im Kölner Zentralarchiv für empirische Sozialforschung zum «information-retrieval» Verwendung findet.

Daneben sind zu nennen das FUKA-Wörterbuch (Fremdgruppen- und Konflikt-Analyse-Wörterbuch) von Tiemann (1973), das STEREOWOEB, ein Wörterbuch zur Stereotypie-Analyse von Holzscheck (1975), zwei kleinere Ulmer Wörterbücher, nämlich das MINI-HARV (eine Miniausgabe des «Harvard III Dictionary») und das TRAUMWOEB (zur Analyse von Träumen in der Psychoanalyse), sowie ein Wörterbuch im Zusammenhang mit der Selektion von Stichwörtern aus Texten durch das System PASSAT der Firma Siemens. Ferner wird an einem allgemeinen deutschen Wörterbuch gearbeitet, das «Wortstammreduktion und Wortsinnerkennung enthalten soll, also technische Eigenschaften, die bislang in keinem deutschen Wörterbuch vorhanden sind» (Deichsel 1975, 146).

7.6. Weitere Ansätze

Trotz der bereits mehrfach geübten Kritik an der Einwortanalyse wird nicht die Meinung vertreten, daß zukünftige Entwicklung in der EDV-orientierten Inhaltsanalyse *ausschließlich* auf die Erfassung komplexer syntaktischer und semantischer Strukturen abzielen muß (wenngleich dies eine sehr wichtige Forschungsrichtung ist). Unter dem Gesichtspunkt der Pragmatik stellt sich nämlich die Frage, ob die Analyse sozialer Interaktion auf der Ebene der Einwortanalyse durch die Zuordnung von Wörtern zu *inhaltlich*-theoretischen Kategorien erfolgen muß. Ansätze aus dem Bereich der Psycholinguistik und der Psychotherapie zeigen, daß es durchaus Varianten der Analyserichtung gibt, die auch in der Sozialforschung stärker berücksichtigt werden sollten.

Ein sehr einfacher Indikator ist der TTR-Wert (Type-Token-Ratio), bei dem die Anzahl verschiedener Wörter (types) zur Gesamtanzahl der Wörter (tokens) ins Verhältnis gesetzt wird (Johnson 1944). Er wird als Maß für die Flexibilität der Wortwahl verwendet, soll auch mit Intelligenz korrelieren (Chotlos 1944) und hängt in der intraindividuellen Entwicklung mit Therapieerfolg zusammen (Roshal 1953).

Ebenfalls aus der Therapieforschung stammt der DRQ-Wert (Discomfort-Relief-Quotient), bei dem die Anzahl jener Wörter, welche unangenehme Gefühle ausdrücken, ins Verhältnis gesetzt wird zu allen Wörtern über Gefühle – also angenehme wie unangenehme (Dollard und Mowrer 1947). Trotz dieser relativ vagen Definition berichten die Autoren von hoher Übereinstimmungsreliabilität zwischen unterschiedlichen Kodierern. Während der DRQ-Wert für alle Äußerungen eines Klienten bestimmt wird, geht in eine andere Variante, den PNAvQ-Wert (Positive-Negative-Ambivalent-Quotient), nur die Selbstbeschreibung des Klienten ein (Raimy 1948).

In mehreren Untersuchungen ist der Quotient aus der Anzahl der Verben und der Anzahl der Adjektive verwendet worden. Boder (1940) fand Unterschiede in der Sprachstruktur zwischen «Normalen» und «Schizophrenen» hinsichtlich dieses Index. Busemann (1948) gab dem Maß den Namen «Aktions-Quotient» (AQ). Es zeigte sich, daß seine Höhe sowie seine Variabilität mit zunehmendem Lebensalter der Verfasser erheblich abnimmt und daß unterschiedliche Textgattungen durch ihn sehr gut differenziert werden (Märchen: 4,11; klassische Prosa: 2,50; moderne Prosa: 2,35; Naturwissenschaften: 1,13; Geisteswissenschaften: 1,03), was sich sogar als charakteristische Eigenschaft von Sprache einzelner Personen in Dramen niederschlägt (Faust: 2,8; Mephisto: 3,6; Gretchen: 5,2).

Mittenecker (1951) schlug einen Index zur Feststellung von Perseverationstendenzen vor, indem in Texten die Wiederholungshäufigkeit von Stammsilben und der jeweilige Zwischenraum zwischen ihnen ermittelt wird. Es wurde sogar versucht, «Unehrlichkeit» stilistisch zu erfassen, wobei sich diese durch längere Sätze und eine größere Anzahl von Nebensätzen ausdrücken soll.

Letztlich sei ein Versuch von Ertel (1972; 1976) erwähnt, welcher dahin zielt, «Dogmatismus» von Texten (und deren Urhebern) zu operationalisieren und zu messen. Sein D-Maß setzt sich aus sechs Indikatoren zusammen, mit denen über 500 verschiedene Wörter und Ausdrücke hinsichtlich ihrer relativen Häufigkeit in Texten ermittelt werden, und zwar Ausdrücke aus den Bereichen:

1. *Anzahl und Größe* (D^+ z. B.: alle, jeder; D^- z. B.: ziemlich viele, wenige);
2. *Häufigkeit des Auftretens* (D^+ z. B.: jedesmal, niemals; D^- z. B.: selten, manchmal);
3. *Graduelle Aussagen* (D^+ z. B.: am höchsten, vollständig; D^- z. B.: in gewissem Maße, ziemlich);
4. *Exklusion und Inklusion* (D^+ z. B.: ausnahmslos, ausschließlich; D^- z. B.: auch, ebenso wie);
5. *Sicherheit der Aussage* (D^+ z. B.: notwendigerweise, selbstverständlich; D^- z. B.: anscheinend, vermutlich);
6. *Modalität der Aussage* (D^+ z. B.: muß, kann nicht; D^- z. B.: braucht nicht, sollte).

Für jede Kategorie wird der relative Anteil der D^+-Aussagen zu allen D-Aussagen als Indikator verwendet, also

$$D_\% = \frac{\Sigma\, D^+}{\Sigma\, D^+ + \Sigma\, D^-}$$

Es zeigt sich also, daß sehr unterschiedliche Gesichtspunkte an Texte gelegt werden und zu interessanten Ansätzen führen können. Aspekte zur Überprüfung ihrer Brauchbarkeit und Relevanz wurden in Kapitel 6 angedeutet – hier sei noch einmal auf die Möglichkeit verwiesen, die pragmatische Wirkung synthetischer Texte experimentell zu testen, da die Synthese gerade solcher Texte weitgehend über EDV-Anlagen durchgeführt werden kann.

Sofern man sich des noch mangelhaften Entwicklungsstandes der elektronischen Inhaltsanalyse bewußt ist und solche Ansätze als Methodenexperimente – also als Grundlage zu weiterer Forschung – betrachtet, sind alle diese Versuche begrüßenswert. Problematisch wird es freilich dort, wo man glaubt, bereits aussagekräftige und praktisch weitreichende «Ergebnisse» produzieren zu können. Niemand käme auf die Idee, den Prototyp eines neuen Antriebsaggregats, der gerade ein paar Tests unter speziellen Bedingungen positiv absolviert hat, serienmäßig in Verkehrsflugzeuge einzubauen. Genauso selbstverständlich sollte es für Sozialwissenschaftler eigentlich sein, zwischen erfolgreichen Tests im Bereich der methodischen Grundlagenforschung und der Anwendung dieser Forschung strikt zu unterscheiden. Sieht man sich aber beispielsweise die Diskussion um Ertels «Dogmatismus-Skala» an, so ist nicht sicher, ob dieser Unterschied genügend beachtet wird (vgl. Keiler 1975).

Die elektronische Inhaltsanalyse befindet sich in einem Zustand, wo jede Idee freudig aufgegriffen und hinsichtlich ihrer Umsetzbarkeit untersucht werden sollte. Das bedeutet aber nicht, daß das Stadium schon überwunden wurde, wo «Ergebnisse» lediglich Demonstrationscharakter haben und vorwiegend als Anregung für die weitere innerwissenschaftliche Diskussion und methodische Fortentwicklung verstanden werden sollten. EDV-orientierte Inhaltsanalyse ist noch ein eher unterentwickelter Sektor in einem Bereich – der Erforschung von sozialer Interaktion –, in dem wir ohnedies erst am Anfang stehen.

8. Richtung und Intensität

Unter sämtlichen inhaltsanalytischen Modellen zeichnen sich die zur Messung der Richtung und Intensität von Einstellungsäußerungen in Texten durch die größten Probleme aus, während sich gleichzeitig das Erkenntnisinteresse in sehr vielen Arbeiten gerade auf Einstellungen und Wertäußerungen richtet. Das Dilemma besteht hauptsächlich darin, daß in diesem Bereich der Einfluß der subjektiven Einstellung eines Kodierers kaum auszuschließen und vor allem auch schwer zu kontrollieren ist. Mehr noch als bei anderen Modellen gehen hier Hypothesen in den Kodierungsprozeß ein, die nur schwer oder gar nicht zu prüfen sind.

Im folgenden werden zunächst einfache Häufigkeitsauszählungen behandelt, die als Vorstufe vieler inhaltsanalytischer Modelle dienen. Weiterhin werden von den vielen Ansätzen zur Messung von Richtung und Intensität vier Modelle vorgestellt, die in der Literatur am häufigsten zitiert oder angewendet werden. Es sind dies die Symbol-Analysis, der Coefficient of Imbalance, die Value-Analysis und die Evaluative Assertion Analysis. Dabei zeigt sich, daß sie den jeweils erhobenen Ansprüchen in sehr unterschiedlicher Weise gerecht werden, und es wird deutlich, daß in diesem Bereich die Entwicklung inhaltsanalytischer Modelle noch lange kein zufriedenstellendes Niveau erreicht hat.

8.1. Häufigkeitsauszählungen

Die in bezug auf ihre praktische Verwendung einfachste Form eines inhaltsanalytischen Modells besteht in Häufigkeitsauszählungen des Auftretens inhaltsanalytischer Kategorien oder Berechnungen der Fläche, die ihnen in einem Text gewidmet wird. Während ein solcher Ansatz auch Vorstufe mehrerer später noch zu behandelnder Modelle ist, wie etwa Symbolanalyse oder Kontingenzanalyse, geht es hier vor allem um eine auf die Analyse der Häufigkeiten und ihre Interpretation beschränkte Verwendung des Modells. Dafür gibt es zahlreiche Beispiele: Garver (1958) untersuchte die Gewerkschaftspresse in den USA im Hinblick auf die Frage, welchen Zielen sie dient, indem er die prozentuale Häufigkeits- und Raumverteilung verschiedener Sparten ermittelte. Mit Hilfe des gleichen Modells untersuchte Bogart (1956) die Auswirkungen des Fernsehens auf Verbreitung und Inhalte von Zeitschriften. Auch Nycander (1958) analysierte die Häufigkeiten des Auftretens bestimmter Kategorien, um die Haltung der Presse während dreier

«Morgen zwischen neun und zehn Uhr . . .

. . . wird eine junge Dame herkommen, um mit dem Freund Ihrer Tochter zu sprechen. Ich will alles sehen und hören können, ohne von den beiden gesehen und gehört zu werden. Sie sollen mir die Gelegenheit dazu schaffen, und ich werde diesen Dienst mit einer sofort auszuzahlenden Summe von zweitausend Franken und einer Lebensrente von sechshundert Franken belohnen. Mein Notar wird heute abend die Schenkungsurkunde in Ihrer Gegenwart aufsetzen, ich werde ihm das Ihnen zustehende Geld aushändigen, und er wird es Ihnen morgen übergeben . . .»

Auf diese Weise bestach Jules Desmarets die Mutter von Ida Gruget, um hinter das Geheimnis zu kommen, das seine Frau mit dem mysteriösen «Ferragus» verband, dem Haupt der «Dreizehn» (deren Histoire Balzac erzählte). Er kam dahinter, aber es kostete ihn schließlich mehr als Geld.

Summa summarum: Die Wege zum Geld, von denen man aus Büchern und Briefen erfährt, sind oft dunkel; der helle führt über Sparbücher und Pfandbriefe.

Wahlkampagnen zu ermitteln. Ebenso gingen viele weitere Autoren vor, um unterschiedliche Fragestellungen zu beantworten.

Der Grund für die Beliebtheit des Modells liegt wahrscheinlich in seiner Einfachheit bei der Anwendung: Ein Text wird im Hinblick auf ein zuvor festgelegtes Kategorienschema durchgesehen und jedes Auftreten des Inhalts einer Kategorie in einer Strichliste vermerkt. Interessiert statt der Häufigkeit die Fläche, die jeder Kategorie gewidmet ist, so muß eben die Zahl der Zeilen, Spalten oder Seiten gezählt werden, oder es werden mit Hilfe eines Zentimetermaßes die Kanten der jeweiligen Textteile gemessen und die Flächen berechnet.

Sofern die Kategorien exakt definiert wurden (vgl. Kapitel 5), gibt es soweit keine Probleme in bezug auf die Zuverlässigkeit in dem Sinne, daß verschiedene Kodierer zu gleichen Ergebnissen kommen. Anders ist es bei der Interpretation und Auswertung der Daten. So stellt sich zunächst die Frage, was einfache Häufigkeitsauszählungen aussagen können. Grundsätzlich kann auf dieser Basis nur von einer Messung der Aufmerksamkeit, die den einzelnen Kategorien gewidmet wird, gesprochen werden. Sinnvoll erscheint die Hypothese, daß es sich bei besonders häufig geäußerten Begriffen um relevante Einstellungsobjekte handelt. Insofern könnte eine Häufigkeitsauszählung, die sich auf kleinere Einheiten als eine Kategorie in der eigentlichen Analyse stützt, eine Hilfe bei der Formulierung des Kategoriensystems darstellen. Weitere Aussagen aufgrund von Häufigkeitsauszählungen sind jedoch nicht möglich, ohne daß sinnvolle Hypothesen über die Entstehung des untersuchten Textes und den darin anzutreffenden Sprachgebrauch, vor allem im Sinne vorwiegend darstellender oder instrumenteller Kommunikation (Osgood 1959), gemacht werden können. Die inhaltsanalytischen Untersuchungen oftmals zugrunde liegende Annahme, die Häufigkeit des Auftretens einer Kategorie könnte als Intensität von Einstellungen interpretiert werden, ist so kaum haltbar. Schließlich ist ein Sprachgebrauch, wie er bei Cato dem Älteren («Ceterum censeo Carthaginem esse delendam») in seinen Äußerungen über Karthago anzutreffen war, nicht allgemein üblich. Vielmehr können sehr intensive Einstellungsäußerungen sehr kurz formuliert werden, während für schwächere Einstellungen möglicherweise wesentlich mehr Wörter verwendet werden. Es muß demnach im Einzelfall einer jeden Untersuchung auf der Basis dieses Modells explizit entschieden werden, welche Interpretation der Häufigkeitsverteilung von Kommunikationsinhalten adäquat ist.

Zu entscheiden ist auch, auf welchem Skalenniveau eine Interpretation sinnvoll ist. Die Häufigkeiten als solche besitzen zwar selbstverständlich Verhältnisskalenniveau; sobald sie jedoch weitergehend interpretiert werden, ändert sich u. U. das Skalenniveau. Wenn z. B. Kategorie A doppelt so häufig wie Kategorie B auftritt, so kann man nicht ohne weiteres unterstellen, daß A auch eine doppelt so große Aufmerksamkeit wie B gewidmet wird. Hier scheint eine ordinale Interpretation – A erfährt eine größere Aufmerksamkeit als B – wesentlich angemessener. Ebenso sollte dort, wo einmal Häufigkeiten sinnvoll als Intensität von Einstellungen verstanden werden können, nicht aus einer mehrfach so großen Häufigkeit auf eine entsprechend stärkere Intensität einer Einstellungsäußerung geschlossen werden. Auch dabei ist bestenfalls eine ordinale Interpretation sinnvoll. Dies macht deutlich, daß – wie übrigens nahezu überall in den Sozialwissenschaften – das Meßniveau von Daten, die als Indikatoren für latente Variablen fungieren, höchstens ordinal ist, wenngleich eine manifeste Variable für sich allein betrachtet ein höheres Niveau haben kann. Dies scheint auch z. B. Ritsert (1972, 57) und Bessler (1972, 77) nicht bewußt zu sein, da sie sich darauf beschränken, ohne weitere diesbezügliche Einschränkungen den Häufigkeitsauszählungen Ratioskalenniveau zu bescheinigen.

Es stellt sich die Frage, wie Häufigkeitsverteilungen sinnvoll dargestellt werden können. Normalerweise werden die ermittelten absoluten Häufigkeiten in relative umgewandelt. Aber wozu soll das Verhältnis gebildet werden? Je nachdem, ob die Häufigkeiten relativ zur Gesamtheit der Kodierungs-(Zähl-) oder Erhebungseinheiten gebildet werden, ergeben sich unterschiedliche Ergebnisse und in vielen Fällen sogar der Vorwurf der Beliebigkeit der Ergebnisse, wie am Beispiel einer Tabelle aus Graf Blücher (1959, 95) verdeutlicht werden kann. Graf Blücher untersuchte die Struktur des Inhalts von Zeitungen der DDR und ermittelte die in Tabelle 8.1 wiedergegebenen Daten. Dadurch, daß sämtliche Kategorien bei jeder Zeitung gemeinsam 100 % ergeben, handelt es sich bei jedem Auftreten einer Kategorie um abhängige Ereignisse. Die Kategorienbildung schlägt damit viel stärker als wünschenswert auf das Endergebnis durch. Während laut Tabelle

Tabelle 8.1: Struktur des Inhalts von Zeitungen in der DDR (in Prozent, die Gesamtzahl der Zeilen in einer Zeitung entspricht 100 %)

	Neues Deutschland (SED)		Volks- stimme	Junge Welt (FDJ)	Tribüne (FDGB)	Die Union (CDU)	Sächsisches Tageblatt (LDP)
	A	B					
Politik	24	29	20	17	24	23	18
Ideologie	12	16	10	19	14	5	3
Wirtschaft	14	18	14	8	24	4	6
Kultur und Unterhaltung	24	18	16	34	19	30	31
Sport	8	8	9	11	8	7	10
Werbung	10	4	17	3	4	23	22
Sonstiges	8	7	14	8	7	8	10
	100	100	100	100	100	100	100

8.1 die «Junge Welt» am wenigsten Politik von allen untersuchten Zeitungen bringt und die Ausgabe A des «Neuen Deutschland» bei dieser Sparte an zweiter Stelle steht, ändert sich das Bild völlig, sobald Politik und Ideologie zu einer Kategorie zusammengefaßt werden. Jetzt erreichen beide Blätter gleiche Prozentwerte. Mit der gleichen Berechtigung können auch Kultur, Unterhaltung und Sport zusammengefaßt werden, was zu ähnlichen Verschiebungen führt. Diesen Effekt erreicht man natürlich auch durch ein weiteres Aufgliedern der Kategorien.

Noch weitaus beliebiger werden solche Prozentzahlen, wenn statt des gesamten Inhalts eines Textes – Graf Blücher verwendet u. a. die Kategorie «Sonstiges» – nur Teilinhalte bei der Bildung der Relationen berücksichtigt werden. Ein Beispiel bietet dazu die Untersuchung der ersten sechs Pressekonferenzen von Präsident Kennedy zu Beginn des Jahres 1961 von Sanders (1965). Die aus dieser Arbeit entnommenen Daten, die in Tabelle 8.2 wiedergegeben sind, sagen in der vorliegenden Form kaum etwas Sinnvolles aus. So kann man nämlich durch Hinzufügen oder Weglassen von Kategorien die Daten beliebig manipulieren, und daraus resultierende größere Veränderungen sind hier besonders wahrscheinlich, da die Gesamtzahl der Items nur $N = 27$ ist. Die von Sanders aufgrund dieser Tabelle getroffene Aussage, daß Kennedy die Außenpolitik mehr als jede andere Kategorie behandelte, ist demnach unter den gegebenen Umständen durch nichts begründet.

Man sollte nicht meinen, daß es sich bei dieser Arbeit um eine Ausnahme handelt und in anderen Veröffentlichungen sinnvoller argumentiert wird. Es gibt zahlreiche Arbeiten, die mehr oder weniger offensichtlich aus ähnlich beliebigen Zahlen Schlüsse ableiten, so z. B. Schramm (1958), Garver (1958; 1961), Hart (1961; 1966), um nur einige zu nennen. Die daraus resultierende Forderung besagt, daß es ausführlicher Überlegungen und möglichst expliziter Begründungen zu der gewählten Auswertungs- und Interpretationsform selbst bei einem scheinbar so simplen Modell wie Häufigkeitsauszählungen bedarf.

Neben der Beschränkung in einer Untersuchung allein auf dieses Modell kommt den Häufigkeitsauszählungen vor allem auch eine große Bedeutung als Vorstufe weiter reichender Modelle der Inhaltsanalyse zu. Die dabei auftretenden Probleme werden in den folgenden Abschnitten dieses Kapitels behandelt.

8.2. Symbolanalyse

Die Entwicklung der Symbolanalyse (Symbol-Analysis) zu Beginn der fünfziger Jahre geht zurück auf Lasswell, Lerner und Pool. Eine erste Veröffentlichung dazu erschien schon 1951 (Lerner, Pool, Lasswell 1951), während die wesentliche Arbeit im Rahmen eines Forschungsberichtes zum RADIR-Pro-

Tabelle 8.2: Verteilung der einführenden Statements in sechs Pressekonferenzen von Präsident Kennedy vom 25. 1. bis 8. 3. 1961

Kategorien	Zahl der Items		Zeit in Sekunden	
	absolut	relativ	absolut	relativ
I. Außenpolitik				
A. Auswärtiges Amt	7	25,93	530	34,26
B. Diplomatie	4	14,81	113	7,30
C. Import und Export	2	7,41	76	4,91
Außenpolitik gesamt	13	48,15	719	46,48
II. Nationale Verteidigung				
A. Verteidigungsministerium	2	7,41	139	8,99
B. Oberbefehlshaber	1	3,70	39	2,52
Nationale Verteidigung gesamt	3	11,11	178	11,51
III. Innenpolitik				
A. Exekutive				
1. Arbeit	2	7,41	270	17,45
2. Landwirtschaft	1	3,70	20	1,29
3. Gesundheit, Ausbildung, Soziales	1	3,70	50	3,23
4. Handel	0	0,00	0	0,00
5. Inneres	1	3,70	49	3,17
6. Finanzen	1	3,70	46	2,97
7. Post	0	0,00	0	0,00
8. Justiz	0	0,00	0	0,00
Exekutive gesamt	6	22,22	435	28,12
B. Legislative	0	0,00	0	0,00
C. Judikative	0	0,00	0	0,00
D. Staat	0	0,00	0	0,00
E. Moral	1	3,70	53	3,43
F. Familie				
1. Persönlich	1	3,70	36	2,33
2. Behörde	0	0,00	0	0,00
Familie gesamt	1	3,70	36	2,33
G. Unabhängige Dienststellen, ausgewählte Behörden, Komitees und Kommissionen	3	11,11	126	8,14
Innenpolitik gesamt	11	40,74	650	42,02
Gesamt	27	100,00	1547	100,00

jekt der Stanford-Gruppe (siehe Kapitel 2) ein Jahr später erschien (Lasswell, Lerner, Pool 1952).

Die Symbolanalyse soll der Untersuchung der Semantik eines Textes dienen, d. h., sie ist gerichtet auf die Erfassung der Beziehung zwischen den Zeichen in einem Text und den dadurch repräsentierten Objekten. Dabei wird von der Annahme ausgegangen, daß jede häufig vorkommende Kategorie ein Einstellungsobjekt symbolisiert. Somit unterscheidet sich die Symbolanalyse zunächst einmal kaum von den im vorigen Kapitel beschriebenen Häufigkeitsauszählungen, indem als erstes festgestellt wird, welche Symbole im Text besonders häufig auftreten. Sie bilden die Schlüsselkategorien, die oftmals noch durch einige weitere, nicht häufig auftretende, aber theoretisch bedeutsame Kategorien ergänzt werden. Lasswell, Lerner, Pool (1952) unterscheiden die Symbole nach Bezügen zu Personen und Gruppen (symbols of identification), Merkmalen für Vorlieben und Wollen (symbols demand) und Vermutungen über Tatsachen (symbols of expectation). Mit Symbolen aus dem Bereich der Politik, wofür dieses Modell in erster Linie entwickelt wurde, befassen sich zwei Arbeiten von Pool, in denen er sich mit Symbolen der Demokratie (Pool 1952 a) und des Internationalismus (Pool 1951) befaßt.

Nach der Ermittlung der Schlüsselkategorien und der Häufigkeiten ihres Auftretens gehen die weiteren Schritte der Symbolanalyse über die einer reinen Häufigkeitsauszählung hinaus. Es wird nämlich nun bei jedem Auftreten einer Schlüsselkategorie geprüft, ob es sich bei den dazu abgegebenen Äußerungen um eine positive, negative oder neutrale Stellungnahme handelt. Eine weiter reichende Differenzierung der Einstellungsäußerungen hinsichtlich ihrer Intensität ist nicht vorgesehen. Allerdings ist allein schon die Klassifizierung der Richtung schwierig und bedarf exakter Anweisungen, wenn nicht schon dabei aufgrund mangelnder Kodiererreliabilität die Ergebnisse der Beliebigkeit preisgegeben werden sollen. Als Beispiel für eine einfache und vollständige Klassifikation wird in diesem Zusammenhang von mehreren Autoren (Budd, Thorp 1963, 17; Bessler 1972, 86) das Schema von Gieber (1955) angeführt. Gieber untersuchte die Frage, ob die Presse negative oder sensationelle Nachrichten hochspielt, d. h. ob sie angesichts der insgesamt von den Nachrichtenagenturen angebotenen Meldungen ein verzerrtes Weltbild liefert. Zu diesem Zweck wurde das folgende Klassifikationsschema für die Richtung von Meldungen festgelegt:

Negative – those items that report social conflicts and disorganization:
   1. International tension: conflict between nations – military, political and economic.
   2. Civic disruption: conflict between groups – political, economic and social.
   3. Crime and vice.
   4. Accidents and disasters.

Positive – those items reflecting social cohesion and cooperation:
1. International cooperation: normal communications among nations.
2. Government at work: information (non-controversial) on affairs of government.
3. Society at work: information about the groups of persons cooperating in non-governmental affairs.
4. «Life Goes On»: news items about individuals.

Other:
1. Oddities of life: the so-called «brighteners». *= ~ Auflockern*
2. Sports and entertainment.

Dieses Schema ist nur als Beispiel zu sehen. Wie brauchbar es im Einzelfall ist, kann hier nicht entschieden werden, zudem fehlen bei Gieber Angaben über die Kodiererreliabilität. Probleme hätten sich aber beispielsweise bei der Einordnung einer Meldung über rückläufige Unfallzahlen im Straßenverkehr ergeben können, denn die Klassifizierung als «Unfälle», und damit eine negative Einstufung, ist sicher nicht sinnvoll. Auch bei der Bildung der Richtungskategorien sind also unbedingt die in Kapitel 5 besprochenen Kriterien zu beachten.

Aufgrund der vorgenommenen Messungen, häufig als «attention measurement» und «direction measurement» bezeichnet, lassen sich ohne weitere Hypothesen nur zwei Aussagen treffen: (1) wie häufig bestimmte Symbole in einem Text angesprochen werden, und (2) in welchem Maße positive bzw. negative Äußerungen dazu abgegeben werden. Die Symbolanalyse geht mit ihren Auswertungen und Interpretationen aber weiter. Immerhin sind die eben genannten Feststellungen für einen Sozialwissenschaftler weitgehend uninteressant. Ihn interessieren vielmehr Einstellungen zu bestimmten Symbolen, die sich aber daraus allein in keiner Weise ergeben. Pool (1952 b) versucht, dieses Problem über eine Deskription der Symbole zu lösen: Er untersucht deren Variabilität über die Zeit, greift die wichtigsten positiven bzw. negativen Stellungnahmen heraus und sucht nach Stereotypen in den Einstellungen. Ein solches Vorgehen ist sicher informativ, setzt aber voraus, daß einzelne Entscheidungen, wie die über die wichtigsten Stellungnahmen, explizit gemacht und begründet werden.

Die Häufigkeiten des Auftretens positiver bzw. negativer Äußerungen zu einer Schlüsselkategorie sagen nur wenig aus, solange die Intensität unberücksichtigt bleibt. Viele schwach positive Äußerungen wiegen im allgemeinen nicht stärker als einige extrem negative Urteile. Ferner werden in den meisten Fällen Schlüsselkategorien sicher nicht durchgängig so einheitlich bewertet, daß dieser Aspekt unberücksichtigt bleiben kann. Genausowenig wie der Vergleich von Häufigkeiten positiver und negativer Stellungnahmen zu einer Kategorie sinnvoll ist, ist der Vergleich mehrerer Kategorien – z. B. in dem Sinne, daß aus einer größeren Zahl von positiven Stellungnahmen zur einen im Gegensatz zu einer anderen Kategorie auf eine günstigere Bewertung geschlossen werden kann – adäquat. Zunächst wäre nämlich zu klären, ob hier absolute oder relative Häufigkeiten relevant sind: Ist es entscheidend, wie oft eine Kategorie überhaupt günstig beurteilt wird, d. h., besteht ein Unterschied zwischen einem weit ausholenden, sehr umfangreichen und einem kurz und knapp formulierten Urteil, oder ist der Vergleich des Anteils der Stellungnahmen einer Richtung an allen Stellungnahmen zu jeder Kategorie das adäquatere Kriterium, um Einstellungen vergleichen zu können? Eine Antwort darauf hängt von zu vielen Faktoren ab, als daß sie hier gegeben werden könnte. Es erscheint auch gar nicht sinnvoll, dies irgendwie abstrakt zu entscheiden, vielmehr müssen Häufigkeitsmessungen, gleich welcher Art, die nur die Richtung, nicht jedoch die Intensität berücksichtigen, als kaum brauchbare Grundlage für Aussagen über Einstellungen angesehen werden.

Diese Problematik wurde von mehreren Autoren erkannt, und man versuchte daher, sie durch eine Erweiterung der Einstellungskategorien zu lösen. Kaplan und Goldsen (1949, 97) verwendeten z. B. das folgende Klassifikationsschema für Stellungnahmen zu Symbolen in Zeitungsüberschriften:

1. *Unqualified Positive (+ +):* Favorable presentation of the symbol, without explicit qualification of its favorable character:
   <u>BRITISH</u> ADVANCE IN AFRICA
2. *Qualified Positive (− +):* A basically favorable presentation, with unfavorable aspects clearly involved:
   <u>MARINES</u> TAKE TARAWA; CASUALTIES HIGH
3. *Unqualified Negative (− −):* Unqualified unfavorable presentation:
   PLANE PRODUCTION IN <u>GERMANY</u> SAGS
4. *Qualified Negative (+ −):* Basically unfavorable, with favorable or ameliorating aspects clearly involved:
   <u>NAZIS</u> RETREAT; LINES SHORTENED
5. *Balanced (B±):* Both favorable and unfavorable presentation clearly and equally involved:
   <u>REDS</u> ADVANCE IN NORTH; WITHDRAW IN SOUTH
6. *No Direction (o):* Presentations involving neither favorable nor unfavorable aspects:
   <u>CONGRESS</u> PASSES TAX BILL

Ähnliche erweiterte Klassifikationsmuster mit unterschiedlicher Anzahl der Abstufungen sind bei anderen Autoren zu finden.

Genau an einem solchen Vorgehen setzt Kracauer (1952) mit einer seiner drei Thesen zugunsten «qualitativer» Inhaltsanalyse an (vgl. Kapitel 3). Wenngleich seine Ablehnung «quantitativer» Inhaltsanalyse hier nicht in der gleichen Art geteilt wird, so sind seine Kritikpunkte an solchen Kategoriensystemen doch unabhängig davon gültig. Und sogar Berelson (1952, 151) weist auf bestehende Schwierigkeiten hin.

Zunächst einmal werden durch solche Muster nämlich keine Probleme gelöst, sondern nur neue geschaffen. Das augenfälligste besteht in der Kodiererreliabilität, die im allgemeinen mit wachsender Kategorienzahl sinkt. Dagegen könnten sehr genaue Kategoriendefinitionen helfen, wenn sich exakte Abgrenzungen auf dem zugrunde liegenden Kontinuum ermöglichen lassen. Das muß aber in vielen Fällen bezweifelt werden, so daß die Entscheidung, was noch «positiv» oder schon «sehr positiv» ist, normalerweise doch allein dem Kodierer und seinem irgendwie gearteten Verständnis vom Untersuchungsgegenstand überlassen bleibt. Solange dies wenigstens konsistent ist, verlagert sich die Problematik auf die weitere Analyse, besonders die Verknüpfung der nun vorliegenden Daten. Die oben gestellte Frage, ob man positive und negative Stellungnahmen ohne Berücksichtigung der Intensität miteinander vergleichen oder gegeneinander aufrechnen kann, liegt dabei in etwas diffizilerer Form genauso vor: Welche Beziehung besteht zwischen den einzelnen Kategorien, z. B. zwischen «positiv» und «sehr positiv», wie viele positive Äußerungen entsprechen einer sehr positiven, wie viele positive Stellungnahmen neutralisieren eine sehr negative? Eine Antwort kann in allgemeiner Form nicht gegeben werden, es muß aber jede mehr als ordinale Interpretation solcher Daten abgelehnt werden, da die dafür notwendigen Voraussetzungen – Differenzen oder sogar Verhältnisse müssen einen empirischen Sinn haben – mit Sicherheit nicht erfüllt sind, sobald man etwas über Einstellungen aussagen will. Dafür wäre es notwendig, begründete Hypothesen über den Zusammenhang der Häufigkeiten von Stellungnahmen einer bestimmten Art zu einer Kategorie und den zugrunde liegenden Einstellungen, die mit der Symbolanalyse ja ermittelt werden sollen, zu formulieren. Das gilt zwar ebenso für ordinale Interpretationen, doch scheint dies noch eher möglich zu sein, während weitergehende Schlüsse auf dem gegenwärtigen theoretischen Stand ausgeschlossen sind.

In der Literatur hat sich diese Einsicht weitgehend durchgesetzt, und die Aussagefähigkeit der Symbolanalyse wird dort sehr stark eingeschränkt. So sind in inhaltsanalytischen Untersuchungen der letzten Jahre Häufigkeitsauszählungen dieser Art kaum noch anzutreffen, nachdem das Modell lange Zeit sehr verbreitet war. In Verbindung mit der damaligen Beliebtheit der Symbolanalyse und vergleichbarer Modelle ist denn auch Kracauers Ablehnung «quantitativer» Inhaltsanalyse und die Bevorzugung einer eher «qualitativen» Interpretation von Texten durchaus verständlich, wenngleich das nicht die einzige mögliche Konsequenz ist. Bisher ist in keiner Weise bewiesen, daß es nicht auch einen adäquaten sogenannten «quantitativen» oder sonstwie zu bezeichnenden Ansatz zu dem Problem der Analyse von Einstellungsäußerungen in Texten gibt, wenngleich die folgenden Abschnitte dieses Kapitels hierzu auch nur bescheidene Fortschritte anzubieten haben.

8.3. Coefficient of Imbalance

Immer wieder, besonders in Wahlkampfzeiten, behaupten Vertreter der politischen Parteien, das Programm einiger Rundfunkanstalten sei nicht «ausgewogen», d. h., es sei gegenüber der jeweils gegnerischen Partei zu positiv eingestellt. Als Maß für die Unausgewogenheit und zur Prüfung solcher und ähnlicher Hypothesen, die ein Ungleichgewicht, d. h. eine günstige oder ungünstige Behandlung einzelner Gegenstände (Themen, Symbole usw.) in Kommunikationsinhalten irgendeines Senders unterstellen, haben Janis und Fadner erstmals im Jahre 1942 einen «Coefficient of Imbalance» vorgeschlagen.

Dieser Koeffizient soll bei einer entsprechenden Fragestellung auf alle Arten von Kommunikation anwendbar sein, mit Ausnahme solcher Fälle, wo ein Sender nur über eingeschränkte Möglichkeiten zur Kommunikation verfügt, wie z. B. bei vorgegebenen Antwortkategorien in einem Interview o. ä. Für die Wahl der inhaltsanalytischen Einheiten (vgl. Kapitel 4.1), von denen bei der Berechnung des Koeffizienten ausgegangen wird, gilt nur die Bedingung, daß eine Klassifizierung nach «günstig», «ungünstig» oder «neutral» in bezug auf den relevanten Gegenstand möglich sein muß.

Janis und Fadner formulieren, bevor sie auf die Gleichung für den Coefficient of Imbalance eingehen, zunächst Kriterien, die das Konzept des Ungleichgewichts umreißen und als Prämissen bei der Entwicklung des Koeffizienten fungieren sollen. Allem Anschein nach handelt es sich bei den Kriterien jedoch um nachträglich formulierte Eigenschaften der Gleichung für den Koeffizienten, so daß es sinnvoller erscheint, die Entwicklung des Coefficient of Imbalance in eben dieser Reihenfolge nachzuvollziehen.

Dazu ist es zunächst notwendig, einige Begriffe zu erläutern:

– Gesamtinhalt (t): Gesamtzahl der inhaltsanalytischen Einheiten in der Grundgesamtheit;
– relevanter Inhalt (r): der Teil des Gesamtinhalts, in dem der zu untersuchende Gegenstand enthalten ist;
– irrelevanter Inhalt (i): der Teil des Gesamtinhalts, in dem der zu untersuchende Gegenstand nicht enthalten ist;
– günstiger Inhalt (f): der Teil des relevanten Inhalts, in dem der zu untersuchende Gegenstand günstig bewertet wird;
– ungünstiger Inhalt (u): der Teil des relevanten Inhalts, in dem der zu untersuchende Gegenstand ungünstig bewertet wird;
– neutraler Inhalt (n): der Teil des relevanten Inhalts, in dem der zu untersuchende Gegenstand weder günstig noch ungünstig bewertet wird.

Es ist also $t = r + i$ und $r = f + u + n$. Der relevante Inhalt kann nicht nur in «günstig», «ungünstig» und «neutral» untergliedert werden, sondern die beiden erstgenannten Kategorien können in beliebig viele, sich gegenseitig ausschließende Unterkategorien aufgegliedert werden. Damit soll eine differenziertere Bewertung des Ungleichgewichts in den untersuchten Einheiten möglich werden, denn zwei Aussagen wie z. B. «Die freie Marktwirtschaft ist eine sehr gute Sache» und «Die freie Marktwirtschaft hat möglicherweise auch etwas Gutes an sich» fallen zwar beide in die Kategorie «günstig», sind jedoch in ihrer Intensität sehr verschieden. Da Koeffizientenwerte $0 < C \leq 1$ ein positives Ungleichgewicht und $0 > C \geq -1$ ein negatives Ungleichgewicht ausdrücken sollen, müssen die Unterkategorien genau diesen Bereich abdecken. Der Wert des neutralen Inhalts ist dementsprechend Null. Bezeichnet man die mittleren Werte der Unterkategorien mit x, die Gesamtzahl der Unterkategorien mit m und die Häufigkeiten in den Unterkategorien (Gewichte) mit w, so ergibt sich für das durchschnittliche Ungleichgewicht des relevanten Inhalts:

$$(8.1) \qquad A = \frac{w_1x_1 + w_2x_2 + \ldots + w_mx_m}{w_1 + w_2 + \ldots + w_m} = \frac{\sum\limits_{i=1}^{m} w_ix_i}{\sum\limits_{i=1}^{m} w_i}$$

Unter der oben angeführten Bedingung für die Größe der x_i kann die Gleichung für A folgendermaßen verändert werden:

$$y = x > 0 \text{ (günstiger Inhalt)}$$
$$-v = x < 0 \text{ (ungünstiger Inhalt)}$$

$$(8.2) \qquad A = \frac{\sum\limits_{i=1}^{m_y} w_{yi}y_i - \sum\limits_{i=1}^{m_v} w_{vi}v_i}{\sum\limits_{i=1}^{m_y} w_{yi} + \sum\limits_{i=1}^{m_v} w_{vi} + n} = \frac{\sum\limits_{i=1}^{m_y} w_{yi}y_i - \sum\limits_{i=1}^{m_v} w_{vi}v_i}{r}$$

Entsprechend kann das durchschnittliche Ungleichgewicht des Gesamtinhalts berechnet werden:

$$(8.3) \qquad T = \frac{\sum\limits_{i=1}^{m_y} w_{yi}y_i - \sum\limits_{i=1}^{m_v} w_{vi}v_i}{\sum\limits_{i=1}^{m_y} w_{yi} + \sum\limits_{i=1}^{m_v} w_{vi} + n + i} = \frac{\sum\limits_{i=1}^{m_y} w_{yi}y_i - \sum\limits_{i=1}^{m_v} w_{vi}v_i}{t}$$

Zu beachten ist dabei, daß in der Gleichung der durchschnittliche Wert des irrelevanten Inhalts einfach gleich Null gesetzt wurde. Auf die Frage, inwieweit ein solcher Schritt sinnvoll und berechtigt ist, soll nicht näher eingegangen werden.

Betrachtet man die Gleichungen für A und T einmal unter Berücksichtigung der obigen Definitionen, so stellt man fest, daß im Zähler jeweils die Differenz von günstigem und ungünstigem Inhalt steht, also

$$(8.4) \qquad A = \frac{f - u}{r} \quad \text{und} \quad T = \frac{f - u}{t}$$

Das Produkt

(8.5) $\quad AT = \dfrac{f-u}{r} \cdot \dfrac{f-u}{t} = \dfrac{f^2-fu}{rt} - \dfrac{fu-u^2}{rt}$

kann nun als Differenz zwischen günstigem und ungünstigem Ungleichgewicht in einem Text angesehen werden, d. h.

(8.6) $\quad A = C_f - C_u$

Damit gibt es also nicht *einen* Coefficient of Imbalance, sondern in Abhängigkeit von f und u wird entweder C_f (wenn f > u) oder C_u (wenn f < u) berechnet. Eine Zerlegung der beiden Koeffizienten macht deren Inhalt noch klarer:

– Coefficient of favorable Imbalance

(8.7a) $\quad C_f = \dfrac{f^2-fu}{rt} = \dfrac{f-u}{r} \cdot \dfrac{f}{t} \quad$ mit f > u

– Coefficient of unfavorable Imbalance

(8.7b) $\quad C_u = \dfrac{uf-u^2}{rt} = \dfrac{f-u}{r} \cdot \dfrac{u}{t} \quad$ mit f < u

Der erste Faktor ist beide Male der gleiche und repräsentiert das durchschnittliche Ungleichgewicht des relevanten Inhalts, während der zweite Faktor die relative Häufigkeit des günstigen bzw. ungünstigen Inhalts, bezogen auf den Gesamtinhalt, angibt.

Der Wert des Koeffizienten ist also im wesentlichen vom Umfang des Gesamtinhalts bzw. vom relativen Anteil des relevanten Inhalts am Gesamtinhalt abhängig. Das hat weitreichende Implikationen in bezug auf Aussagekraft und Verwendbarkeit des Coefficient of Imbalance, die näher betrachtet werden sollen.

Zunächst stellt sich die Frage, was dieser Koeffizient eigentlich wirklich aussagt. Bei Janis und Fadner sind darüber kaum bzw. nur sehr verschwommene Aussagen zu finden. So ist zu überlegen, ob Schlüsse auf den Sender, den Empfänger oder die Nachricht zulässig sind, wenn man hier einmal dieses einfache Kommunikationsmodell zugrunde legt. Ein Schluß auf den Sender ist jedenfalls nicht möglich, wenngleich das Konzept des Ungleichgewichts zunächst hoffen läßt, daß es Aussagen über Einstellungsstrukturen und Intentionen eines Senders zuläßt. Die Unmöglichkeit einer solchen Schlußweise wird deutlich, wenn man sich überlegt, daß der Grad des Ungleichgewichts wesentlich von der Textauswahl abhängig ist. Wenn man z. B. die Rede eines Bundestagsabgeordneten zur Agrarpreisdebatte auswählt, um etwas über dessen Einstellung zur Bundeswehr zu erfahren, so wird man ein C $\approx$ o erhalten, wenn die Rede nur möglichst lang ist und – was wahrscheinlich ist – das Untersuchungsobjekt selten, jedoch mindestens einmal erwähnt wurde. Über die «wahre» Einstellung ist damit nichts ausgesagt. Doch selbst wenn man einen Text auswählt, der speziell zum untersuchten Thema abgefaßt wurde, so wird zwangsläufig ab einem gewissen Umfang, der sicher variabel ist, der relative Anteil des relevanten Inhalts geringer werden, solange sich jemand nicht ständig wiederholt.

Man kann nun einwenden, daß der Gesamtinhalt willkürlich ausgewählt worden war. Eine Alternative, nämlich alle Aussagen des Abgeordneten überhaupt oder bezogen auf irgendeine Zeit als Grundgesamtheit zu wählen, ist ebensowenig praktikabel, wie sie das Problem löst, denn jetzt ist $C = 0$, da $t \rightarrow \infty$. Man könnte aber daraus eine repräsentative Auswahl treffen. Das ändert jedoch wiederum nichts an der Problematik, denn dann ist t zwar zahlenmäßig angebbar, r nähert sich jedoch Null, denn der Anteil des relevanten Inhalts am Gesamtinhalt wird recht klein sein, da ja außer über die Bundeswehr noch über sehr viele andere Dinge gesprochen wird, was zu $C \approx 0$ führt.

In bezug auf den Empfänger interessiert normalerweise die Wirkung eines Textes. Dabei könnte zwar die Feststellung, in welchem Maße ein Text ungleichgewichtig ist, wertvolle Dienste leisten, weiter reichende Erkenntnisse kann der Coefficient of Imbalance jedoch nicht vermitteln, was wohl auch nie von ihm erwartet wurde.

Somit ist die Aussagefähigkeit im wesentlichen auf die Nachricht selbst beschränkt. Das Interesse des Sozialwissenschaftlers an der Untersuchung einer Nachricht ohne direkte Beziehung zu Sender oder Empfänger ist naturgemäß relativ klein. Trotzdem sollen hier noch einige Probleme geklärt werden. Dazu gehört die Wahl der zugrunde gelegten inhaltsanalytischen Einheiten. Wie bereits oben erwähnt, nennen Janis und Fadner (1949, 155 f) nur die Bedingung, daß die Einheiten innerhalb des Kategorienschemas klassifiziert werden können. Genau damit ist aber eine Grundforderung an jeden Koeffizienten, nämlich daß die Werte vergleichbar sind, nicht mehr unbedingt erfüllt. Man denke sich nur einmal zwei Untersuchungen desselben Textes; in einer werden Themen als Einheit gewählt, in der anderen werden Sätze zugrunde gelegt. Sätze enthalten oft mehrere Aussagen, die keineswegs identisch sein müssen, Themen hingegen enthalten immer nur eine Aussage, da sie genau dadurch definiert sind (siehe Kapitel 4.1). Die Folge ist, daß das Verhältnis r/t in der ersten Untersuchung disproportional größer ist als in der zweiten. Aus einem relevanten Satz können nämlich z. B. drei Themen werden, wovon aber nur eines relevant ist. Und damit können zwei gleiche Ungleichgewichtswerte etwas Verschiedenes und genauso zwei verschiedene Werte das gleiche bedeuten.

Ein weiteres Problem ist das der Kategorienbildung. Grundlegend sind drei Kategorien. Dazu können beliebig viele Unterkategorien gebildet werden, wie Janis und Fadner am Rande bemerken (158). Deren mittlere Werte müssen zwischen $0 < x \leq 1$ für «günstig» bzw. $0 > x \geq -1$ für «ungünstig» liegen. Verzichtet man jedoch auf die Bildung von Unterkategorien, so wird «günstig» mit $x = +1$ und «ungünstig» mit $x = -1$ bewertet (159).

Während an anderer Stelle vom Verhältnisskalenniveau für den Koeffizienten ausgegangen wird (165 f), wird hier bei einem Verzicht auf eine weitergehende Klassifizierung statt des Mittelwertes das Maximum zur Repräsentation eines Wertebereichs gewählt. Die Folge ist, daß Unterkategorien im Vergleich zur Verwendung von nur drei Kategorien praktisch immer zu einer Unterschätzung von C führen. Und das heißt abermals, daß die Vergleichbarkeit zweier Koeffizientenwerte nicht gesichert ist.

Janis und Fadner haben die obengenannten Wertebereiche für die Unterkategorien selber nicht angegeben, sie orientieren sich an dem – ebenfalls nirgendwo angegebenen – Schwankungsbereich von C. Man könnte auch einen anderen Bereich wählen, z. B. $0 < C_f < 2$ bzw. $0 > C_u > -2$ ($x_f = +1$ und $x_u = -1$ wären dann Mittelwerte), ohne daß sich das Problem ändern würde, man müßte nur zusätzliche Transformationen durchführen.

Alle Bemühungen um eine differenziertere Aussagekraft des Coefficient of Imbalance kranken letztlich an der Unbestimmtheit des Wertes vom Gesamtinhalt, der ja auch den irrelevanten Inhalt umfaßt. Gleichgültig, ob man dafür die Zahl der Einheiten einsetzt (159) oder was man sonst macht, man erhält nie wirklich vergleichbare Werte für C. Vielleicht ist das der Grund dafür, daß Janis und Fadner die Bildung von Unterkategorien nur in Nebensätzen erwähnen und ansonsten von reinen Häufigkeiten ausgehen, was aber theoretisch völlig unbefriedigend ist.

Als Fazit ergibt sich aus diesen Überlegungen, daß die Qualität eines Koeffizienten nicht abhängig von der Aufwendigkeit der Formeln ist, die zur Herleitung und zum «Beweis» verwendet werden, sondern von seiner Adäquanz und Relevanz. Diese beiden Kriterien erfüllt der Coefficient of Imbalance jedoch nicht.

Eine einfachere Form eines Koeffizienten zur Messung des Ungleichgewichts in Texten ist der Index of Imbalance, der von Batlin (1954) vorgeschlagen wurde. Er enthält allerdings immer noch zahlreiche Probleme. Da er zudem in anderen Arbeiten nicht häufiger zitiert oder verwandt wurde, soll es hier bei dem Hinweis bleiben und nicht weiter darauf eingegangen werden.

8.4. Wertanalyse

Die Wertanalyse (Value-Analysis) von White (1944) ist ein Modell zur Klassifikation und Zählung von Werturteilen in Texten. Von der Konzeption her soll sie sich für alle Arten freier verbaler Äußerungen eignen, so z. B. autobiographische Romane (White 1947), Propagandamaterialien (White 1949), Zeitschriften (Ginglinger 1955) o. ä. Die zentrale Hypothese, auf der das Modell basiert, besagt, daß es grundsätzlich bei jeder Person eine Tendenz gibt, über alles nachzudenken, was in Beziehung zu den eigenen Werten und Bedürfnisen steht, und die Umwelt im Rahmen dieser Werte wahrzunehmen (White 1944, 353). Daraus folgt, daß mit der spontanen Äußerung von Gedanken auch Bedürfnisse und Wertvorstellungen offenbart werden. Die Wertanalyse geht also im wesentlichen von den gleichen theoretischen Annahmen aus wie projektive Modelle.

White formuliert vier Ansprüche an sein Modell, welche die Forderungen nach Reliabilität – im Sinne einer Unabhängigkeit der Ergebnisse vom Bearbeiter –, Validität – in dem Sinne, daß es eine Beziehung zwischen dem Modell und dem tatsächlichen Verhalten einer untersuchten Person gibt – und Praktikabilität verknüpfen:

(1) Das Modell soll angesichts der Komplexität von Sprache und der unendlichen Vielzahl möglicher sprachlicher Konstruktionen so variabel sein, daß es den gesamten Bereich verbaler Äußerungen abdeckt;

(2) gleichzeitig ist es unbedingt erforderlich, daß das Modell möglichst einfach zu verstehen und zu handhaben ist;

(3) eng mit der zweiten Bedingung verbunden ist die Notwendigkeit der Klarheit des Modells, denn dies ist eine wesentliche Bedingung für eine möglichst hohe Reliabilität;

(4) schließlich sollte sich das Modell auch zur Erfassung nichtexpliziter Wertäußerungen eignen, wie etwa Ironie, Satire o. ä., denn nur so ist eine hohe Validität wahrscheinlich.

Für die Anwendung des Modells der Wertanalyse gibt White die folgenden Anweisungen:

1. Zunächst werden in dem zu untersuchenden Text alle explizit auftretenden Werte unterstrichen. White stellte zu diesem Zweck eine – von ihm selbst als nicht endgültig bezeichnete – Liste der 100 Wertbegriffe, die für die Analyse nichtpolitischen Materials notwendig sind, und 25 Wertbegriffe, die zusätzlich bei der Untersuchung politischen Materials benötigt werden, zusammen. Diese Liste ist in Tabelle 8.3 wiedergegeben. Sie entstand auf der Grundlage der Reden von Hitler, Roosevelt, Churchill und Chiang Kai-shek, Leitartikeln in der «New York Times» und «Chicago Tribune» und Meinungsforschungsdaten zur Nachkriegsorganisation der Welt. Weiterhin fanden insbesondere das sogenannte Basic English (Ogden 1932), der Roget Thesaurus (Roget 1918) und Thorndikes Liste der 2500 häufigsten Wörter der englischen Sprache (Thorndike 1921) Berücksichtigung. Um das Modell möglichst einfach und klar zu gestalten, wurden in die Liste der grundlegenden Werte nicht alle Wertäußerungen aufgenommen, sondern nur solche, die häufig auftreten. Zusätzlich zu den Wertäußerungen werden auch alle bewerteten Agenten unterstrichen. Solche Agenten können nicht nur Individuen, sondern auch Gruppen sein.

2. Als nächster Schritt folgt nun die Zuordnung von Wertsymbolen zu jedem Textteil, der eine Wertäußerung enthält. Die zu diesem Zweck von White vorgeschlagenen Symbole sind ebenfalls in Tabelle 8.3 enthalten (sie orientieren sich jeweils am englischen Ausdruck). Danach wird z. B. Bratwurst oder Brot als Fo (Food) kodiert, für Schule würde Ed (Education)

Tabelle 8.3: **Das grundlegende Vokabular der Wertanalyse**

I. 100 allgemeine Werte

Co	Bequemlichkeit	F	Freundschaft	Z	Erfolg
Fo	Essen	A	Billigung	B	Größe
Dr	Trinken	So	Geselligkeit	Qk	Schnelligkeit
Wa	Wärme	Ta	Gespräch	Ne	Neuigkeit
Re	Ruhe	Mm	Mitgliedschaft	Sty	Stil
		U	Gruppenzusammenhalt	Ab	Fähigkeit
S	Sicherheit			Pp	Absicht
Li	Leben	Gi	Geben	Cg	Mut
He	Gesundheit	Ki	Freundlichkeit	Po	Macht
ˣPa	Schmerz*			At	Aufmerksamkeit
ˣFe	Furcht	H	Glück		
ˣPu	Strafe	Ho	Hoffnung	Rs	Respekt
		Rw	Belohnung	Pos	Position
L	Liebe				
Hm	Heim	R	Rechtlichkeit	E	Prosperität (ökonomisch)
Ma	Heirat	Tr	Wahrheit		
Hd	Kind sein	J	Justiz	La	Land
				Hs	Haus
K	Wissen	I	Freiheit (Unabhängigkeit)	Clo	Kleidung
T	Wahrheit			An	Tiere
Ob	Beobachtung	Qe	Qualität	Mc	Maschinen
Th	Denken	Ac	Aktivität	X	«Dinge»
Me	Bedeutung	Ti	Zeit	Sa	Ersparnisse
Ed	Bildung	Op	Gelegenheit	Pf	Gewinne
		Na	Natürlichkeit	ˣPr	Hohe Preise*
Or	Ordnung	ˣRsp	Verantwortlichkeit*	W	Arbeit
Ce	Zuverlässigkeit			Gr	Wachstum
Si	Einfachheit	Pl	Vergnügen	Mk	Schaffen
Lk	Ähnlichkeit	C	Wechsel	Tp	Transport
Md	Mittelmäßigkeit	In	Interesse	Td	Handeln
Cl	Sauberkeit	Ex	Anreiz		
Qi	Ruhe	St	Geschichten	Mögliche Werte	
Ca	Vorsicht	Hu	Humor	Ps	möglich
Lw	Gesetz	Dk	Trinken	Pc	praktisch
Le	Führerschaft	Sx	Geschlecht	Av	unvermeidbar
O	Organisation	Y	Jugend		
Fa	Vertrauen	Be	Schönheit		
Cer	Zeremonie	Col	Farbe		
Rl	Religion	Mu	Musik		

---

* Ein x vor einem Symbol bedeutet, daß der jeweilige Wert normalerweise negativ beladen ist. Falls er jedoch positiv verwendet wird, wird das Symbol ohne das x geschrieben. Die kleinen Kreuze wurden hier genauso gesetzt wie bei White 1944, 356, wenngleich bei einigen Begriffen sicherlich über die Angemessenheit dieses Zeichen gestritten werden kann.

II. 25 politische Werte

^{x}Soc	Sozialismus*	^{x}Dt	Schulden	V	Sieg
^{x}Cm	Kommunismus	^{x}Tx	Steuern	Mt	Materialien
^{x}Fs	Faschismus	P	Frieden	En	Unternehmung
^{x}N	Nationalismus	D	Demokratie	Cpt	Wettbewerb
^{x}M	Militarismus	Ci	Zivilisation	Inv	Geldanlage
^{x}Im	Imperialismus	Lb	Liberalismus	Cs	Konsum
^{x}Pol	Politik	Am	Amerikanismus	Pn	Planung
^{x}Pro	Propaganda	Al	Verbündete	Ar	Entscheidung
^{x}Sk	Streiks				

III. nichtbewertende Ausdrücke, die nur in Verbindungen gebraucht werden

Bo	Körper	Gv	Regierung	Ra	Rasse
Mi	Meinung	Hi	Geschichte	Cu	Währung
Wa	Weg, Methode				

notiert usw. Negative Bewertungen werden durch einen Apostroph vor dem Symbol kenntlich gemacht. Hassen würde demnach durch 'L (non-love), Sterben durch 'Li (non-life) symbolisiert. Alle diese Symbole werden am Rand des untersuchten Textes notiert. Innerhalb des üblichen Ablaufs einer Inhaltsanalyse handelt es sich bei diesem Schritt also um den Kodiervorgang, wobei in diesem Falle das Kategorienschema fest vorgegeben und nicht für eine spezifische Untersuchung und Fragestellung entwickelt wurde (vgl. Kapitel 5.2).

3. Die sprachlichen Muster werden in ihrer symbolischen Darstellung vervollständigt, indem auch für die Beziehungen zwischen Agenten und

Tabelle 8.4: Verknüpfungen der Symbole für Agenten und Wertäußerungen (White 1947, 447)

xHu	x ist humorvoll
x'S	x ist nicht gefahrlos, es ist gefährlich
^{x}L	x sollte liebevoll sein
F	(ich will) Essen
'F	kein Essen (Frustration)
$-$F	genug Essen (Befriedigung)
S_x	(ich will) Sicherheit für x
$'S_x$	keine Sicherheit für x, x hat keine Sicherheit
$y'S_x$	y ist nicht sicher für x
Rs^x	Respekt gegenüber x
Ar^x	Entscheidung gegen x
K^x	Wissen über x
x(Rs	x fordert Respekt
Ca–S	Vorsicht, zur Sicherheit führend
U=A	Zusammenhalt in der Gruppe gleicht Sicherheit
^{x}Fs/D	Faschismus und Demokratie widersprechen sich
P>E	Frieden ist wichtiger als ökonomische Werte

Wertäußerungen Symbole eingeführt werden. In der Praxis würde dieser Schritt nicht vom zweiten getrennt, sondern gemeinsam durchgeführt. Zunächst werden – ebenso wie in Tabelle 8.3 für die Wertäußerungen – Symbole für alle Agenten festgelegt. Für die einzelnen Verbindungen zwischen Agenten und Wertäußerungen werden die in Tabelle 8.4 zusammengestellten Zeichen verwendet. Weitere Zeichen können ohne weiteres hinzugefügt werden.

4. Der vierte und letzte Schritt der Wertanalyse besteht darin, daß die Symbole und Symbolverbindungen tabelliert und zusammengefaßt werden. Dies kann auf unterschiedliche Art erfolgen, wobei die einfachste in einer Häufigkeitsauszählung der verschiedenen Wertsymbole besteht. Bei allen Arten der Auswertung ist eine Zusammenfassung der wichtigen Mittel-Ziel-Beziehungen, die sich im Text abzeichnen, notwendig, so daß das gesamte Muster von Aktivitäten und Werten deutlich wird. Die Auswertung erfolgte z. B. bei White (1947) u. a. über die Herausarbeitung der zwölf am stärksten betonten Werte und die überwiegende Form der Beschreibung der Agenten. White (1949) verglich die Bedeutung verschiedener Werte in den Reden von Hitler und Roosevelt und konzentrierte sich auf die dabei zutage tretenden Differenzen. Ginglinger (1955) schließlich beschränkte sich ebenfalls auf den Vergleich der Häufigkeitsverteilungen von Wertäußerungen, wobei es um die grundlegenden Werte in den Zeitschriften «Reader's Digest», «Selection» und «Constellation» geht.

Zwei Fragen stellen sich nun: Zum einen ist zu klären, inwieweit die oben aufgeführten vier Ansprüche von dem dargestellten Modell erfüllt werden, zum anderen ist die Frage nach Unterschieden und Vorteilen dieses Modells gegenüber einfachen Häufigkeitsauszählungen inhaltsanalytischer Kategorien (siehe Kapitel 8.1) zu beantworten. Beginnt man einmal mit der zweiten Frage, so lassen sich vier wesentliche Unterschiede aufzeigen:

(1) Es wird mit einem vorgegebenen, von der spezifischen Fragestellung unabhängigen Kategoriensystem gearbeitet;

(2) der Arbeitsaufwand ist wesentlich größer;

(3) der Kontext, in dem die Kategorien in einem Text stehen, wird berücksichtigt; und

(4) es wird mit Hilfe standardisierter Aussageformen versucht, einen Text weitgehend zu vereinfachen, was später in wesentlich konsequenterer Form auch bei der Bewertungsanalyse (vgl. den folgenden Abschnitt 8.5) getan wird.

Daneben steht die Frage, welche der vier Ansprüche erfüllt wurden. Sie läßt sich in der Weise beantworten, daß das Modell sicherlich nicht zur Analyse von Texten geeignet ist, in denen Werte nicht explizit geäußert werden, was White selber betont. In bezug auf die Variabilität des Modells angesichts der Vielzahl möglicher sprachlicher Konstruktionen ist festzustellen, daß sich die oben dargestellte Symbolik so erweitern ließe, daß praktisch jeder Text abgebildet werden kann, wenngleich das mit einem enormen Arbeitsaufwand verbunden wäre. Es ist fraglich, ob sich ein solcher Aufwand lohnt, denn der mögliche Erkenntnisgewinn steht in keinem angemessenen Verhältnis dazu. Er reicht kaum über den einer einfachen Häufigkeitsauszählung (siehe Kapitel 8.1) oder einer Symbolanalyse (siehe Kapitel 8.2) hinaus.

Die vorliegende Berücksichtigung des Kontextes, die man als Vorteil der Wertanalyse herausstellen könnte, wird jedoch bei der im folgenden Abschnitt beschriebenen Bewertungsanalyse weitaus konsequenter, wenngleich auch keineswegs problemlos, angegangen, ohne dabei wesentlich arbeitsaufwendiger zu sein. Den aufgrund der weitreichenden Standardisierung bei der Wertanalyse u. U. möglichen hohen Reliabilitätswerten steht jedenfalls keine ähnliche hohe Validität gegenüber, dies verhindern vor allem die schon an anderer Stelle diskutierten Probleme von Häufigkeitsauszählungen und standardisierten Kategorienmustern (siehe Kapitel 8.1 und 5.2).

8.5. Bewertungsanalyse

Das einzige Modell, das speziell zur Untersuchung der Intensität der Bewertung inhaltsanalytischer Kategorien entwickelt wurde, ist die Evaluative Assertion Analysis, hier kurz als Bewertungsanalyse bezeichnet. Das im wesentlichen auf Osgood zurückgehende Modell ist zwar einerseits eines der am häufigsten im Zusammenhang mit Darstellungen der Inhaltsanalyse zitierten Modelle, andererseits gibt es jedoch nahezu keine Untersuchungen, in denen es zur Beantwortung konkreter Fragestellungen angewendet wurde. Die grundlegende Arbeit zur Bewertungsanalyse ist ein wenig bekannter Aufsatz von Osgood, Saporta und Nunnally (1956), häufiger zitiert wird eine kürzere Darstellung von Osgood (1959) in dem von Pool herausgegebenen Buch mit den Ergebnissen der Allerton House Conference.

Die Bewertungsanalyse basiert im wesentlichen auf vier Annahmen (Osgood, Saporta, Nunnally 1956, 47 f):

(1) Es ist möglich, in einem Text Attitude Objects (Einstellungsobjekte) von Common Meanings (Bewertungen) zu unterscheiden.

Attitude Objects (AO) sind alle Zeichen in einem Text, deren Bedeutung und Bewertung abhängig ist von den Erfahrungen und Einstellungen des Senders bzw. Empfängers im Kommunikationsprozeß. Im inhaltsanalytischen Modell sind dies die Kategorien, denn deren Bewertung durch den Sender soll ja durch die Bewertungsanalyse erfaßt werden. Common Meanings (cm) hingegen sind alle Zeichen oder Zeichenfolgen, die den AOs im Kontext Bedeutung und Bewertung verleihen. Der Bestand solcher Common Meanings ist Voraussetzung dafür, daß Kommunikation innerhalb einer Sprache überhaupt möglich ist.

(2) Es ist möglich, zuverlässig und gültig zu entscheiden, ob zwei alternative Satzkonstruktionen in ihrer Bedeutung äquivalent sind oder nicht.

(3) Es besteht unter den Benutzern derselben Sprache eine hinreichende

Übereinstimmung über die Beurteilung der Richtung und Intensität von Aussagen.

(4) Es besteht unter den Benutzern derselben Sprache eine hinreichende Übereinstimmung über die Beurteilung der Richtung und die Bewertung von Common Meanings.

Die Durchführung einer Bewertungsanalyse geht in vier Schritten vor sich, die im folgenden näher erläutert werden sollen. Die Auswahl einer Stichprobe aus einem Text und die Festlegung des Kategorienschemas werden dabei nicht weiter diskutiert, da es bei diesen Schritten keine Unterschiede zu anderen Modellen gibt.

Der erste Schritt ist die Identifikation und Isolation der AOs in einem Text. Dabei ist zu beachten, daß nicht nur die Kategorien selber, sondern auch alle Pronomen, die für diese Kategorien stehen, AOs sind. Weiterhin ist streng darauf zu achten, daß keine Bewertungen, also Common Meanings, in den gekennzeichneten AOs enthalten sind, sofern sie nicht der Spezifizierung einer Kategorie dienen. Wenn also «der häßliche Deutsche» eine Kategorie repräsentiert, ist «häßliche» kein cm, sondern Bestandteil des AOs. Repräsentiert jedoch nur «der Deutsche» eine Kategorie und wird im Text gesagt, daß er häßlich sei, so ist allein «der Deutsche» AO, und «häßlich» ist cm. Alle AOs werden nun durch Kodes ersetzt, wobei für gleiche Kategorien gleiche Kodes verwendet werden. Eine solche Maskierung soll sicherstellen, daß der Skalierer, der später die Bewertung der Aussagen vornimmt, nicht durch seine eigene subjektive Einstellung zu den AOs beeinflußt wird.

Der nächste Schritt ist die Umformung des gesamten Textes in Standard-Aussagen, sogenannte Assertions. Assertions sind definiert als linguistische Konstruktionen, in denen ein Gegenstand oder eine Person assoziativ oder dissoziativ über ein Bindeglied (Connector c) mit einem Komplement verbunden ist. Von den daraus resultierenden prinzipiell möglichen Formen von Assertions sind zwei für die Bewertungsanalyse von Bedeutung:

a) / AO_1 / c / cm / z. B. Die SPD erringt einen Wahlsieg.
b) / AO_1 / c / AO_2 / z. B. Die SPD koaliert mit der FDP.

Die beiden anderen Formen / AO_1 / c / cm /, wobei cm aber keine Bewertung zuläßt, und / cm_1 / c / cm_2 / bleiben unberücksichtigt.

Der gesamte Text mit den maskierten AOs wird nun in Assertions entsprechend dem folgenden Schema umgewandelt:

/ Source / AO_1 / Connector / / cm oder AO_2 / /

Die Spalte «Source» ist nur dort von Bedeutung, wo viele Zitate verwendet werden. Sie bietet dann die Möglichkeit, zwischen den Einstellungen des Autors eines Textes und der Quellen der Zitate zu unterscheiden, da beide nicht unbedingt identisch sind, wenn die Zitate z. B. als Negativbeispiele verwendet wurden. Die Spalten hinter dem Connector und der cm- bzw.

143

AO$_2$-Eintragung bleiben vorerst frei, dort werden später Bewertungen eingetragen. Die AOs, über die Aussagen gemacht werden, stehen in der Spalte AO$_1$. Alle Assertions der Form / AO$_1$ / c / AO$_2$ / müssen ·außerdem unmittelbar danach auch in der reziproken Form / AO$_2$ / c / AO$_1$ / dargestellt werden, wobei zur Verdeutlichung dieses Falls der Connector durch ein Reziprokzeichen ($\rightleftharpoons$) ersetzt wird. Somit werden alle Assertions dieser Form sowohl in der Aktiv- wie in der Passivform dargestellt.

Für die Umformung eines Textes in eine Reihe von Assertions gelten im einzelnen die folgenden Regeln, über denen jeweils die Forderung steht, daß der Sinn eines Textes unbedingt erhalten bleiben muß. Da die Regeln von Osgood für die englische Sprache aufgestellt wurden, kann es im Einzelfall einmal Probleme bei ihrer Anwendung auf deutschsprachige Texte geben. Geringfügige Modifikationen und einige wenige Zusatzregeln sichern jedoch die Praktikabilität dieses Schrittes auch bei Sprachen, die in ihrem Aufbau nicht allzusehr von der englischen abweichen (vgl. Weymann 1973 a, 187).

I. AO ist ein Substantiv

a) cm Bewertung bei einem Adjektiv
   Adj. plus AO → / AO / Hilfsverb «sein» / Adj. /
   Beispiel: Der demokratische AO → / AO / ist / demokratisch /

b) cm Bewertung bei mehreren Adjektiven
   Wenn mehrere Adjektive zu einem AO gehören, so wird für jedes einzelne wie unter Ia verfahren.

c) cm Bewertung ist eines von mehreren Adjektiven
   Adj.$_1$ plus Adj.$_2$ plus AO → / (Adj.$_1$ AO) / Hilfsverb «sein» / Adj.$_2$ /
   oder / (Adj.$_2$ AO) / Hilfsverb «sein» / Adj.$_1$ /
   Beispiel: Der freie und demokratische AO → / (frei AO) / ist / demokratisch /

d) cm Bewertung ist ein anderes Substantiv
   Subst. (irgendeine Verbindung, z. B. von, der, des) AO
   → / AO / Hilfsverb «haben» / Subst. /
   Beispiel: Die demokratische Verfassung von AO
   → / AO / hat / demokratische Verfassung /

e) cm Bewertung ist ein Substantiv und AO ist ein Substantiv im Genitiv
   AOs Subst. → / AO / Hilfsverb «haben» / Subst. /
   AOs Freiheit → / AO / hat / Freiheit /

f) cm Bewertung ist ein adjektivischer Nebensatz, der in ein bewertetes Adjektiv umgeformt werden kann
   i) AO wird durch den adjektivischen Nebensatz eingeschränkt
      AO plus adj. Nebensatz → Adj. plus AO → / AO / Hilfsverb «sein» / Adj. /
      Beispiel: Die AO, die sozial ist → / AO / ist / sozial /
   ii) Nicht bewertetes Adjektiv, AO, adjektivischer Nebensatz
      Adj.$_1$ plus AO plus adj. Nebensatz → / (Adj.$_1$ AO) / Hilfsverb «sein» / Adj.$_2$ /
      Beispiel: Die neue AO, die sozial ist → / (neu) AO / ist / sozial /

iii) Bewertetes Adjektiv, AO, adjektivischer Nebensatz

Adj.$_1$ plus AO plus adj. Nebensatz → / AO / Hilfsverb «sein» / Adj.$_1$ /

und / AO / Hilfsverb «sein» / Adj.$_2$ /

Beispiel: Die freie AO, die sozial ist → / AO / ist / frei /

und / AO / ist / sozial /

II. AO ist ein Adjektiv

a) cm Bewertung ist ein Substantiv

i) AO schränkt ein Substantiv ein

AO plus Subst. → / AO / Hilfsverb «sein» / Subst. /

Beispiel: Der AO Okkupant → / AO / ist / ein Okkupant /

ii) AO schränkt einen Satz mit Substantiv ein

AO plus Satz mit Subst. → / AO / Hilfsverb «haben» / Satz mit Subst. /

Beispiel: Die AO Tendenz zur Aggression

→ / AO / hat / eine Tendenz zur Aggression /

b) cm Bewertung ist ein anderes Adjektiv

i) Normalfall

Adj. plus AO plus Subst. → / AO (Subst.) / Hilfsverb «sein» / Adj. /

Beispiel: Wertvolle AO Rechte → / AO (Rechte) / sind / wertvoll /

ii) Sonderfall

AO plus Adj. plus Subst. → / AO / Hilfsverb «sein» oder «haben» / Adj. (Subst.) /

Beispiel: Die AO demokratische Verfassung

→ / AO / hat / eine demokratische Verfassung /

III. Satzergänzungen

a) Satzergänzung ist ein cm (Aktiv-Konstruktion)

AO plus Verb plus cm → / AO / Verb / cm /

cm plus Verb plus AO → / AO / Verb / cm /

Beispiel: AO befürwortet die Demokratie → / AO / befürwortet / die Demokratie /

Demokratie verhindert AO → / AO / wird verhindert durch / Demokratie /

b) Satzergänzung ist ein cm (Passiv-Konstruktion)

AO plus Verb plus cm → / AO / Verb / cm /

cm plus Verb plus AO → / AO / Verb / cm /

Beispiel: AO wird verhindert durch Demokratie

→ / AO / wird verhindert durch / Demokratie /

Demokratie wird befürwortet von AO → / AO / befürwortet / Demokratie /

c) Satzergänzung ist ein anderes AO

AO$_1$ plus Verb plus AO$_2$ → / AO$_1$ / Verb / AO$_2$ /

und / AO$_2$ / ⇌ / AO$_1$ /

Beispiel: AO$_1$ ist verbündet mit AO$_2$ → / AO$_1$ / ist verbündet mit / AO$_2$ /

und / AO$_2$ / ⇌ / AO$_1$ /

d) Komplexes Subjekt, einfache cm-Ergänzung

(cm$_1$ AO) plus Verb plus cm$_2$ → / AO / Hilfsverb «sein» / cm$_1$ /

und / AO / Verb / cm$_2$ /

Beispiel: Die revolutionäre AO beseitigt die Diktatur

→ / AO / ist / revolutionär /

und / AO / beseitigt / die Diktatur /

e) Einfaches Subjekt, komplexe Ergänzung

AO_1 plus Verb plus (cm AO_2) → / AO_2 / Hilfsverb «sein» / cm /
und / AO_1 / Verb / AO_2 /
und / AO_2 / ⇌ / AO_1 /

Beispiel: AO_1 vernichtet die faschistische AO_2 → / AO_2 / ist / faschistisch /
und / AO_1 / vernichtet / AO_2 /
und / AO_2 / ⇌ / AO_1 /

f) Komplexes Subjekt, komplexe Ergänzung

(cm$_1$ AO_1) plus Verb plus (cm$_2$ AO_2) → / AO_1 / Hilfsverb «sein» / cm$_1$ /
und / AO_2 / Hilfsverb «sein» / cm$_2$ /
und / AO_1 / Verb / AO_2 /
und / AO_2 / ⇌ / AO_1 /

Beispiel: Die revolutionäre AO_1 vernichtet die faschistische AO_2
→ / AO_1 / ist / revolutionär /
und / AO_2 / ist / faschistisch /
und / AO_1 / vernichtet / AO_2 /
und / AO_2 / ⇌ / AO_1 /

g) Konstruktionen mit Konjunktionen

i) Konjunktion zwischen cm$_1$ und cm$_2$

AO plus Verb plus cm$_1$ Konj. cm$_2$ → / AO / Verb / cm$_1$ /
und / AO / Verb / cm$_2$ /

Beispiel: AO ist freiheitlich und demokratisch → / AO / ist / freiheitlich /
und / AO / ist / demokratisch /

ii) Konjunktion zwischen AO_2 und AO_3

AO_1 plus Verb plus AO_2 Konj. AO_3 → / AO_1 / Verb / AO_2 /
und / AO_2 / ⇌ / AO_1 /
und / AO_1 / Verb / AO_3 /
und / AO_3 / ⇌ / AO_1 /

Beispiel: AO_1 sichert AO_2 und AO_3 → / AO_1 / sichert / AO_2 /
und / AO_2 / ⇌ / AO_1 /
und / AO_1 / sichert / AO_3 /
und / AO_3 / ⇌ / AO_1 /

IV. Spezialfälle

a) Der Connector ist selber bewertet

Beispiel: AO_1 ermordet AO_2 → / AO_1 / ermordet / AO_2 /
und / AO_2 / ⇌ / AO_1 /
und / AO_1 / ist / ein Mörder /

b) AO plus Verb$_1$ plus Verb$_2$ (Gerundium)

Diese Form ist äquivalent zu der Form AO plus Verb$_1$ und AO plus Verb$_2$

c) Konditionale Nebensätze

Bei konditionalen Nebensätzen sind grundsätzlich beide Alternativen möglich.
Beide werden deshalb in Assertions umgeformt.

d) Frageform

Fragesätze werden wie Konditionalsätze behandelt.

e) Das Konditional als Gegensatz zur Tatsache
   Diese Form des Konditionals impliziert immer eine negative Aussage und wird
   deshalb auch nur in der negativen Form in Assertions umgewandelt.

Der dritte Schritt bei der Durchführung einer Bewertungsanalyse, den andere Bearbeiter als die bisherigen durchführen müssen (denn sonst wäre die Maskierung sinnlos), besteht in der Bewertung der Richtung und Intensität der Connectors und cm. Die dabei zugrunde gelegte Skala umfaßt die Werte $+3$, $+2$, $+1$, -1, -2, -3. Zunächst werden die Connectors aller Assertions skaliert hinsichtlich ihrer Richtung, d. h. ob sie eine Assoziation oder Dissoziation zwischen AO_1 und cm oder AO_2 repräsentieren, und der Intensität der Assoziation oder Dissoziation. Bei assoziativen Verbindungen werden die Connectors positiv, bei dissoziativen negativ bewertet. Für die Bewertung der Intensität der Verbindungen gelten die folgenden Regeln:

a) Starke Intensität der Verbindung (± 3): Mit $+3$ oder -3 werden alle Connectors bewertet, die entweder eine völlige Identifikation oder völlige Trennung zwischen AO_1 und cm oder AO_2 beinhalten. Die Hilfsverben «sein» und «haben» werden grundsätzlich mit $+3$ bewertet, ihre Negationen dementsprechend mit -3.

b) Mittelmäßige Intensität der Verbindung (± 2): Alle Connectors, die eine wahrscheinliche oder teilweise Assoziation oder Dissoziation zwischen AO_1 und cm oder AO_2 bedeuten, werden mit $+2$ bzw. -2 bewertet.

c) Schwache Intensität der Verbindung (± 1): Connectors, die nur eine mögliche oder hypothetische Beziehung zwischen AO_1 und cm oder AO_2 beinhalten, werden mit $+1$ bzw. -1 bewertet.

Im Anschluß an die Skalierung der Connectors werden in allen Assertions der Form / AO / c / cm / jeweils die cm nach Richtung und Intensität der Bewertung skaliert. Allen cm, die einen positiven, guten Wert darstellen, werden positive Skalenwerte zugeordnet. Entsprechend erhalten alle cm, die einen negativen, schlechten Wert verkörpern, negative Skalenwerte. Die Beurteilung der Intensität der Bewertung, also die Zuordnung der Werte 1, 2 oder 3, ist der nächste Schritt. Sie muß – ebenso wie auch die Beurteilung der Richtung – auf der Basis gängiger Wertvorstellungen erfolgen, was so lange relativ unproblematisch ist, wie der Begriff der Common Meanings eng gefaßt wird. Gerade bei politischen Begriffen kann dies von Bedeutung sein, denn ein Begriff wie Sozialismus kann beispielsweise innerhalb einer bestimmten Gruppe ein Common Meaning sein, untersucht man jedoch mehrere Gruppen, so handelt es sich auf einmal nicht mehr um ein cm, sondern um ein AO. Osgood betont jedoch, daß nach seinen Erfahrungen auf dieser Stufe der Bewertungsanalyse im allgemeinen trotzdem eine hohe Reliabilität gesichert ist.

Der letzte Schritt ist nun die Ermittlung der Bewertung der AO. Zu deren Hilfe wird für jede Kategorie bzw. für jeden Kode eine Berechnungskarte nach dem Muster in Abbildung 8.1 angefertigt. Darin werden zunächst aus den Assertions der Form / AO / c / cm / alle Werte für die Connectors in Spalte 2 und die entsprechenden cm-Bewertungen in Spalte 3 eingetragen. In Spalte 4 werden nun Zeile für Zeile die Produkte der Connectors und cm eingetragen. Die Summe dieser Produkte, dividiert durch die Summe der absoluten Werte der Connectors, wird nun als vorläufige Bewertung des jeweiligen AOs (im Beispiel hat es den Kode BY) behandelt. Soweit wird genauso auch für alle anderen Kategorien verfahren. Danach werden sämtliche Werte der Connectors der Assertions der Form / AO_1 / c / AO_2 / in Spalte 5 und die Kodes der jeweiligen AO_2 in Spalte 6 eingetragen. Deren vorläufige Bewertung wurde ja bereits berechnet, sie wird jetzt in Spalte 7 notiert. In Spalte 8 werden die Produkte aus Spalte 6 und 7 geschrieben. Die Bewertung einer inhaltsanalytischen Kategorie durch den Autor eines Textes innerhalb der oben gewählten Skala von +3 bis −3 berechnet sich schließlich aus der Division der Summe der Produkte in Spalte 4 und 8 durch die Summe der absoluten Werte der Connectors in Spalte 2 und 5.

Abbildung 8.1

AO	cm-Bewertung			AO-Bewertung			
	Connector	cm	Produkt	Connector	AO	Bewertung	Produkt
(1)	(2)	(3)	(4)	(5)	(6)	(7)	(8)
BY	$+2$	$+1$	$+2$	$+1$	DW	$+2,5$	$+2,5$
	$+3$	$+3$	$+9$	-3	AZ	$+0,7$	$-2,1$
	-1	$+1$	-1	$+2$	GT	$+1,3$	$+2,6$
	-1	-2	$+2$	$\Sigma\lvert c\rvert = 6$			$\Sigma AO = 3,0$
	$\Sigma\lvert c\rvert = 7$		$\Sigma\,cm = 12$				

$$\Sigma\,cm : \Sigma\lvert c\rvert = 12 : 7 = +1,7$$

$+1,7 \longleftarrow$

$$\Sigma\,cm + \Sigma AO = +15,0$$
$$\Sigma\lvert c_{cm}\rvert + \Sigma\lvert c_{AO}\rvert = +13,0$$
$$(\Sigma\,cm + \Sigma AO) : (\Sigma\lvert c_{cm}\rvert + \Sigma\lvert c_{AO}\rvert) = 15,0 : 13,0 = +1,2$$

$+1,2 \longleftarrow$

Nach der Beschreibung des Modells der Bewertungsanalyse sollen nun einige Kritikpunkte angeführt werden. Zunächst ist positiv anzumerken, daß die Bewertungsanalyse – im Gegensatz zu den meisten anderen inhaltsanalytischen Modellen – die syntaktische Struktur eines untersuchten Textes miterfaßt. Wie wichtig das ist, wird noch deutlicher bei der Kontingenzanalyse (siehe Kapitel 10.1), die eine Berücksichtigung des Kontextes nicht leistet und so unter Umständen schon allein aufgrund dieser Tatsache starke Verzerrungen in den Ergebnissen aufweist. Die Güte der Berücksichtigung syntaktischer Strukturen bei der Bewertungsanalyse hängt allerdings wesentlich vom Bearbeiter ab, der die Assertions bildet. Eine intensive Schulung der Bearbeiter und Reliabilitätskontrollen sind also unbedingt notwendig.

Als problematisch erweist sich der Zeitaufwand, der mit diesem Modell verbunden ist. Selbst bei trainierten Bearbeitern wird es im allgemeinen kaum vertretbar sein, große Textmengen mit Hilfe der Bewertungsanalyse zu untersuchen.

Wesentlich gravierender sind jedoch andere Probleme. Zunächst muß ernsthaft bezweifelt werden, daß eine Skalierung auf Verhältnisskalenniveau bei diesem Modell angemessen ist. Es ist kaum anzunehmen, daß ein Satz, in dem eine Kategorie sehr eng ($+3$) mit einer sehr positiven Wertäußerung ($+3$) auftritt, dieselbe Wirkung und Bedeutung hat wie neun Sätze, in denen eine Kategorie schwach ($+1$) mit einer schwachen Wertäußerung ($+1$) verbunden ist. Genauso werden die den Connectors und cm zugewiesenen Skalenwerte jedoch behandelt. Notwendig wäre es, einen Modus für die Berechnung der Bewertungen zu finden, der höchstens Ordinalskalenniveau zugrunde legt.

Weitere Fehler können sich aus der Zweiphasigkeit des Modells ergeben, denn die endgültig ermittelte Bewertung einer Kategorie ist weitgehend durch die vorläufigen Bewertungen aufgrund der Assertions der Form / AO / c / cm / determiniert. Wenn nun aber bei einer Kategorie nur wenige / AO / c / cm /-Assertions auftreten, so ist sehr wahrscheinlich mit einer Verzerrung der endgültigen Bewertung aller anderen irgendwann einmal damit verbundenen Kategorien zu rechnen. Die Verzerrung fällt um so stärker aus, je stärker sich vorläufige und endgültige Bewertung der Kategorie unterscheiden. Deshalb müßte, wenn man dieses Problem vermeiden will, die Berechnung der Bewertung einer Kategorie in einem – allerdings sehr komplizierten und zudem nicht immer eindeutig lösbaren – Gleichungssystem erfolgen:

$$(8.8) \qquad AO_i = \sum_{j=1}^{m} (c_j \cdot cm_j) + \sum_{k=1}^{n} (c_k \cdot AO_{lk}) : (\sum_{j=1}^{m} |c_j| + \sum_{k=1}^{n} |c_k|)$$

Dabei bedeutet m = Zahl der / AO_i / c / cm /-Sätze,
  n = Zahl der / AO_i / c / AO_l /-Sätze,
  i = 1, ..., Zahl der Kategorien,
  l = 1, ..., i − 1 und i + 1, ..., Zahl der Kategorien.

In der Praxis ist ein solches Gleichungssystem kaum brauchbar. Dort sollte man sich eher mit einer Begrenzung der Mindestzahl der Assertions der Form / AO / c / cm / für jede Kategorie behelfen, um so störende Verzerrungen möglichst von vornherein weitgehend auszuschalten. Noch sinnvoller wäre es, wenn sich im Zusammenhang mit einer Beschränkung auf ein ordinales Skalenniveau ein Berechnungsmodus finden ließe, der nicht auf der Zweiphasigkeit aufbaut. Eine Lösung dieses Problems steht noch aus.

Einen anderen Versuch einer Weiterentwicklung unternimmt Deetjen (1977), indem er versucht, die Morrissche Klassifizierung der Arten des Zeichengebrauchs in die Bewertungsanalyse einzuarbeiten. Dabei beschränkt er sich bisher auf Massenkommunikationsinhalte (speziell das Bild der Unternehmer und Manager in Zeitungen und Zeitschriften), wo sich ein solches Vorgehen als brauchbar erweist.

Ralf Lisch

9. Trends

Ein wesentlicher Vorteil der Inhaltsanalyse gegenüber anderen Modellen der Realitätserfassung ist die Möglichkeit, auf verhältnismäßig einfache Art die Zeit als eine Dimension in die Untersuchung mit einbeziehen zu können. Dies betont auch Silbermann (1974, 267); ähnlich äußert sich Galtung (1973, 71), der in der Einfachheit einer Berücksichtigung der Zeit in der Inhaltsanalyse sogar den einzigen prinzipiellen Unterschied zu anderen Modellen der Realitätserfassung sieht. So kann man z. B. ohne weiteres die Tagesschau-Kommentare eines Jahres inhaltsanalysieren, entsprechend viele Interviews mit den Kommentatoren würde man aber kaum durchführen können. Wenngleich angesichts moderner Datenbanken zu erwarten ist, daß auch mit Hilfe anderer Modelle Untersuchungen von Trends in Zukunft an Bedeutung gewinnen werden, so werden diese in absehbarer Zeit wohl kaum den Praktikabilitätsgrad der Inhaltsanalyse erreichen.

Wenn hier ganz allgemein von Trenduntersuchungen gesprochen wird, so ist dies als – sicher nicht ganz exakter – Sammelbegriff für Panel- und Trendstudien zu verstehen. Bei beiden handelt es sich zwar um die Erfassung gleicher Variablen mit Hilfe der gleichen Modelle zu verschiedenen Zeitpunkten, jedoch werden beim Panel jedesmal identische Stichproben untersucht, z. B. mehrfach die Leitartikel ein und desselben Herausgebers einer Zeitung, während es sich bei der Trendanalyse um verschiedene Stichproben handelt, z. B. die Wahlpropaganda der SPD in verschiedenen Bundestagswahlen, die jedesmal von verschiedenen Werbeagenturen und Entscheidungsträgern in der Partei bestimmt wird (vgl. Galtung 1973, 84 ff; Nehnevajsa 1973, 191 ff). Diese Unterscheidung wird im folgenden nicht getätigt, ohne daß damit die Relevanz einer Differenzierung, besonders bei der Interpretation entsprechender Daten, geschmälert werden soll.

Der Grund dafür, daß die Zeit bei der Inhaltsanalyse relativ einfach Berücksichtigung finden kann, hängt eng zusammen mit einem wesentlichen Unterschied vor allem zur Befragung: Abgesehen von wenigen Ausnahmen befaßt sich die Inhaltsanalyse nur mit Materialien, die ein untersuchter Merkmalsträger freiwillig produziert, während z. B. Äußerungen in einer Befragung nur nach Aufforderung in einer oftmals artifiziellen, schwer zu kontrollierenden Situation zu Problemen, die dem Befragten möglicherweise völlig fremd sind, gemacht werden. Damit bleibt zwar das Problem der Existenz von in bezug auf eine bestimmte Fragestellung relevanten Daten in der Inhaltsanalyse prinzipiell bestehen, es ist jedoch unabhängig von dem Zeitpunkt des jeweiligen Forschungsinteresses und ist dort, wo sowieso häufig entsprechende Texte produziert werden – etwa im Pressewesen oder in der Politik –, im allgemeinen irrelevant. So ist es möglich, daß man erst heute ein Interesse z. B. an den Werten der griechischen Antike entwickelt und deshalb eine Inhaltsanalyse griechischer Schriften aus dieser Zeit durchführen will, und man kann genauso alle produzierten Schriften, Reden usw. beliebiger Sender, sofern sie zugänglich, also aufgezeichnet sind, in ihrer zeitlichen Abfolge untersuchen, ohne daß man direkt mit dem Autor in Kontakt treten muß. Damit nimmt die Inhaltsanalyse auch unter den nonreaktiven Modellen der Realitätserfassung, zu denen sie ja zählt, eine Sonderstellung ein, die bei der Entwicklung neuer inhaltsanalytischer Modelle berücksichtigt werden sollte.

Die zugrunde liegenden Daten bei Trenduntersuchungen werden mit Hilfe anderer inhaltsanalytischer Modelle gesammelt und müssen im wesentlichen nur jeweils einigen Mindestanforderungen genügen, wie z. B. einer bestimmten Skalenqualität. Somit ist das eigentlich Besondere an einer Trenduntersuchung, daß bestimmte Variablen nicht nur einmal, sondern mehrmals und zu verschiedenen Zeitpunkten gemessen und die resultierenden Daten miteinander in Verbindung gesetzt werden. Dies kann auf unterschiedliche Arten erfolgen. So kann man sich auf eine allein visuelle Beurteilung einer Kurve, die man aufgrund der Häufigkeitsverteilung einer Variablen über mehrere Untersuchungszeitpunkte zeichnen kann, beschränken, ebenso können statistische Modelle zugrunde gelegt werden. Letztere können speziell für inhaltsanalytische Fragestellungen entwickelt worden sein (was ihre anderweitige Verwendung natürlich nicht ausschließt) oder auch in den Rahmen der «gängigen», weil in den meisten Statistikbüchern dargestellten und meist nur im Zusammenhang mit Interviewdaten verwendeten Modelle gehören.

Auf die visuelle Beurteilung von Trends wird hier nicht weiter eingegangen, wenngleich sich zahlreiche (wenn nicht gar die meisten) Trenduntersuchungen darauf stützen. Da sie aber noch nicht einmal in allen Fällen eine Entscheidung über die Richtung eines Trends zuläßt und Vergleiche zwischen der Beurteilung der Trendrichtung und -stärke in verschiedenen Untersuchungen ebenfalls außerordentlich problematisch sind, ist dieser Ansatz wohl nur in seltenen Fällen als der Problemstellung adäquat anzusehen.

Ausführlicher werden im folgenden die funktionale Distanzanalyse, die speziell für die Untersuchung von Trends in Texten entwickelt wurde, das Q-Modell von Cochran und der Friedman-Test, die neben ihrer grundsätzlichen Bedeutung bei Trenduntersuchungen hier zugleich als Beispiel für die Anwendung allgemeiner statistischer Modelle auf inhaltsanalytische Probleme stehen, und die Rangkorrelation von Spearman vorgestellt. Damit sind die Möglichkeiten zur Untersuchung von Trends sicherlich nicht erschöpft. Auf einige weitere Modelle wird verwiesen, andere bleiben unberücksichtigt, ohne daß allein dadurch ihre Adäquanz angezweifelt werden soll, da zumindest aus dem Bereich der allgemeinen Statistik nur Beispiele gegeben werden können.

9.1. Funktionale Distanzanalyse

Die funktionale Distanzanalyse (Functional Distance Analysis) wurde erstmals 1962 von Zaninovich in einem Aufsatz im «Journal of Conflict Resolution» vorgeschlagen, außerdem wurde sie in dem bereits erwähnten Buch von North u. a. (1963) vorgestellt. Anwendungen dieses Modells auf konkrete Fragestellungen findet man nur wenige, so z. B. Eto und Okabe (1965) mit einer Untersuchung der Einschätzung der Situation in Japan durch offizielle Stellen der VR China und eine Studie zur Konzeption von politischer Bildung in der Erwachsenenbildung von Weymann (1973 a).

Das Ziel der funktionalen Distanzanalyse (im folgenden kurz FD-Analyse genannt) ist die Konstruktion empirischer Modelle durch Verbindung einer Reihe von Variablen relativ zum jeweiligen FD-Wert. Die Berechnung der FD-Werte geht von Skalenwerten der einzelnen Variablen aus, die nach Zaninovich kein bestimmtes Skalenmodell voraussetzen, allerdings müssen die in Beziehung gesetzten Variablen alle nach demselben Modell skaliert werden. Die funktionale Distanz soll angeben, inwieweit zwei Variablen seitens des Senders der analysierten Texte miteinander assoziiert werden oder – geometrisch interpretiert – inwieweit der Verlauf zweier Kurven, die die Ausprägungen zweier Variablen repräsentieren, über mehrere Zeitpunkte identisch ist bzw. wie stark die Abweichung beider Kurven ist (siehe Abbildung 9.1).

Die funktionale Distanz setzt sich zusammen aus zwei Einzelwerten: der mittleren vertikalen Differenz (mean vertical difference, MVD) und der mittleren horizontalen Differenz (mean transitional difference, MTD). Die MVD ist zu verstehen als ein Wert für den Grad der Abweichung zweier Kurven voneinander in der Vertikalen, die die Intensität (Ausprägung) der Variablen repräsentiert. Die MTD ist ein Wert dafür, ob zwei Kurven in der gleichen oder in verschiedener Richtung verlaufen. Die Summe von MVD und MTD ergibt den FD-Wert.

Die Berechnung der FD-Werte soll der Einfachheit halber an einem Beispiel verdeutlicht werden. Die Ausgangsdaten dazu sind in Tabelle 9.1 bzw. Abbildung 9.1 enthalten.

Tabelle 9.1

Variablen	Zeiteinheiten					
	1	2	3	4	5	6
x	7	4	5	5	2	5
y	6	3	3	4	7	5

1	2	3	4	5

Übergangspunkte

Abbildung 9.1

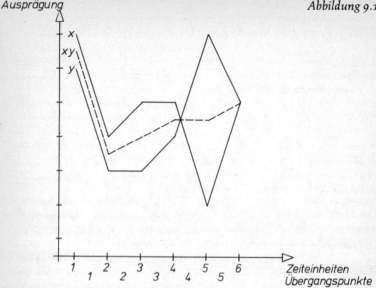

Die MVD ist definiert als Summe der mittleren absoluten Differenz der Ausprägungen der beiden Variablen x und y über die t Zeiteinheiten, also

$$(9.1) \qquad MVD = \tfrac{1}{t} \sum_{i=1}^{t} |x_i - y_i|$$

oder in dem Beispiel

$$MVD = \tfrac{1}{6} \sum_{i=1}^{6} |x_i - y_i|$$

$$= \tfrac{1}{6} (|7-6| + |4-3| + |5-3| + |5-4| + |2-7| + |5-5|) = \tfrac{10}{6} = 1{,}7$$

Anhand einfacher Zahlenbeispiele läßt sich das Verhalten des MVD-Wertes bestimmen. Wenn die x- und y-Werte zu jedem Zeitpunkt gleich sind, ist die Differenz $|x_i - y_i|$ immer Null. Jede Abweichung von MVD = 0 drückt eine fehlende Identität zweier Kurven zu irgendeinem Zeitpunkt und damit fehlende perfekte Assoziation beider Variablen aus. Der maximale MVD-Wert wird erreicht, wenn alle Einzeldifferenzen ihren maximalen Wert annehmen, das ist der Fall, wenn jedes Wertepaar aus maximalem und minimalem Skalenwert s besteht, also $MVD_{max} = s_{max} - s_{min}$. Daran wird auch die Notwendigkeit deutlich, daß für alle Variablen innerhalb einer Analyse dasselbe Skalierungsmodell und dieselbe Skala zugrunde gelegt werden, sonst kann ein geringerer FD-Wert eine schwächere Assoziation als ein größerer Wert ausdrücken.

Als zweiter Ausdruck findet die MTD bei der FD Berücksichtigung. Die MTD berechnet sich nach folgender Gleichung:

(9.2) $\text{MTD} = \frac{1}{2u} \sum\limits_{i=1}^{u} \, | \, d_i - \Delta_i \, |$

wobei u die Zahl der Übergangspunkte ist; dies ist natürlich immer t − 1, denn t Zeiteinheiten haben t − 1 Berührungspunkte. d_i ist die Differenz der Ausprägung der x-Werte zum Zeitpunkt t und t + 1, also an den Übergangspunkten. Somit ist $d_i = x_i − x_{i+1}$ und entsprechend gilt $\Delta_i = y_i − y_{i+1}$.

In dem Zahlenbeispiel ist

$$\text{MTD} = \frac{1}{10} \sum\limits_{i=1}^{5} \, | \, d_i - \Delta_i \, |$$
$$= \tfrac{1}{10} \left(\, | \, (7{-}4)-(6{-}3) \, | + | (4{-}5)-(3{-}3) | + | (5{-}5)-(3{-}4) | \right.$$
$$\left. + \, | (5{-}2)-(4{-}7) | + | (2{-}5)-(7{-}5) | \, \right)$$
$$= \tfrac{13}{10} = 1{,}3$$

Auch hier läßt sich das Verhalten des MTD-Wertes relativ einfach prüfen. Der Wert wird nur dann Null, wenn beide Kurven parallel verlaufen, denn dann ist $d_i = \Delta_i$. Das Maximum für MTD wird erreicht, wenn die Kurve für eine Variable von einem Zeitpunkt zum anderen immer vom minimalen zum maximalen, dann wieder zum minimalen Skalenwert usw. und die andere Kurve genau entgegengesetzt verläuft, denn dann ist an jedem Übergangspunkt $x_i − x_{i+1} = x_{max} − x_{min}$ und $y_i − y_{i+1} = y_{min} − y_{max}$ (oder umgekehrt), damit gilt $\text{MTD}_{max} = s_{max} − s_{min}$.

Es soll nun sein

(9.3) $\text{FD} = \text{MVD} + \text{MTD}$

Im Beispiel ergibt sich FD = 1,7 + 1,3 = 3,0. Für die Schwankungsbreite der FD resultiert aus den bisherigen Überlegungen $0 \le \text{FD} \le 2 \, (s_{max} − s_{min})$. Der Wert Null bedeutet perfekte Übereinstimmung zweier Kurven, der Maximalwert deren völlige Ungleichheit (Abbildung 9.2).

Bevor auf die weitere Verarbeitung der FD-Werte eingegangen wird, soll zunächst auf einige Implikationen der aufgezeigten Berechnung hingewiesen werden. Die Daten müssen nämlich mindestens intervallskaliert sein. Das wird allein aus der Verwendung des arithmetischen Mittels und der Differenzenbildung deutlich. Weiterhin muß, wenn FD-Werte miteinander in Beziehung gesetzt werden, nicht nur die Voraussetzung eines gleichen Skalierungsmodells erfüllt sein, wie bereits oben erwähnt, sondern sowohl der Skalenumfang als auch die Skalenplätze in ihren numerischen Werten müssen identisch sein. Hier liegt ein schwerwiegendes Problem. Während es nämlich schon außerordentlich fraglich ist, inwieweit es sich um identische Antworten handelt, wenn zwei Personen zu einer Variablen auf *einer* Skala denselben Wert ankreuzen, handelt es sich hier um *zwei* verschiedene Variablen, was zu der Frage führt, ob z. B. der Zahlenwert «fünf» auf einer Siebenerskala einmal als Bewertung für «Demokratie» und ein anderes Mal als Bewertung für «Freiheit» wirklich dasselbe bedeutet. Bewegt man sich

Abbildung 9.2

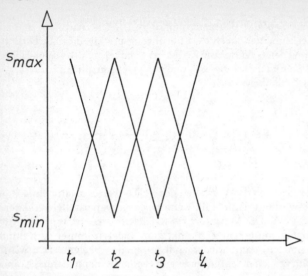

hier nicht in zwei verschiedenen Dimensionen, deren rein zahlenmäßige Identität – in beiden Fällen «fünf» – gar nichts miteinander zu tun hat? Aus der fehlenden Differenz beider Skalenwerte auf eine perfekte Assoziation von Demokratie und Freiheit zu schließen, dürfte wohl eher als Artefakt denn als Fakt zu interpretieren sein. Ohne auf dieses Problem näher eingehen zu wollen, erhebt sich die Frage, ob die FD-Analyse unter den genannten Voraussetzungen ein den Sozialwissenschaften adäquates Modell sein kann. Jedenfalls ist eine Verwendung des Modells nur dort sinnvoll, wo genau das Skalenproblem hinreichend gelöst werden kann.

Ein möglicher Lösungsansatz könnte es sein, wenn man im Falle ordinaler Rohdaten eine Rangreihe bildet und mit den Rangplätzen weiterarbeitet. Gleichen Rohdaten (ties) würde ein mittlerer Rang zugewiesen. Auf diese Art wären die Skalierungsprobleme weitestgehend ausgeräumt, dafür sind jedoch einige Auswirkungen auf die Interpretationsmöglichkeiten der FD-Werte zu berücksichtigen. Die FD-Werte schwanken hier zwischen Null und der Zahl der Untersuchungszeitpunkte, die mit dem höchsten Rangwert identisch ist. Der Wert Null bedeutet nicht mehr völlige Übereinstimmung zweier Kurven, sondern nur, daß die Abfolge der Rangplätze identisch ist. Andere FD-Werte erlauben eine Interpretation nur im Vergleich miteinander. Verglichen mit dem Rangkorrelationskoeffizienten von Spearman (siehe auch Abschnitt 9.3, wo dieser in einer speziellen Anwendung vorgestellt wird), der nicht nur Aussagen zur Übereinstimmung zweier Kurven, sondern auch zu deren statistischer Signifikanz erlaubt und unabhängig von der

Zahl der Untersuchungszeitpunkte sich zwischen festen Grenzen bewegt, ist eine FD-Analyse mit Rangdaten somit kaum sinnvoll.

Kritisch wird es auch bei der Weiterverwendung der FD-Werte: In ihrer einfachen Form sind sie kaum zu gebrauchen, da ihre Interpretation – vor allem in der Beziehung zu anderen FD-Werten – schwierig ist. Zwei Vorschläge zur Weiterverarbeitung sollen hier diskutiert werden, nämlich die Faktorenanalyse und die Konstruktion von Beziehungsgefügen (Mustern, Pattern). Der Vorschlag, die FD-Werte einer Faktorenanalyse zu unterziehen, wird bei Zaninovich (1963) gemacht und auch von Weymann (1973 a) aufgegriffen. Dahinter steht die Überlegung, daß die Faktorenanalyse die Möglichkeit bietet, zahlreiche empirische Variablen durch wenige hypothetische Variablen, die sogenannten Faktoren, zu erklären, und so das komplexe Gebilde von $\binom{n}{2}$ FD-Werten bei n Variablen (wenn man alle Distanzen berechnet) auf wenige Daten reduziert werden kann.

Die Faktorenanalyse geht von Korrelationskoeffizienten aus, in die die FD-Werte zunächst umgewandelt werden müssen. Die Möglichkeit, das zu tun, sieht Zaninovich bereits als hinreichende Legitimation für die Verwendung der Faktorenanalyse an. Rechnen kann man zwar mit beliebigen Zahlen, entscheidend ist, ob die Rechnung inhaltlich sinnvoll ist. Und Zaninovich ignoriert, daß es eine grundlegende Voraussetzung der Faktorenanalyse ist, daß die eingehenden Daten nicht nur intervallskaliert, sondern auch normalverteilt sind. Letzteres trifft aber auf FD-Werte mit Sicherheit nicht zu: Sie sind eindeutig linksschief verteilt, denn es gibt sehr viele Möglichkeiten, daß FD = 0 ist, aber nur zwei Fälle, in denen FD den Maximalwert erreicht. Entsprechend ist die Wahrscheinlichkeit für kleine FD-Werte und damit für kleine MVD- und MTD-Werte größer als für große Werte, da es mehr Möglichkeiten des Verlaufs zweier Kurven gibt, die kleinere Werte hervorbringen: Zwei dicht beieinander liegende Kurven kann man eben stärker in der Vertikalen bewegen, ohne daß sich der FD-Wert ändert, als zwei weit auseinander liegende Kurven. Damit ist eine wesentliche Voraussetzung der Faktorenanalyse nicht erfüllt. Die Frage ist nun, ob das Problem der Reduktion der Information zahlreicher einzelner FD-Werte mit Hilfe der «Pattern Analysis» besser gelöst werden kann.

Mit Pattern Analysis bezeichnet Zaninovich die Darstellung einer Reihe von Variablen im multidimensionalen Raum. Die jeweiligen FD-Werte können dabei als Entfernungen zwischen den beiden dazugehörigen Variablen (Punkten) dargestellt werden. FD = 0 würde dann zum Aufeinanderfallen der entsprechenden Variablen in der Darstellung führen. Es ist jedoch klar, daß bei mehr als drei Variablen schon kein Gebilde mehr konstruiert werden kann, das das Muster ohne Verzerrungen wiedergibt, es sei denn, man weicht auf Einzeldarstellungen der Dimensionen aus, wie es auch bei der Darstellung von Faktorstrukturen üblich ist. Selbst für eine – allerdings verzerrte – zweidimensionale Darstellung mehrdimensionaler Zusammenhänge gibt es keine Regeln (das wäre notwendig, um mehrere Muster vergleichen zu können), was Eto und Okabe zu der Bemerkung veranlaßt, es handle sich bei den Diagrammen um nicht mehr als Experimente (1965, 71). Solche Bilder sind auch sicher nicht der eigentliche Sinn der Pattern Analysis, denn ihr Vergleich ist kaum einfacher, als wenn man Einzeldaten vergleicht. Trotzdem verwenden sie sowohl Zaninovich (1962) als auch Eto und Okabe (1965) in konkreten Untersuchungen – allerdings mit fragwürdigem Erfolg.

Weiter führt die Bildung einer Rangreihe der FD-Werte, deren Analyse jedoch voraussetzt, daß es operationale Modelle theoretischer Konstrukte und Hypothesen über Variablen und Beziehungen in dem Muster gibt. Dann können solche aufgrund von Theorien formulierten Modelle oder Hypothesen an der Realität, die in diesem Falle durch FD-Werte abgebildet wird, überprüft werden, genauso wie aufgrund der in den FD-Werten gefundenen Beziehungen neue Modelle formuliert werden können; oder es können Modelle miteinander verglichen werden, die auf der Wahrnehmung von Situationen durch verschiedene Personen basieren. Da in den Modellen und Hypothesen nur die Relationen «kleiner», «größer», «gleich» und «ungleich» verwendet werden, treten dabei – solange rein mathematische Unterschiede zwischen Zahlen nicht mit sozialwissenschaftlicher Relevanz verwechselt werden – keine wesentlichen Probleme auf. Dieses Vorgehen bei der weiteren Analyse von FD-Werten ist also unbedingt sinnvoller und fruchtbarer als eine Faktorenanalyse – die ist allerdings im allgemeinen beliebter, weil dafür meistens Computerprogramme vorhanden sind. Voraussetzung auch für die Pattern Analysis ist jedoch, das muß nochmals betont werden, daß die Berechnung von FD-Werten bei den gegebenen Rohdaten zulässig und sinnvoll war.

9.2. Cochran-Q-Test und Friedman-Test

Bei einer Reihe von inhaltsanalytischen Fragestellungen im Rahmen von Trenduntersuchungen bieten sich der Cochran-Q-Test (erstmals vorgestellt in Cochran 1950) und der Friedman-Test (zuerst veröffentlicht in Friedman 1937) an. Die beiden Testmodelle unterscheiden sich im wesentlichen in den Voraussetzungen, die die Daten erfüllen müssen. Fragestellungen, denen diese beiden Modelle adäquat sind, können z. B. sein, ob die Zahl antikatholischer Aussagen in extremistischen Publikationen während des Präsidentschaftswahlkampfes 1960 in den USA mit dem Näherkommen des Wahltages angestiegen ist (dies untersuchte Brown 1961 in einem unveröffentlichten Bericht, allerdings nicht mit den hier vorgestellten Modellen; siehe Budd, Thorp, Donohew 1967, 60f) oder ob es in der Presse so etwas wie eine «Sauregurkenzeit» gibt, in der aufgrund nur weniger politischer, wirtschaftlicher o. ä. Ereignisse übermäßig ausführlich von Verbrechen und anderen Geschehnissen mit einem hohen Unterhaltungswert berichtet wird.

Das Q-Modell geht von dichotomen Daten aus, wobei die beiden Alternativen z. B. Berichterstattung – keine Berichterstattung oder positive Bewertung – negative Bewertung sein können. Wenn man einmal bei dem Beispiel von der Sauregurkenzeit bleibt, so könnte man, ausgehend vom Gesamtmittelwert aller untersuchten Zeitungen zu allen Zeitpunkten, in eine überdurchschnittlich (+) und eine unterdurchschnittlich (−) ausführliche Berichterstattung von Verbrechen usw. dichotomisieren, die Fälle einer genau durchschnittlichen Berichterstattung würden per Zufall auf die beiden Kategorien aufgeteilt. Bei einer Untersuchung der obigen Fragestellung anhand von z. B. zehn zufällig ausgewählten Zeitungen zu fünf verschiedenen Zeitpunkten könnte sich somit eine Datenmatrix wie in Tabelle 9.2 ergeben.

Tabelle 9.2

Zeitungen	Untersuchungszeitpunkte (Stichproben)					L_j	L_j^2
	1	2	3	4	5		
A	−	−	−	+	+	2	4
B	−	+	+	+	+	4	16
C	+	−	+	+	+	4	16
D	−	−	−	−	−	0	0
E	+	−	+	+	+	4	16
F	−	+	−	+	+	3	9
G	−	−	−	+	−	1	1
H	+	+	+	+	+	5	25
I	−	−	+	−	−	1	1
J	+	−	−	+	+	3	9
T_i	4	3	5	8	7	27	97

Wenn es nicht so etwas wie eine Sauregurkenzeit gibt, müßten sich die «+» und «−» für jeden Merkmalsträger zufällig verteilen, falls nicht immer die gleiche Merkmalsausprägung vorliegt, wie bei D und H. Eine zufällige Verteilung der Ausprägungen bei jeder Zeitung bedeutet, daß die Spaltensummen gleich sein müssen, andernfalls besteht ein Trend zu einer Alternative. Die Nullhypothese – es gibt keinen Trend zu einer Alternative – prüft der folgende Ausdruck (bei einer Anordnung der Daten wie in Tabelle 9.2):

(9.4)

$$ Q = \frac{s \cdot (s-1) \sum\limits_{i=1}^{s} (T_i - M_T)^2}{s \sum\limits_{j=1}^{r} L_j - \sum\limits_{j=1}^{r} L_j^2} $$

Dabei bedeutet
s = Anzahl der Stichproben,
r = Anzahl der Merkmalsträger,
T_i = Spaltensummen,
L_j = Zeilensummen,
M_T = Mittelwert der Spaltensummen.

Der Ausdruck für Q ist annähernd X^2-verteilt mit $s - 1$ Freiheitsgraden. Die Güte der Annäherung an die X^2-Verteilung ist abhängig von der Anzahl der Daten, die mindestens $r \cdot (s - 1) > 30$ sein sollte. Genau diese Bedingung erweist sich im Bereich der Inhaltsanalyse oftmals als problematisch, da die Zahl der Merkmalsträger in einer Untersuchung im Gegensatz etwa zur Befragung meistens sehr gering ist.

In dem Beispiel ergibt sich ein Wert

$$Q = \frac{5 \cdot (5-1) \cdot (1{,}4^2 + 2{,}4^2 + 0{,}4^2 + 2{,}6^2 + 1{,}6^2)}{5 \cdot 27 - 97} = 9{,}1$$

Hätte man zuvor die Irrtumswahrscheinlichkeit mit $\alpha = 0{,}05$ festgelegt, erhält man für $X^2_{(0{,}95;4)}$ einen Wert von 9,5. Das heißt, man behält die Nullhypothese – es gibt keine Sauregurkenzeit – bei.

Eine Dichotomisierung der Ausführlichkeit der Berichterstattung, genauso wie auch zahlreicher anderer Merkmale, ist natürlich recht undifferenziert. Sinnvoller erscheint es bei der obigen Fragestellung, z. B. von dem relativen Anteil der Berichterstattung über Themen, die während der Sauregurkenzeit an Relevanz gewinnen, im Verhältnis zum Gesamtumfang der Berichterstattung auszugehen. Die Möglichkeit dazu bietet das Modell von Friedman, das auch als Friedman-Test, zweifache Varianzanalyse oder Friedman-Rangvarianzanalyse bezeichnet wird. Wie das Q-Modell geht es von mehreren abhängigen Stichproben aus, die Daten müssen jedoch mindestens über Ordinalskalenniveau verfügen. Solche Daten enthalten mehr Information gegenüber dichotomen Daten, und die Untersuchung wird damit differenzierter. Eine fiktive Datenmatrix ist in Tabelle 9.3 wiedergegeben, wobei es sich um Prozentwerte des Anteils der für die Fragestellung relevanten Berichterstattung über Verbrechen usw. im Verhältnis zur gesamten Berichterstattung einer Zeitung zu einem Untersuchungszeitpunkt handeln soll.

Die grundsätzliche Überlegung ist hier die gleiche wie beim Q-Modell: Wenn man für jeden Merkmalsträger die Daten in eine Rangreihe bringt, so müßten die Ränge über die Spalten zufällig verteilt sein, wenn kein Gesamttrend vorhanden ist (Nullhypothese). Die Spaltensummen der Rangwerte müßten in diesem Fall alle ungefähr gleich sein. Unter der Annahme dieser Hypothese ist der folgende Ausdruck annähernd X^2-verteilt mit $s - 1$ Freiheitsgraden (eine Herleitung der Gleichung findet sich z. B. in Neurath 1974, 243 ff und ausführlicher in Friedman 1937, 696 ff):

Die Bedeutung der Zeichen ist dieselbe wie beim Q-Modell. Statt X^2_r (r steht für Rangordnung) bezeichnet man die Maßzahl auch mit f (für Friedman). Die Güte der Annäherung an die X^2-Verteilung hängt von der Zahl der Daten

$$(9.5) \qquad \chi^2_r = \frac{12}{rs \cdot (s + 1)} \sum_{i=1}^{s} T_i^2 - 3r \, (s + 1)$$

Tabelle 9.3

Zeitungen	Untersuchungszeitpunkte (Stichproben)				
	1	2	3	4	5
A	15	10	12	20	21
B	18	20	20	27	30
C	22	17	23	24	21
D	9	12	10	13	12
E	25	16	23	27	26
F	14	22	16	28	32
G	8	9	7	18	12
H	40	42	45	48	47
I	11	10	22	17	15
J	32	15	17	35	30

ab, die Bedingung $r \geq 10$ und $s \geq 4$ sollte jedoch mindestens erfüllt sein. Für kleinere Stichproben ($s = 3$ und $r \leq 9$ sowie $s = 4$ und $r = 4$) berechnete Friedman spezielle Tabellen, in denen man für jeden möglichen χ_r^2-Wert die Wahrscheinlichkeit ablesen kann. Solche Tabellen finden sich z. B. in Siegel 1956, 280f. Damit ist ein wesentliches Hindernis, das dem Gebrauch des Q-Modells in inhaltsanalytischen Untersuchungen entgegensteht, hier weniger gravierend.

Für die Daten aus Tabelle 9.3 werden zunächst für jede Zeitung die Rangreihen erstellt, wobei bei gleichen Rangplätzen der Mittelwert gebildet wird. Diese Informationen sind in Tabelle 9.4 wiedergegeben.

Tabelle 9.4

Zeitungen	Untersuchungszeitpunkte				
	1	2	3	4	5
A	3	1	2	4	5
B	1	2,5	2,5	4	5
C	3	1	4	5	2
D	1	3,5	2	5	3,5
E	3	1	2	5	4
F	1	3	2	4	5
G	2	3	1	5	4
H	1	2	3	5	4
I	2	1	5	4	3
J	4	1	2	5	3
T_i	21	19	25,5	46	38,5

Für diese Daten ergibt sich

$$\chi_r^2 = \frac{12}{10 \cdot 5 \cdot 6} (21^2 + 19^2 + 25{,}5^2 + 46^2 + 38{,}5^2) - 3 \cdot 10 \cdot 6 = 22{,}0$$

Bei einer Irrtumswahrscheinlichkeit $\alpha = 0{,}05$ erhält man bei $s - 1 = 4$ Freiheitsgraden einen Wert $\chi^2 = 9{,}5$, somit wird die Nullhypothese zurückgewiesen und die Alternativhypothese – es besteht ein Trend in den Daten über die Untersuchungszeitpunkte – angenommen. Daß dieses Ergebnis dem des Q-Modells entgegensteht, ist nicht allein als Artefakt der fiktiven Daten zu verstehen, sondern ist eine Folge der differenzierteren Informationen, von denen der Friedman-Test im Gegensatz zum Q-Modell ausgeht. Natürlich kann man das Modell nicht nur auf Unterschiede zwischen Spalten anwenden, genauso kann man nach Unterschieden zwischen Zeilen fragen, denn die Zuordnung ist willkürlich. Bei entsprechenden Fragestellungen muß man in dem Ausdruck für χ_r^2 dann nur jeweils r und s vertauschen; alles andere bleibt so, wie es beschrieben wurde.

Sowohl Q-Modell als auch Friedman-Test gehen von mindestens drei abhängigen Stichproben aus. Wenn jedoch nur zwei abhängige Stichproben vorliegen – z. B. bei der Frage, ob sich die Beurteilung eines Kandidaten vor und nach einer Wahl in der Presse unterscheidet –, muß man auf andere Modelle ausweichen. Bei dichotomen Daten bietet sich in diesem Fall das χ^2-Modell von McNemar (McNemar-Test), bei mindestens ordinalskalierten Daten der Vorzeichentest (sign-test) oder der Wilcoxon-Rangordnungszeichentest (matched-pairs signed ranks test, Test für Paardifferenzen) an.[1]

9.3. Rangkorrelationen

Alle in dem letzten Abschnitt vorgestellten und angesprochenen Testmodelle prüfen nur, ob sich die Merkmalsausprägungen eines Merkmalsträgers über die Untersuchungszeitpunkte gleichmäßig verteilen oder nicht. Ob ein möglicher Trend jedoch aufsteigend oder absteigend verläuft und mit welcher Konsistenz dies geschieht, kann den Testergebnissen nicht entnommen werden. Um eine entsprechende Frage bei mindestens ordinalskalierten Daten auf relativ einfache Art entscheiden zu können, hat Haskins (1961) vorgeschlagen, den Rangkorrelationskoeffizienten rho von Spearman (siehe z. B. Siegel 1956, 202 ff) zu verwenden.

Während dieses Modell normalerweise zur Berechnung der Korrelation zwischen den Ausprägungen zweier Merkmale über eine Reihe von Merk-

---

1 Eine Darstellung der Testmodelle findet sich in den meisten Statistikbüchern, so z. B. zum McNemar-Test Kriz 1973, 189–191; zum Vorzeichentest Neurath 1974, 201–204; Kriz 1973, 191–192; zum Wilcoxon-Test Hays 1973, 780–782; Breiman 1973, 260–263; Neurath 1974, 204–207.

malsträgern oder zwischen den Ausprägungen mehrerer Merkmale bei zwei Merkmalsträgern verwendet wird, werden hier die abhängigen Stichproben in ihrer Abfolge – also die Zeit – mit den Ausprägungen eines Merkmals in den Stichproben korreliert. Sinnvollerweise sollte die Zuordnung der Ränge zu den Untersuchungszeitpunkten so erfolgen, daß der am kürzesten zurückliegende Zeitpunkt die höchste Rangzahl erhält und bei der anderen Variablen wie üblich die höchste Ausprägung mit Rang 1, die zweithöchste mit Rang 2 usw. bezeichnet wird.

Dabei ist zu bedenken, daß der Rangkorrelationskoeffizient von Spearman von «echten» Rangreihen – also solchen, bei denen keine Merkmalsausprägung mehrfach auftritt – ausgeht. Die Zeit bildet immer eine echte Rangreihe. Bei der anderen Variablen können jedoch leicht mehrfach die gleichen Ausprägungen auftreten. In diesem Fall wird all diesen Fällen ein mittlerer Rang zugeordnet. Solange es nur sehr wenige solcher gleichen Merkmalsausprägungen (ties) gibt, hat es kaum Auswirkungen auf den Wert des Koeffizienten. Je größer ihr Anteil ist, desto stärker wird der Koeffizientenwert beeinflußt, und es wird eine Korrektur notwendig.

Die Gleichung für den Rangkorrelationskoeffizienten von Spearman, der üblicherweise mit rho bezeichnet wird, lautet

$$(9.6) \qquad rho = 1 - \frac{6 \sum\limits_{i=1}^{N} d_i^2}{N^3 - N}$$

Dabei bedeutet d = Differenz der Rangplätze,
N = Anzahl der Untersuchungspunkte.

Wenn mehrere ties vorliegen, wäre eine Koeffizientenschätzung nach dieser Gleichung zu ungenau. Deshalb ist der folgende Ausdruck zu verwenden, der den Effekt der ties korrigiert:

$$(9.7) \qquad rho = \frac{\sum x^2 + \sum y^2 - \sum\limits_{i=1}^{N} d^2}{2 \sqrt{\sum x^2 \cdot \sum y^2}}$$

Dabei bedeutet

$$\sum x^2 = \frac{N^3 - N}{12} - \sum\limits_{i=1}^{v} T_{xi}, \quad \sum y^2 = \frac{N^3 - N}{12} - \sum\limits_{i=1}^{w} T_{yi},$$

v = Anzahl der Ränge bei der Variablen x,
w = Anzahl der Ränge bei der Variablen y,

$T = \frac{t^3 - t}{12}$, t = Anzahl der identischen Merkmalsausprägungen auf einem gegebenen Rang,

$\sum x^2$ und $\sum y^2$ sind die in bezug auf die ties korrigierten Quadratsummen der Zeit und der anderen Variablen.

Bei einer Zuordnung der Ränge wie oben beschrieben repräsentiert ein positiver Korrelationskoeffizient einen steigenden Trend und umgekehrt ein negativer Koeffizientenwert einen fallenden Trend. Der Wert Null zeigt an, daß kein Trend vorliegt. Der Koeffizient hat sein Maximum bei $+1{,}0$ und sein Minimum bei $-1{,}0$. Beispiele für mögliche Koeffizientenwerte sind in Tabelle 9.5 wiedergegeben. Etwaige Zusammenhänge zwischen der Zeit und einer anderen Variablen dürfen jedoch auf keinen Fall kausal interpretiert werden. Es gibt genausogut zahlreiche andere Gründe (Stichprobenartefakte, Drittvariablen o. ä.) für einen Zusammenhang zwischen zwei Variablen (vgl. zu den mit Korrelationen verbundenen Problemen z. B. Kriz 1973, 242 ff; Galtung 1973, 466 ff).

Tabelle 9.5

Zeitpunkt	1	2	3	4	5	6	Korrelation (rho)
Rang	6	5	4	3	2	1	mit der Zeit
A	6	5	4	3	2	1	+1,0 perf. pos. Trend
B	1	2	3	4	5	6	−1,0 perf. neg. Trend
C	3,5	3,5	3,5	3,5	3,5	3,5	0,0 kein Trend
D	2	1	4	5	6	3	−0,6 negativer Trend
E	6	2	3	4	5	1	+0,4 positiver Trend

Unter der Voraussetzung, daß die einzelnen Stichproben zufällig ausgewählt wurden, ist es möglich, den Korrelationskoeffizienten auf seine Signifikanz zu prüfen, d. h., es kann getestet werden, ob ein bestimmter Koeffizientenwert bei einer bestimmten Irrtumswahrscheinlichkeit α nur zufällig von Null abweicht oder nicht. Die entsprechenden kritischen Werte für rho in Abhängigkeit von N können zu diesem Zweck in einer Tabelle (z. B. Siegel 1956, 284) nachgeschlagen werden.

10. Assoziationsstrukturen

Die in diesem Kapitel vorgestellten Modelle, die Kontingenzanalyse von Osgood (1959) und die Bedeutungsfeldanalyse von Weymann (1973 b), wurden entwickelt zur Analyse der Assoziationsstrukturen zwischen verschiedenen inhaltsanalytischen Kategorien beim Autor eines untersuchten Textes. Es gibt mehrere Bereiche, in denen sich Fragestellungen ergeben, zu deren Lösung solche Modelle von Nutzen sein könnten. Zu den wichtigsten, aber keineswegs den einzigen, gehört vor allem die Psychotherapie, wo Texte von Patienten, z. B. Briefe oder Interviews, die hinsichtlich der zugrunde liegenden Assoziationsstruktur analysiert werden, wertvolle Hinweise zu deren psychischer Situation geben können. Ein weiterer Bereich ist die Analyse von Propaganda sowie von allen anderen von irgendwelchen Institutionen verbreiteten oder herausgegebenen Schriften, bei denen es von Interesse ist, welche «Politik» in ihnen und somit von den dahinterstehenden Institutionen vertreten wird. Dadurch, daß bei den im folgenden behandelten Modellen nicht – wie sonst vielfach üblich – Begriffe oder Kategorien isoliert betrachtet, sondern in ihren Beziehungen zueinander analysiert werden, womit man dem Problem der Bedeutungsrekonstruktion wahrscheinlich gerechter wird, bietet die Untersuchung von Assoziationsstrukturen einen Ansatz für die Weiterentwicklung der Inhaltsanalyse (vgl. Lisch 1977, bes. Kapitel 12).

10.1. Kontingenzanalyse

Die Kontingenzanalyse wurde in ihrer heutigen Form hauptsächlich von Osgood entwickelt. Die zugrunde liegenden Annahmen und die Regeln zur Anwendung des Modells sind in den Arbeiten von Osgood und Anderson (1957) und Osgood (1959) dargestellt, worauf sich im wesentlichen auch die folgenden Ausführungen stützen. Frühere Überlegungen zu der Möglichkeit, von Kontingenzen in einem Text auf die Assoziationsstrukturen des Senders zu schließen, finden sich bei Baldwin (1942), der für den Bereich der Psychiatrie die «Personal Structure Analysis» entwickelte, und im Bereich der Volkskunde bei Sebeok (1957), der zeitweise mit Osgood zusammenarbeitete.

Als Grundlage des Modells der Kontingenzanalyse bezieht sich Osgood auf die Prinzipien der Assoziation, wie sie schon von Aristoteles in seiner Schrift «Gedächtnis und Erinnerung» diskutiert werden, später von der sogenannten englischen «Assoziations-Psychologie» ausgestaltet werden und auch in den Lerntheorien ihren Niederschlag finden (einen Überblick gibt z. B. Hofstätter 1971, 24–33; eine umfassendere Beschäftigung mit dem Problembereich der Assoziationen bieten z. B. Deese 1965; Hörmann 1970). Danach erscheint es sinnvoll, ein überzufällig häufiges gemeinsames Auftreten von Items in Texten als Assoziation im Denken des Senders zu interpretieren und umgekehrt bei einem seltener als zufällig zu erwartenden gemeinsamen Auftreten der Items von einer Dissoziation beim Sender zu sprechen. Zur Überprüfung dieser Hypothese wurden mehrere Experimente angestellt, die in den obenerwähnten Aufsätzen ausführlich beschrieben sind. Die wichtigsten Ergebnisse besagen, daß die Assoziationsstruktur eines Individuums auf den Kontingenzen zwischen einzelnen Ereignissen in der Erfahrung beruht und daß Schlüsse auf diese Assoziationsstruktur von den Kontingenzen zwischen Items in einem produzierten Text möglich sind.

Die Kontingenzanalyse beinhaltet dafür die folgenden Anweisungen:

a) Auswahl der Stichprobeneinheiten. Der gesamte zu analysierende Text wird in einzelne Einheiten zerlegt, die theoretisch so groß sein müssen, wie die Auswirkungen eines Stimulus reichen. Diese Forderung ist jedoch bei der praktischen Durchführung der Analyse nicht zu verwirklichen, so daß andere Anhaltspunkte für die Stichprobengröße gegeben werden müssen. Dort, wo ein Text in natürliche Einheiten zerfällt, z. B. bei Leitartikeln einer Zeitung oder Tagebucheintragungen, können diese direkt als Stichprobeneinheiten verwendet werden. Längere, fortlaufende Texte müssen jedoch willkürlich zerlegt werden. Dabei ist zu beachten, daß die Zahl der Kontingenzen von der Länge der Einheiten abhängt: Sind sie zu klein, im Extremfall nur ein Wort, dann gibt es keine Kontingenzen, sind sie jedoch zu groß, werden schließlich alle Kategorien voneinander abhängig. Als Ausweg schlägt Osgood Einheiten mit 120 bis 210 Wörtern vor. In Versuchen ergaben sich unter dieser Bedingung annähernd konstante Kontingenzwerte. Unberücksichtigt bleibt dabei jedoch, daß gerade der Assoziationsumfang ein markantes Merkmal des Senders sein kann.

b) Auswahl der inhaltsanalytischen Kategorien. Dieser Punkt unterscheidet sich prinzipiell nicht von den anderen inhaltsanalytischen Modellen. Zu beachten ist jedoch, daß der Umfang des untersuchten Textes desto größer sein muß, je spezifischer die Kategorien sind, da man sonst keine signifikanten Kontingenzen erhalten wird. Ein besonderes Problem ergibt sich, wenn man Synonyme als getrennte Kategorien verwendet, denn dann werden sich diese aufgrund der folgenden Schritte als signifikant dissoziativ erweisen. Eine solche Kategorienbildung sollte also vermieden werden.

c) Rohdatenmatrix. Sämtliche Stichprobeneinheiten werden einzeln nach den Kategorien abgesucht und das Ergebnis in eine Rohdatenmatrix (ein Beispiel ist in Abbildung 10.1 enthalten) in der Form eingetragen, daß das Auftreten einer Kategorie durch ein « + » und das Fehlen einer Kategorie durch ein « − » dargestellt wird. Die Häufigkeit des Auftretens einer Kategorie bleibt unberücksichtigt. Bei sehr umfangreichen Einheiten kann auch so vorgegangen werden, daß man zunächst die mittlere Häufigkeit des Auftretens einer Kategorie ermittelt und dann prüft, ob die Häufigkeit in der jeweils aktuellen Einheit größer oder kleiner als der Mittelwert ist. In der Rohdatenmatrix wird weiterhin für jede Kategorie die relative Häufigkeit ihres Auftretens berechnet, indem man die Zahl der Stichprobeneinheiten, in denen eine bestimmte Kategorie auftritt, durch die Gesamtzahl der Stichprobeneinheiten dividiert.

Abbildung 10.1

Stichproben-einheit	Kategorien							
	A	B	C	D	E	F	$\cdots$	N
1	−	+	+	+	−	−	$\cdots$	+
2	+	+	−	−	+	−	$\cdots$	−
3	−	+	−	−	+	+	$\cdots$	−
4	+	−	−	+	+	−	$\cdots$	−
.	.	.	.	.	.	.		.
.	.	.	.	.	.	.		.
.	.	.	.	.	.	.		.
.	.	.	.	.	.	.		.
n	−	+	−	−	+	+	$\cdots$	+
rel. Häufigk.	,22	,37	,12	,20	,40	,25	$\cdots$	,15

d) Kontingenzmatrix. Aufbauend auf der Rohdatenmatrix, wird die Kontingenzmatrix erstellt. In ihr werden rechts oberhalb der Diagonalen die erwarteten (theoretischen) relativen Häufigkeiten des gemeinsamen Auftretens zweier Kategorien eingetragen. Die entsprechenden Werte erhält man durch Multiplikation der relativen Häufigkeiten beider Kategorien (Multiplikationssatz der Wahrscheinlichkeit), d. h., wenn Kategorie A in 17 % und Kategorie B in 25 % aller Einheiten auftritt, dann würde man nach der Wahrscheinlichkeitsrechnung erwarten, daß sie gemeinsam in $0,17 \cdot 0,25 = 0,04$, also 4 % aller Einheiten auftreten. Links unterhalb der Diagonalen trägt man die beobachteten (empirischen) relativen Häufigkeiten des gemeinsamen Auftretens von jeweils zwei Kategorien ein. Diese Werte erhält man durch Auszählen in der Rohdatenmatrix. Ein Beispiel für eine Kontingenzmatrix ist in Abbildung 10.2 wiedergegeben (die darin enthaltenen Daten beziehen sich nicht auf die Rohdatenmatrix in Abbildung 10.1).

e) Signifikanz der Kontingenzen. In der Kontingenzmatrix werden die erwarteten mit den beobachteten Häufigkeiten verglichen und Unterschiede im Sinne von Assoziationen und Dissoziationen interpretiert. Allerdings müssen dabei die rein zufallsbedingten Schwankungen der beobachteten gegenüber den erwarteten Häufigkeiten berücksichtigt werden, so daß nur

Abbildung 10.2

	A	B	C	D	E	F	· · ·	N	
A	–	,05	,13	,02	,22	,08	· · ·	,24	
B	,03	–	,11	,21	,09	,12	· · ·	,06	
C	,12	,13	–	,13	,26	,38	· · ·	,02	
D	,01	,22	,14	–	,17	,05	· · ·	,03	erwartete
E	,17	,15	,25	,18	–	,12	· · ·	,06	relative
F	,09	,08	,33	,06	,11	–	· · ·	,29	Häufigkeiten
·	·	·	·	·	·	·	· · ·	·	
·	·	·	·	·	·	·	· · ·	·	
·	·	·	·	·	·	·	· · ·	·	
N	,20	,06	,04	,01	,04	,22	· · ·	–	

dort von Assoziationen gesprochen werden kann, wo die beobachteten Häufigkeiten signifikant größer sind als die erwarteten Häufigkeiten, und nur solche Kategorienpaare können als Dissoziationen interpretiert werden, bei denen die beobachteten Häufigkeiten signifikant kleiner sind als die erwarteten Häufigkeiten. Als Signifikanztest schlägt Osgood zum einen – in Anlehnung an die erwähnte Arbeit von Baldwin – den χ^2-Test für Vierfeldertafeln

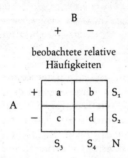

und zum anderen den Standardfehler für einen Prozentwert vor. Im ersten Fall werden die vier Felder besetzt mit den Häufigkeiten (a) des gemeinsamen Auftretens zweier Kategorien A und B, (b) des Auftretens von A, aber nicht von B, sowie (c) von B, aber nicht von A, und (d) der Zahl der Fälle, in denen weder A noch B auftreten. Hierfür wird

$$(10.1) \qquad \chi^2 = \frac{(a \cdot d - b \cdot c)^2 \cdot N}{S_1 \cdot S_2 \cdot S_3 \cdot S_4}$$

berechnet und unter der Annahme der Nullhypothese – erwartete und beobachtete Häufigkeiten weichen nur zufällig voneinander ab – bei einer zuvor festgelegten Irrtumswahrscheinlichkeit auf Signifikanz geprüft.

Der Standardfehler für einen Prozentwert wird berechnet mit Hilfe des Ausdrucks

$$(10.2) \qquad \sigma = \sqrt{\frac{f_e \cdot (1 - f_e)}{N}}$$

Dabei bedeutet f_e = erwartete relative Häufigkeit des gemeinsamen Auftretens zweier Kategorien,

$\qquad\qquad\quad N$ = Gesamtzahl der Stichprobeneinheiten.

Zur Prüfung der Signifikanz wird der jeweilige Standardfehler mit dem z-Wert für die gewählte Irrtumswahrscheinlichkeit α bei zweiseitiger Fragestellung (nachzuschlagen in Tabellen zur Standardnormalverteilung, z. B. Kriz 1973, 278–279) multipliziert. Unter Berücksichtigung dieser zufallsbedingten Schwankung ist der Unterschied zwischen erwarteter Häufigkeit f_e und beobachteter Häufigkeit f_b signifikant, d. h. nicht durch den Zufall zu erklären, wenn gilt

$$(10.3) \qquad f_e + z_{(1 - \frac{\alpha}{2})} \sqrt{\frac{f_e \cdot (1 - f_e)}{N}} < f_b < f_e - z_{(1 - \frac{\alpha}{2})} \sqrt{\frac{f_e \cdot (1 - f_e)}{N}}$$

Zum Modell der Kontingenzanalyse läßt sich in vielfältiger Weise Kritik vorbringen. Teilweise wird diese Kritik von Osgood selber formuliert. So betont er, daß das Assoziationsmuster, das ein Text repräsentiert, nur einen Ausschnitt aus der gesamten Assoziationsstruktur des Senders darstellt und folglich nicht überinterpretiert werden darf. Zudem sollte der Begriff der Assoziationsstruktur nur verwendet werden, wenn man es mit spontan produzierten Texten zu tun hat. Dort, wo Nachrichten geplant werden, spricht man besser von einer bestimmten Politik anstelle von Assoziationsstrukturen. Das gilt besonders, wenn Institutionen als Sender fungieren oder es sich um die Analyse von instrumenteller Kommunikation handelt.

Weiterhin sagen die Kontingenzen nichts über die Richtung und die Intensität der zugrunde liegenden Aussagen. Ein Satz wie «A liebt B» ergibt genauso einen assoziativen Zusammenhang wie der Satz «A haßt B». Der Kontext, in dem die Kategorien stehen, bleibt also völlig unberücksichtigt. Demnach kann nicht ohne weiteres von einer assoziativen Kontingenz auf einen positiv bzw. von einer dissoziativen Kontingenz auf einen negativ bewerteten Zusammenhang zwischen zwei Kategorien geschlossen werden. Statt dessen sollte man bei den positiven Kontingenzen von Assoziationen im üblichen Sinne sprechen, während Dissoziationen am ehesten als Verdrängung interpretiert werden können. Auf keinen Fall darf man Dissoziationen derart deuten, daß zwei Kategorien nichts miteinander zu tun haben, denn das bedeutet ja gerade stochastische Unabhängigkeit, also keine Signifikanz der Kontingenzen.

Ein besonderes Problemfeld stellen die Signifikanzprüfungen der Kontingenzen dar, denn in der propagierten Form sind sie statistisch in keiner

Weise zulässig. Osgood weist selbst darauf hin, daß bei der Prüfung einer großen Zahl von Kontingenzen auf Signifikanz entsprechend der gewählten Irrtumswahrscheinlichkeit α allein aufgrund des statistischen Modells eines Signifikanztests per Zufall α % signifikant werden. Bei nur 20 Kategorien und $\alpha = 0{,}05$ werden demnach im Durchschnitt mehr als 9 Kontingenzen per Zufall signifikant, ohne daß dies etwas aussagt. Bei Osgood vermißt man jedoch die einzig sinnvolle Konsequenz, die zugleich grundsätzlich Voraussetzung zur Verwendung von Signifikanztests ist, nämlich die Formulierung von Hypothesen vor Beginn der statistischen Auswertung und natürlich auch ohne die Daten vorher zu inspizieren, denn Statistik produziert nichts, was nicht ohnehin in den Daten zu finden ist, sie arbeitet nur ökonomischer. Die gezielten Hypothesen werden dann mit Hilfe eines adäquaten statistischen Modells getestet, und es muß bei sehr vielen Hypothesen schließlich zusätzlich auch noch einmal die Gesamtaussage auf Signifikanz geprüft werden.

Die von Osgood vorgeschlagenen Modelle zur Signifikanzprüfung erweisen sich als unangemessen. So darf der χ^2-Test nur bei erwarteten Häufigkeiten von mindestens fünf angewendet werden, da sonst die verwendete Prüfgröße nicht hinreichend χ^2-verteilt ist. Derartig geringe Häufigkeiten treten bei der Kontingenzanalyse jedoch oft auf, was auch Osgood betont, weshalb er als Alternative den Standardfehler für einen Prozentwert vorschlägt. Dabei übersieht er jedoch, daß das eigentliche Problem bestehenbleibt, denn bei diesem Modell muß für die Wahrscheinlichkeit für das Auftreten einer Alternative gelten $0{,}9 \geq f_e \geq 0{,}1$, bzw. bei N Stichprobeneinheiten muß gelten $5 < N \cdot f_e < N - 5$ und $N \geq 25$. Andernfalls ist keine hinreichende Annäherung der Normalverteilung an die Binomialverteilung gewährleistet.

Die Assoziationsstrukturen sind voneinander abhängig, während die genannten Signifikanztests unabhängige Ereignisse voraussetzen, denn eine assoziative Verknüpfung von A und B hat zwangsläufig eine dissoziative von A und einer anderen Kategorie zur Folge. Zudem erweisen sich wegen der Unmöglichkeit negativer Häufigkeiten die genannten Stichprobenverteilungen bei kleinen Häufigkeiten als ungeeignet, denn sie würden linksschief, was sich im übrigen darin niederschlägt, daß man im allgemeinen mehr Assoziationen als Dissoziationen erhält. Angemessen wäre demnach eher die kumulierte Binomialverteilung, die dem Urnenmodell mit Zurücklegen und ohne Berücksichtigung der Anordnung entspricht. Danach ist bei zweiseitiger Fragestellung – Hypothesen, die eine einseitige Fragestellung erlauben, werden wohl nur in Ausnahmefällen vorliegen – und der Irrtumswahrscheinlichkeit α bei N Stichprobeneinheiten eine beobachtete absolute Häufigkeit K des gemeinsamen Auftretens zweier Kategorien signifikant verschieden von der erwarteten Häufigkeit, wenn gilt

$$(10.4) \quad \sum_{i=0}^{K} \binom{N}{i} f_e^{i} (1 - f_e)^{N-i} \leq \frac{\alpha}{2} \text{ oder } \sum_{i=K}^{N} \binom{N}{i} f_e^{i} (1 - f_e)^{N-i} \leq \frac{\alpha}{2}$$

Wegen der aufgezeigten Mängel braucht das Modell der Kontingenzanalyse keinesfalls verworfen zu werden, was aufgrund der im Vergleich zu manchen anderen inhaltsanalytischen Modellen außerordentlich fundierten theoretischen Grundlage auch kaum sinnvoll wäre. Es ist jedoch unbedingt notwendig, sich der Grenzen des Modells bewußt zu sein. Dies scheinen aber zahlreiche Autoren, wie etwa Mayntz, Holm, Hübner (1972), Silbermann (1974) oder Bessler (1972), für überflüssig zu halten, wenn sie in geradezu naiver Weise die Kontingenzanalyse als eine rein mechanische Methode der Suche nach Kategorien und der Durchführung von Signifikanztests darstellen, ohne zumindest die bei Osgood selbst angesprochene Kritik zu erwähnen.

10.2. Bedeutungsfeldanalyse

Das gleiche Erkenntnisinteresse, wie es der Kontingenzanalyse zugrunde liegt, steht auch hinter dem Modell der Bedeutungsfeldanalyse, das von Weymann (1973 b) mit dem Ziel größerer Differenziertheit und analytischer Kapazität im Vergleich zur Kontingenzanalyse entwickelt wurde. Grundlage des Modells sind Arbeiten aus dem Bereich der experimentellen Sprachpsychologie über assoziative Nähe und Clusterbildung, wobei besonders auf Deese (1965) Bezug genommen wird. Bei den Experimenten zur Clusterbildung geht es um das Phänomen, daß Stimuli, die Versuchspersonen in zufälliger Abfolge dargeboten werden, statt in annähernd gleicher Reihenfolge wohlgeordnet und bestimmten Gesetzmäßigkeiten folgend wiedergegeben werden. Der Begriff der assoziativen Nähe basiert auf der theoretischen Verteilung der Responses auf einen Stimulus, also der Bedeutung eines Wortes, wobei die Ähnlichkeit zweier Stimuli durch die Überschneidung der Verteilungen der jeweiligen Responses repräsentiert wird. Als Maß für die Ähnlichkeit wird in der Sprachpsychologie der sogenannte Überschneidungskoeffizient verwendet:

$$(10.5) \quad \ddot{U} = \frac{S_A \cap S_B}{\sqrt{N_A \cdot N_B}}$$

Dabei bedeutet $S_A \cap S_B$ = Anzahl der Responses, die Stimuli A und B gemeinsam auslösen,

N_A = Anzahl der Responses auf Stimulus A,
N_B = Anzahl der Responses auf Stimulus B.

Es wird angenommen, daß jeder Stimulus zunächst einmal sich selbst als Response auslöst («representational response», siehe Deese 1965, 46 ff). Die Werte für Ü liegen theoretisch zwischen 0 und 1.

Dieses Maß versucht Weymann im Rahmen seiner Bedeutungsfeldanalyse auf den Bereich der Inhaltsanalyse zu übertragen. Für die Anwendung des Modells gibt er folgende Anweisungen:

a) Festlegung der inhaltsanalytischen Kategorien. Hier gibt es keine Unterschiede zu anderen inhaltsanalytischen Modellen. Weymann betont ausdrücklich, daß sich Einseitigkeiten in der Kategorienwahl natürlich auch in den ermittelten Assoziationsstrukturen niederschlagen, wo dadurch möglicherweise relevante Aspekte übersehen werden.

b) Auswahl der Stichprobeneinheiten. Für diesen Schritt gelten die gleichen Regeln wie bei der Kontingenzanalyse, und es existieren somit auch die gleichen Probleme.

c) Rohdatenmatrix. Die einzelnen Stichprobeneinheiten werden nun darauf durchgesehen, welche Kategorien wie häufig und in welcher Reihenfolge auftreten. Ein mehrmaliges direktes Aufeinanderfolgen ein und derselben Kategorie wird nur einmal registriert. Die Kategorienfolgen werden in einer Rohdatenmatrix notiert, wie in Abbildung 10.3 dargestellt. Daraus ist z. B. zu entnehmen, daß in der Stichprobeneinheit Nr. 1 die Kategorien A, G, C, D, A in eben dieser Reihenfolge auftreten.

Abbildung 10.3

Stichproben-einheit	Abfolge der Kategorien						
	1	2	3	4	5	6	7 ...
1	A	G	C	D	A		
2	B	E	F	B			
3	G	E					
4	B	A	C	D	F	A	C
5	E	A	F				
6	F	G	A	C	A		
⋮ N							

d) Assoziationsstrukturenmatrix. In der Rohdatenmatrix wird ausgezählt, wie oft eine Kategorie als Stimulus eine andere als Response auslöst und wie oft eine Kategorie überhaupt auftritt, also als «representational response» fungiert. Die entsprechenden Daten werden in eine sogenannte Assoziationsstrukturenmatrix eingetragen. Das Beispiel in Abbildung 10.4 basiert auf den Daten der Rohdatenmatrix in Abbildung 10.3. Danach wird z. B. Kategorie A von jeder der anderen Kategorien einmal als Response ausgelöst und löst selbst die Kategorie C dreimal und die Kategorien F und G je einmal als Response aus. Insgesamt tritt Kategorie A siebenmal auf.

e) Berechnung der Überschneidungskoeffizienten. Als Maß für die Übereinstimmung der Responses, die zwei verschiedene Stimuli auslösen, wird der bereits oben angesprochene Überschneidungskoeffizient gewählt. Er soll

Abbildung 10.4

Stimulus	Response A	B	C	D	E	F	G	...
A	(7)		3			1	1	
B	1	(3)			1			
C	1		(4)	2				
D	1			(2)		1		
E	1				(3)	1		
F	1	1				(4)	1	
G	1		1		1		(3)	
⋮								
N								

angeben, wie ähnlich zwei Kategorien in ihrer semantischen Bedeutung sind, d. h. wie eng ihre assoziative Verknüpfung ist. Dabei soll ein größerer Koeffizientenwert größere assoziative Nähe repräsentieren. Für die Kategorien A und C ergibt sich z. B. in Abbildung 10.4 $Ü_{AC} = 0,44$, denn Stimulus A löst siebenmal und Stimulus C einmal Response A aus, dreimal wird Response C von Stimulus A und viermal von Stimulus C ausgelöst. Die Zahl der gemeinsam ausgelösten Responses beträgt im ersten Fall eins und im zweiten Fall drei, zusammen also vier. Weitere gemeinsam ausgelöste Responses gibt es nicht, demnach ist $S_A \cap S_C = 4$. $N_A = 12$ und $N_C = 7$, also die Zahl der von einer Kategorie jeweils insgesamt ausgelösten Responses, läßt sich in den Zeilen von Abbildung 10.4 einfach auszählen. Sämtliche paarweise berechneten Überschneidungskoeffizienten werden in einer Matrix dargestellt.

f) Weitere Analyse der Matrix der Überschneidungskoeffizienten. Bereits bei einer kleinen Zahl von Kategorien ist die Matrix der Überschneidungskoeffizienten so komplex, daß sie ohne irgendwelche Hilfsmittel, z. B. statistische Modelle, kaum noch zu übersehen ist. Weymann schlägt zu diesem Zweck zum einen die Faktorenanalyse, zum anderen Johnsons hierarchische Clusteranalyse (Johnson 1967 und Hubert 1972) vor, die in diesem Rahmen jedoch nicht weiter diskutiert werden sollen.

Die Frage, die sich nun stellt, lautet, inwieweit die Bedeutungsfeldanalyse als ein brauchbares inhaltsanalytisches Modell anzusehen ist und das gestellte Ziel, die Möglichkeiten der Kontingenzanalyse zu überschreiten, erreicht wird. Darauf hat Kriz (1975 b) eine klare Antwort gegeben, indem er nachweist, daß die Überschneidungskoeffizienten nicht die Mindestforderung erfüllen, daß größere Werte auch auf größere assoziative Nähe hinweisen. Die folgenden Ausführungen zu diesem Punkt stützen sich im wesentlichen auf diese Arbeit.

Zunächst muß festgestellt werden, daß eine reine Zufallsabfolge der

Kategorien (was bedeutet, daß es keine Überschneidungen in der Bedeutung der Kategorien gibt) nicht zu gleich großen Überschneidungskoeffizienten oder zu $\ddot{U} = 0$ führen muß. Dies läßt sich anhand des Beispiels in Abbildung 10.5 verdeutlichen. Berechnet man nämlich für die dort angegebenen Werte, die reine Zufallsabfolgen von Kategorien repräsentieren, die Überschneidungskoeffizienten, so müßten diese sämtlich gleich Null, zumindest aber alle gleich groß sein. Es ergibt sich jedoch z. B. $\ddot{U}_{AB} = 0{,}42$, $\ddot{U}_{AC} = 0{,}53$, $\ddot{U}_{BC} = 0{,}37$.

Abbildung 10.5

| Stimulus | Response | | | | |
	A	B	C	D	E
A	(50)	5	20	10	15
B	4,5	(25)	9,1	4,5	6,8
C	25	12,5	(100)	25	37,5
D	10	5	20	(50)	15
E	16,7	8,3	33,3	16,7	(75)

An dieser Stelle läßt sich ein Bezug zur Kontingenzanalyse herstellen. Weymann läßt die Frage, wie sich in seinem Modell Assoziationen und Dissoziationen ausdrücken, unberücksichtigt. Offensichtlich liegt jedoch genau dann ein assoziativer Zusammenhang zwischen zwei Kategorien vor, wenn der Überschneidungskoeffizient größer ist, als er es bei einer Zufallsabfolge der Kategorien würde, und es handelt sich um einen dissoziativen Zusammenhang, wenn der Koeffizient kleiner ist, wobei die Signifikanz des Zusammenhangs noch zu prüfen wäre.

Man kann demnach nicht aus der Höhe eines Überschneidungskoeffizienten direkt darauf schließen, was für ein Zusammenhang vorliegt, wie sich anhand von Abbildung 10.6 noch deutlicher zeigt. Die darin enthaltenen

Abbildung 10.6

| Stimulus | Response | | | | |
	A	B	C	D	E
A	(50)	15	15	10	10
B	5	(25)	10	10	0
C	40	30	(100)	20	10
D	10	20	10	(50)	10
E	25	0	25	25	(75)

Gesamthäufigkeiten N des Auftretens einer Kategorie als Stimulus sind identisch mit denen in Abbildung 10.5. Als Überschneidungskoeffizienten ergeben sich jedoch aufgrund einer dieses Mal nicht zufälligen Kategorienfolge u. a. $\ddot{U}_{AB} = 0{,}57$, $\ddot{U}_{AC} = 0{,}64$ und $\ddot{U}_{BC} = 0{,}50$. Während man erwarten sollte, daß der engste Zusammenhang zwischen A und C besteht, liegt statt dessen beim kleinsten Wert, also $\ddot{U}_{BC}$, ein maximaler Zusammenhang vor, denn größer kann Ü bei vorgegebener Häufigkeit des Auftretens der Kategorien nicht werden. Dies zeigt zugleich, daß der Maximalwert des Überschneidungskoeffizienten keineswegs immer $\ddot{U} = 1$ ist, sondern in Abhängigkeit von der geringeren Häufigkeit der beiden Kategorien schwankt:

$$(10.6) \quad \ddot{U}_{max} = \frac{N_A \cap N_B}{\sqrt{N_A \cdot N_B}}$$

Genau diese Abhängigkeit von N ist bei Experimenten in der Sprachpsychologie nicht gegeben, und die Zahl möglicher Responses ist dort – im Gegensatz zur Zahl inhaltsanalytischer Kategorien – theoretisch nicht begrenzt, so daß beim Vorliegen keiner Überschneidung die Koeffizienten sich Null hinreichend nähern. Deshalb erweist sich der Überschneidungskoeffizient auch nicht grundsätzlich als unbrauchbar, sondern ist nur ein inadäquates Modell zur Analyse der Assoziationsstrukturenmatrix. Neue Lösungsansätze sollten nun jedoch auf keinen Fall darin bestehen, daß man mit Hilfe irgendwelcher mathematischer und inhaltlich wohl kaum begründbarer Funktionen die Überschneidungskoeffizienten so transformiert, daß sie innerhalb fester Grenzen mit einem genau festgelegten Wert, der stochastische Unabhängigkeit repräsentiert, schwanken. Statt dessen sollte man zurückgehen auf die zweifellos wichtige Frage der Bedeutung von Kategorienabfolgen für die Untersuchung der assoziativen Nähe dieser Kontingenzen und aus dieser theoretischen Diskussion heraus einen neuen Lösungsansatz entwickeln, der dann in Form eines statistischen Modells formalisiert werden könnte.

11. Lesbarkeitsforschung

Ende der vierziger und während der gesamten fünfziger Jahre fand ein Bereich der Inhaltsanalyse besondere Beachtung: die Untersuchung der Lesbarkeit (Readability) von Texten. Ob ein Text lesbar ist, heißt zunächst einmal, wie schwierig es ist, ihn zu verstehen. Von welchen Merkmalen das abhängt, ist vielfach untersucht worden, trotzdem kann hier keine allgemeingültige Antwort präsentiert werden. Hingegen soll die Frage bei den einzelnen ausführlicher vorgestellten Modellen immer wieder aufgeworfen werden.

Forschungen auf dem Gebiet der Lesbarkeit wurden besonders von der Pädagogik und dem Journalismus getragen. Dies ist verständlich, denn eine Informationsübertragung mit möglichst geringem Verlust (Rauschen) ist eben besonders in diesen Bereichen ein relevantes Problem. Das Interesse der Pädagogik an Fragen der Lesbarkeit bestand vor allem darin, die Verständlichkeit von Unterrichtsmaterialien, vor allem Schulbüchern, und Vorträgen der Lehrer zu erforschen. Damit sollte sich eine Beurteilung des Unterrichts nicht allein auf die Ergebnisse von Klassenarbeiten, auf mündliches Abfragen oder auch nonverbal geäußertes Verstehen oder Nichtverstehen der Schüler beschränken, sondern es sollte auch die prinzipielle Chance, etwas zu verstehen, Berücksichtigung finden. Erste Ansätze in dieser Richtung stammen von Vogel und Washburne (1928). Sie entwickelten eine Formel zur Schätzung der Lesbarkeit, die auf folgenden vier Faktoren eines Textes basierte:

(1) der Zahl verschiedener Wörter pro tausend Wörter eines Textes,
(2) dem Anteil ungewöhnlicher Wörter,
(3) der Anzahl einfacher Sätze unter 75 aufeinanderfolgenden Sätzen und
(4) der Anzahl der Präpositionen unter tausend Wörtern.

Es braucht hier nicht weiter auf diese Formel eingegangen zu werden, da ihre geringe Praktikabilität und ihre Schwächen in bezug auf Validität und Reliabilität offensichtlich sind. Immerhin war dies aber ein Anfang in der Richtung, ein brauchbares Modell zur Messung der Lesbarkeit zu entwickeln.

Fast alle weiteren Ansätze zu diesem Problem sind auf ähnliche Art und Weise entstanden, indem man nämlich nach Faktoren suchte, die die Lesbarkeit eines Textes ausmachen, und sich dann bemühte, sie in irgendeiner Weise in einer Formel zusammenzufassen. Gray und Leary (1935) untersuchten 64 Elemente hinsichtlich ihrer Relevanz für die Lesbarkeit eines Textes. Die 17 bedeutendsten sind danach die folgenden (vom wichtigsten zum weniger wichtigen):

1. Durchschnittliche Satzlänge in Wörtern
2. Prozentanteil «einfacher» Wörter
3. Anzahl der Wörter, die 90 % der Schüler in der 6. Klasse unbekannt sind
4. Anzahl «einfacher» Wörter
5. Anzahl verschiedener «schwerer» Wörter
6. Minimale Satzlänge, gemessen in Silben
7. Anzahl der «expliziten» Sätze
8. Anzahl der Personalpronomen
9. Maximale Satzlänge, gemessen in Silben
10. Durchschnittliche Satzlänge, gemessen in Silben
11. Prozentsatz einsilbiger Wörter
12. Anzahl der Sätze pro Absatz
13. Prozentsatz der Wörter, die 90 % der Schüler in der 6. Klasse unbekannt sind
14. Anzahl einfacher Sätze
15. Prozentsatz verschiedener Wörter
16. Prozentsatz mehrsilbiger Wörter
17. Anzahl der Präpositionalsätze

Unter den Modellen zur Messung der Lesbarkeit, die im Prinzip dem von Vogel und Washburne gleichen, gehören zu den bekanntesten die von Lorge (1939, 1944), Flesch (1943, 1948) und Dale und Chall (1948 a, b). Während viele Formeln unterscheiden, ob ein Text für Kinder oder Erwachsene geschrieben wurde, sollen sich die genannten drei Formeln sowohl für Erwachsene als auch für Kinder eignen. Eine Übersicht über einen Teil der veröffentlichten Modelle zur Lesbarkeitsuntersuchung, die einerseits die große Zahl solcher Ansätze verdeutlicht, andererseits die außerordentliche Ähnlichkeit in bezug auf die verwendeten Elemente aufzeigt, ist in Tabelle 11.1 wiedergegeben. Ein guter Überblick über die insgesamt zur Lesbarkeitsforschung vorliegende Literatur in Form einer kommentierten Bibliographie findet sich in Klare (1963).

Aus dem Bereich des Journalismus finden sich in der Literatur seltener Versuche, Lesbarkeitsformeln zu konstruieren, als vielmehr Anwendungen solcher Formeln auf die Berichterstattung in der Presse, vielfach mit dem Ziel einer Vergrößerung der Leserschaft einer Zeitung. Das führte einerseits zu Berichten wie z. B. «How Plain Talk Increases Readership 45 % to 66 %» (Murphy 1947) und andererseits zu der häufigen Warnung vor einer Überbewertung der Ergebnisse der Lesbarkeitsformeln in dem Sinne, daß gute Werte tatsächlich gute Lesbarkeit garantieren würden (z. B. Kearl 1948; Lorge 1949).

Aus dem Bereich des Journalismus stammt auch der einzige Versuch, von dem üblichen Konzept der Konstruktion von Lesbarkeitsformeln abzuweichen und Sprache, statt in grammatikalische Einheiten zu zerstückeln, in ihrer eigenen, vom jeweiligen Textautor gewollten Form zu belassen. Taylor

Tabelle 11.1: Übersicht über die bekanntesten der veröffentlichten Modelle zur Untersuchung der Lesbarkeit eines Textes (nach Klare, Buck 1954, 100-103)

Autor	Elemente	Bemerkung
Lively, Pressey 1923	– Anzahl verschiedener Wörter – Nicht in der Thorndike-10000-Wörter-Liste enthaltene Wörter	Erste Lesbarkeitsformel, zur Untersuchung von Texten für Kinder
Vogel, Washburne 1928	– Anzahl verschiedener Wörter pro 1000 Wörter – Anzahl der Präpositionen in einer 1000 Wörter umfassenden Stichprobe – Anzahl der Wörter in einer 1000 Wörter umfassenden Stichprobe, die nicht in der Thorndike-10000-Wörter-Liste enthalten sind – Anzahl einfacher Sätze unter 75 aufeinanderfolgenden Sätzen	Prototyp aller späteren Lesbarkeitsformeln
Johnson 1930	– Prozentsatz der mehrsilbigen Wörter in 30 je 100 Wörter umfassenden Stichproben	
Dale, Tyler 1934	– Anzahl verschiedener Fachausdrücke – Anzahl verschiedener schwieriger Wörter, außer Fachausdrücken – Anzahl unbestimmter Sätze	Erste Lesbarkeitsformel zur Untersuchung von Texten für Erwachsene
Gray, Leary 1935	– Anzahl verschiedener schwerer Wörter, d. h. nicht in der Dale-769-Wörter-Liste (Lorge 1944) enthaltener Wörter – Anzahl der Personalpronomen – Durchschnittliche Satzlänge in Wörtern – Prozentsatz verschiedener Wörter – Anzahl der Präpositionalsätze	
Washburne, Vogel Morphett 1938	– Anzahl verschiedener Wörter pro 1000 Wörter – Anzahl verschiedener ungewöhnlicher Wörter pro 1000 Wörter, d. h. nicht in der Winnetka-1500-Wörter-Liste enthaltener Wörter – Anzahl einfacher Sätze unter 75 aufeinanderfolgenden Sätzen	Am häufigsten bei Texten für Kinder verwendete Formel
Lorge 1939	– Durchschnittliche Satzlänge in Wörtern – Durchschnittliche Zahl der Präpositionalsätze	

	– Anzahl verschiedener schwerer Wörter, d. h. nicht in der Dale-769-Wörter-Liste enthaltener Wörter	
Flesch 1943	– Durchschnittliche Satzlänge in Wörtern	Erste Lesbarkeitsformel, die keine Wortlisten verwendet
	– Anzahl der Affixe	
	– Anzahl der Bezüge zu Personen	
Dale, Chall 1948	– Dale score, d. h. Anzahl der Wörter, die nicht in der Dale-Liste der 3000 einfachen Wörter enthalten sind	
	– Durchschnittliche Satzlänge in Wörtern	
Dolch 1948	– Durchschnittliche Satzlänge in Wörtern	Zur Untersuchung von Texten für Kinder
	– Länge der 10 % der Sätze, die am längsten sind, in einem Text	
	– Prozentsatz der Wörter, die nicht in der Dolch-Liste der 1000 Wörter enthalten sind, die Kinder zuerst lesen lernen	
Flesch 1948	– Durchschnittliche Satzlänge	
	– Durchschnittliche Wortlänge in Silben	
Flesch 1950	– Anzahl von 16 Arten «bestimmter» Wörter	Abstraktheitsgrad eines Textes
	– Durchschnittliche Wortlänge in Silben	
Farr, Jenkins, Paterson 1951	– Anzahl einsilbiger Wörter pro 100 Wörter	Baut auf der Flesch-Formel (1948) auf
	– Durchschnittliche Satzlänge in Wörtern	
Gunning 1952	– Anzahl der drei- und mehrsilbigen Wörter pro 100 Wörter	
	– Durchschnittliche Satzlänge in Wörtern	

(1953) veröffentlichte ein entsprechendes Modell unter dem Namen «Cloze Procedure». Im Vergleich zu allen anderen Modellen ist es der Frage nach der Lesbarkeit und den Eigenheiten von Sprache am meisten adäquat.

Im folgenden werden drei verschiedene Ansätze zur Messung der Lesbarkeit eines Textes vorgestellt. Zunächst wird die Flesch-Formel ausführlicher betrachtet. Sie ist der wohl bekannteste Ansatz auf diesem Gebiet. Daran anschließend wird die Dale-Chall-Formel beschrieben, die im wesentlichen aus der Kritik an einer früheren als der hier vorgestellten Flesch-Formel hervorging. Und schließlich wird die Cloze Procedure behandelt, die von der Richtung aller bisherigen Forschungen auf dem Gebiet der Lesbarkeit abweicht und den neuesten Entwicklungsstand darstellt.

11.1. Flesch-Modell

Der am häufigsten im Zusammenhang mit der Lesbarkeitsforschung erwähnte Name ist Rudolf Flesch. Die Ursache dafür dürfte zum einen darin liegen, daß er vom sonst üblichen Konzept der Listen mit «schwierigen» und «einfachen» Wörtern, wie etwa von Gray, Leary 1935, Lorge 1944 und Dale, Chall 1948 b praktiziert, abgewichen ist, zum anderen haben seine Veröffentlichungen eine sehr populäre Form. Flesch hatte seine erste Formel zur Messung der Lesbarkeit eines Textes im Jahre 1943 veröffentlicht (ebenfalls zu finden in Flesch 1946), die jedoch nach seinen eigenen Aussagen noch einige Schwächen bei bestimmten Materialien aufwies und zudem in der praktischen Anwendbarkeit Schwierigkeiten mit sich brachte. Eine Revision des Modells veröffentlichte Flesch dann im Jahre 1948. Es soll zum einen die Schwierigkeit eines Textes («Reading Ease») messen und zum anderen auch Auskunft darüber geben, wie interessant er ist («Human Interest»).

Um die Lesbarkeit – «Reading Ease» und «Human Interest» – eines Textes mit Hilfe des Flesch-Modells zu untersuchen, ist folgendes Vorgehen notwendig:

1. Sofern nicht der Gesamttext analysiert werden soll, wird eine Zufallsstichprobe, bestehend aus mehreren Textabschnitten, festgelegt.

2. Die Zahl der Wörter im Gesamttext wird ermittelt, oder es werden – bei der Verwendung einer Stichprobe – in jedem Abschnitt die ersten hundert Wörter bestimmt. Als einzelnes Wort werden alle Ziffern- oder Buchstabenfolgen gezählt, die durch Leerzeichen (Zwischenräume) eingegrenzt sind.

3. In jedem 100-Wörter-Abschnitt werden die Silben gezählt. Wenn nicht nur eine Stichprobe, sondern der Gesamttext analysiert wird, berechnet man die Zahl der Silben pro 100 Wörter. Bei Abkürzungen oder Zahlen richtet sich die Zahl der Silben danach, wie sie normalerweise ausgesprochen werden. «172 cm», also hundertzweiundsiebzig Zentimeter, umfaßt demnach zehn Silben.

4. Die durchschnittliche Länge der Sätze wird festgestellt. Bei der Verwendung einer Stichprobe wird dies für alle Textabschnitte gemeinsam getan, als letzter Satz wird bei den 100-Wörter-Abschnitten jeweils der gewählt, der am dichtesten vor oder nach dem 100. Wort endet. Bei der Bestimmung, was ein Satz ist, soll nach Fleschs Angaben eher dem Inhalt als den Satzzeichen gefolgt werden, so daß u. U. ein durch Semikolon getrennter Satz als zwei verschiedene gezählt werden kann. Trennungen durch «und» oder «aber» dürfen jedoch nicht auf diese Art behandelt werden.

5. Im Gesamttext bzw. in der gesamten Stichprobe wird die durchschnittliche Zahl der «Personalwörter» pro 100 Wörter ermittelt. Personalwörter sind a) alle Personalpronomen, außer wenn sie sich nicht auf Personen beziehen, b) alle Wörter, aus denen deutlich das Geschlecht der bezeichneten Person zu entnehmen ist, also z. B. Vater, Paul, Mannequin usw., sowohl als Singular wie auch als Plural, c) das Wort «Volk» bzw. «Völker».

6. Der durchschnittliche Anteil der «persönlichen Sätze» an 100 Sätzen im gesamten Text bzw. in der Stichprobe wird festgestellt. Persönliche Sätze sind a) gesprochene, in Anführungsstriche eingeschlossene Sätze, b) direkt an den Leser gerichtete Fragen, Aufforderungen oder andere Sätze, c) Ausrufe, d) grammatikalisch unvollständige Sätze, deren volle Bedeutung nur aus dem Kontext entnommen werden kann. Sätze, die in mehrere Kategorien passen, werden nur einmal gezählt.

7. Der «Reading-Ease»-Wert wird aufgrund der Anzahl der Silben pro 100 Wörter (Wortlänge, wl) und der durchschnittlichen Satzlänge in Wörtern (sl) mit Hilfe des folgenden Ausdrucks berechnet:

(11.1) $R.E. = 206{,}835 - 0{,}846wl - 1{,}015sl$

Es sollen sich Werte zwischen 0 (praktisch unlesbar) und 100 (für jeden leicht lesbar) ergeben. Die Punktwerte dazwischen wurden von Flesch wie in Tabelle 11.2 klassifiziert. Das bedeutet, daß ein Text desto leichter zu lesen ist, je kürzer die Sätze sind und je weniger Silben die Wörter umfassen.

Tabelle 11.2

R.E.-Wert	Beschreibung des Stils	Silben pro 100 Wörter ca.	Mittlere Satzlänge in Wörtern
0– 30	sehr schwierig	192	29
30– 50	schwierig	167	25
50– 60	ziemlich schwierig	155	21
60– 70	normal	147	17
70– 80	ziemlich einfach	139	14
80– 90	einfach	131	11
90–100	sehr einfach	123	8

8. Der «Human-Interest»-Wert errechnet sich aus dem Anteil der Personalwörter an 100 Wörtern (pw) und dem Anteil der persönlichen Sätze an 100 Sätzen (ps):

(11.2) $H.I. = 3{,}635pw + 0{,}314ps$

Auch dieser Wert soll zwischen 0 (gänzlich uninteressant) und 100 (höchst interessant) schwanken. Die dazwischenliegenden Ausprägungen wurden von Flesch in fünf Gruppen untergliedert (siehe Tabelle 11.3).

Somit ist ein Text um so interessanter, je persönlicher er gestaltet ist. «Persönlich» heißt in diesem Zusammenhang, daß andere Personen oder Gruppen konkret bezeichnet und angesprochen werden. Daß die Entscheidung über den Interessantheitsgrad gerade hieran festgemacht wird, begründet Flesch (1948, 227) recht banal damit, daß es eine Binsenweisheit sei,

Tabelle 11.3

H.I.-Wert	Beschreibung des Stils	Prozentsatz persönlicher Wörter ca.	Prozentsatz persönlicher Sätze ca.
0– 10	stumpfsinnig	2	0
10– 20	wenig interessant	4	5
20– 40	interessant	7	15
40– 60	sehr interessant	11	32
60–100	dramatisch	17	58

daß sich die Leute am meisten für andere Leute interessieren.

Was ist zu diesem Modell zur Lesbarkeitsuntersuchung zu sagen? Zunächst sollte bei jedem, der sich mit empirischer Sozialforschung befaßt, eine Gleichung zur Abbildung soziologischer Phänomene, die mit Zahlen mit mehreren Stellen hinter dem Komma arbeitet, großes Mißtrauen hervorrufen. In den Sozialwissenschaften ist beinahe jede Messung mit einem mehr oder minder großen Meßfehler behaftet. Deshalb täuschen Zahlen, wie sie in den beiden Formeln verwendet werden, eine Genauigkeit vor, die die anderen darin eingehenden Daten kaum rechtfertigen können (man denke nur etwa an Stichprobenfehler, Zählfehler, Auslegungsprobleme oder Unvollständigkeiten der operationalen Anweisungen usw.).

Die Formeln sind, mathematisch gesehen, Regressionsgleichungen, die auf den Korrelationen zwischen Wort- und Satzlänge bzw. persönlichen Wörtern und Sätzen derart aufgebaut wurden, daß sie Werte zwischen 0 und 100 erreichen sollen. Die Berechnung der Korrelationen orientierte sich an Texten, die für Tests der Lesefähigkeit entwickelt worden sind (McCall, Crabbs 1926). Aber werden die angegebenen Grenzen einer maximalen Lesbarkeit bei 100 und einer minimalen Lesbarkeit bei 0 wirklich eingehalten?

Betrachtet man zunächst einmal die R.E.-Formel, so muß gelten, um den Maximalwert 100 zu erreichen,

$$0{,}846wl + 1{,}015sl = 106{,}835$$

Da die Einfachheit eines Textes negativ mit der Wort- und Satzlänge korrelieren soll, denke man sich einmal einen Text, vorwiegend aus einsilbigen Wörtern ($wl = 120$) und Sätzen mit durchschnittlich drei Wörtern ($sl = 3$) bestehend. Dann erhält man R.E. $= 101{,}270$. Damit ist die angegebene Schwankungsbreite schon überschritten, obwohl ein solcher und auch extremere Texte z. B. in Comics oder in einer Fibel für die 1. Schulklasse durchaus denkbar wären. Offensichtlich erfüllt die komplizierte Formel ihren Zweck nicht. Andersherum kann man fragen, was eigentlich bedeutsamer für die

Einfachheit ist, kurze Wörter oder kurze Sätze? Nach der obigen Gleichung ist unbedingt den kurzen Wörtern der Vorzug zu geben, denn ein Text nur aus einsilbigen Wörtern kann Sätze mit durchschnittlich fast 22 Wörtern enthalten, um R.E. = 100 zu erreichen, aber schon bei durchschnittlich 1,26 Silben pro Wort kann der maximale R.E.-Wert auch mit Sätzen aus nur je einem Wort nicht mehr erreicht werden. Warum die Wortlänge soviel wichtiger als die Satzlänge ist, ist kaum einzusehen. Ähnliche Rechnungen können natürlich auch für den minimalen R.E.-Wert angestellt werden, was analoge Ungereimtheiten deutlich werden läßt.

Zu entsprechenden Resultaten führen Überlegungen zur H.I.-Formel. Enthält ein Text z. B. nur persönliche Sätze (etwa ein Liebesbrief), so wird bei nur durchschnittlich 19 persönlichen Wörtern schon der angebliche Maximalwert von 100 überschritten. Fragt man, was wichtiger ist – persönliche Wörter oder persönliche Sätze –, um hohe H.I.-Werte zu erreichen, so ist dies zugunsten der Wörter zu beantworten. Noch nicht einmal 28 persönliche Wörter, selbst wenn sie alle in einem Satz stehen würden, sind nötig, um H.I. = 100 zu erreichen. Ein Text, der nur aus persönlichen Sätzen besteht, ohne persönliche Wörter zu enthalten (dies ist möglich, siehe Schritt 6, Punkt c), kommt hingegen nur auf H.I. = 31,4.

Die bei Flesch angegebenen Grenzen für die beiden Lesbarkeitswerte schwanken also keineswegs zwischen 0 und 100. Während der H.I.-Wert im Extremfall (Nonsense-Konstruktion) zwischen 0 und 394,9 schwankt, können für R.E.-Werte überhaupt keine festen Grenzen angegeben werden.

Es fragt sich, ob – abgesehen von der Inadäquanz der Flesch-Formeln – die Schwierigkeit, einen bestimmten Text zu lesen, und der Interessantheitsgrad allein auf die berücksichtigten Faktoren beschränkt werden kann. Dies erscheint kaum sinnvoll. Wie schwierig ein Text zu lesen ist, hängt ja ganz wesentlich vom jeweiligen Leser ab. Je nachdem, wie intelligent er ist und wieviel er bereits von dem in einem Text behandelten Thema weiß, kann ein und derselbe Text für verschiedene Leser unterschiedlich leicht zu lesen sein. Neben der fehlenden Berücksichtigung des Lesers bleiben auch Stilmerkmale wie Satzbau, Satzstellung und Flüssigkeit unbeachtet. Ähnliches ist zur Messung des Interessantheitsgrades zu sagen. Er ist ebenfalls stark abhängig vom jeweiligen Leser, der ganz unterschiedliche Interessen haben kann, so daß jemand ein Geschichtsbuch äußerst dramatisch finden kann, während andere sich bei dieser Lektüre langweilen. Für einen Schüler wird eine Mathematikaufgabe auch kaum interessanter, wenn z. B. statt «A» auf einmal «Fritz» drei Pfund Äpfel kauft, was die H.I.-Formel jedoch anzeigen würde. Wichtig ist weiterhin die Erwartung, die ein Leser an einen Text richtet. Somit ist eine Einengung des Begriffs der Interessantheit, wie sie Flesch vornimmt, sicher nicht adäquat.

In Anbetracht der zahlreichen Kritikpunkte, die hier zur Flesch-Formel vorgebracht wurden, ist es verwunderlich, daß dieses Modell eine dermaßen große Beachtung gefunden hat. Es gibt eine Reihe von Aufsätzen, die sich mit ihm eingehend befassen, kritische Ansätze sind darunter jedoch kaum zu finden. Mehrere Autoren untersuchen die Möglichkeit, Fleschs Reading-Ease-Formel weiter zu vereinfachen, und kommen zu dem Ergebnis, daß eine Beschränkung auf die Zahl der einsilbigen Wörter (nosw) anstelle der durchschnittlichen Wortlänge bei Verwendung der Formel R.E. = 1,599nosw – 1,015sl – 31,517 zu annähernd gleichen Ergebnissen wie die alte Formel führt (Farr, Jenkins, Paterson 1951). Die tatsächlichen Probleme bleiben dabei jedoch unbeachtet, genauso wie bei England, Thomas und Paterson (1953) und Dunnette und Maloney (1953), die beiden Formeln eine hohe Reliabilität und Praktikabilität bescheinigen. Swanson und Fox (1953), die sich neben der Flesch-Formel auch noch mit einigen anderen Lesbarkeitsformeln befassen, konstatieren zudem – von wenigen Einschränkungen abgesehen – eine hohe Validität. Kritik ist auch nicht in Anwendungen des Modells auf konkrete Fragestellungen zu finden, wie etwa in einer Untersuchung der Verständlichkeit von Wahlreden durch Siegel und Siegel (1953). Und noch 1963, als es schon längst ein weitaus besseres Modell zur Untersuchung von Lesbarkeit gab, nämlich die Cloze Procedure, erschien ein Artikel, der sich mit der Verwendung von Computern beim Flesch-Modell befaßt (Danielson, Bryan 1963). Kritische Betrachtungen des Modells, wie bei Kearl (1948) und Turksma (1955), sind hingegen selten und beschränken sich im wesentlichen auf die Warnung vor einer Überbewertung.

In vergleichbarer Form hat Flesch noch eine weitere häufig zitierte Formel entwickelt, die der Messung des Abstraktionsgrades in Texten dienen soll (Flesch 1950; eine Vereinfachung schlägt Gillie 1957 vor). Ihre Probleme unterscheiden sich kaum von denen der R.E.- und H.I.-Formeln, so daß hier auf eine Darstellung verzichtet wird.

11.2. Dale-Chall-Modell

Die bereits erwähnte frühere Flesch-Formel mit ihrer geringen Praktikabilität, die von der Satzlänge, der Zahl der Affixe und der Zahl der Bezüge zu Personen ausging (Flesch 1943), war nicht nur für Flesch selbst Anlaß zur Neuentwicklung einer Lesbarkeitsformel, sondern führte auf der Grundlage einer Kritik an diesem Modell zu weiteren Formeln anderer Autoren. Eine dieser Formeln ist die von Dale und Chall (1948 a, b). Drei Hypothesen standen am Anfang der Entwicklung dieser Formel: (1) Eine Zählung der Affixe kann ersetzt werden durch eine Wortliste, (2) die Zahl der Bezüge zu Personen ist für die Lesbarkeit nur von geringer Relevanz und (3) eine kürzere und effizientere Formel kann aus einem Wort-Faktor und der Berücksichtigung der Satzstruktur entwickelt werden.

Genauso wie Flesch und Lorge verwendeten auch Dale und Chall die «Standard Test Lessons in Reading» von McCall und Crabbs (1926) zur Ermittlung der für den Lesbarkeitsgrad relevanten Faktoren. Die Lektionen bestehen aus 376 Abschnitten mit Texten für Kinder, die auf der Basis der Fähigkeit von Kindern verschiedenen Alters, auf Fragen zum Inhalt zu antworten, in verschiedene Schwierigkeitsgrade unterteilt sind. Für alle Abschnitte wurde der relative Anteil der Wörter bestimmt, die nicht in der Dale-Liste der 3000 Wörter enthalten sind (ein kurzer Auszug ist in Tabelle 11.4 wiedergegeben). Diese Liste wurde konstruiert, indem Kindern der vierten Klasse eine Liste von ungefähr 10000 Wörtern vorgelegt wurde und alle Wörter, die mindestens 80 % der Schüler kannten, als «bekannte Wörter» aufgenommen wurden. Da diese Liste bei Lesbarkeitsuntersuchungen Verwendung finden soll, sind die darin enthaltenen Wörter nicht unbedingt auch die wichtigsten (die Liste ist abgedruckt in Dale, Chall 1948 b, 45–54).

Im weiteren wurden dann die Korrelationen zwischen dem Anteil der Wörter, die nicht auf der Dale-Liste stehen, der durchschnittlichen Satzlänge, einigen Faktoren in anderen Lesbarkeitsformeln und – als Kriterium – dem Grade Score (Nummer der Klasse), dem ein Schüler angehört, der 50 % der Fragen zu einer Test-Lektion beantworten kann, berechnet. Die höchsten Korrelationen mit dem Kriterium ergaben sich zwischen dem Anteil der Wörter, die nicht auf der Dale-Liste stehen, und der durchschnittlichen Satzlänge. Für beide Merkmale wurde eine Regressionsgleichung erstellt, die Dale und Chall als Lesbarkeitsformel vorschlagen. Für ihre Anwendung werden folgende Anweisungen gegeben:

1. Aus dem Text, dessen Lesbarkeit analysiert werden soll, wird – falls es sich um Bücher handelt – aus jeder zehnten Seite eine Stichprobe von 100 oder, falls die Datenbasis größer sein soll, von 200 Wörtern ausgewählt. Handelt es sich beim Untersuchungsmaterial um Artikel, Aufsätze o. ä., so werden pro 2000 Wörter vier Stichproben mit je 100 Wörtern ausgewählt. Die Stichproben sollen gleichmäßig über den Text verteilt sein. Stichproben sollen nur vollständige Sätze umfassen, so daß der jeweils vorgeschriebene Umfang im allgemeinen leicht über- oder unterschritten wird. Texte von nur 200 bis 300 Wörtern werden vollständig untersucht.

2. In jeder Stichprobe wird die Anzahl der Wörter bestimmt. Durch Bindestrich oder auf andere Art verbundene Wörter, Zahlen, zusammengehörige Wörter oder Abkürzungen in Eigennamen oder geographischen Bezeichnungen werden als nur ein Wort gezählt.

3. Die vollständigen Sätze in jeder Stichprobe werden gezählt.

4. Die Anzahl der «unbekannten Wörter» wird in jeder Stichprobe ermittelt. Unbekannt sind alle nicht in der Dale-Liste der 3000 bekannten Wörter enthaltenen Wörter. Für die Zählung der unbekannten Wörter gibt es einige spezielle Regeln. Sie besagen im wesentlichen, daß übliche Beugungsformen, Adverbkonstruktionen und Steigerungsformen bekannter Wörter ebenfalls als bekannt gelten.

5. Auf der Basis der bisher ermittelten Daten wird der Lesbarkeitswert berechnet. Dazu werden zunächst die durchschnittliche Satzlänge sl und der Dale-Wert d, das ist der Prozentanteil der Wörter im Text, die nicht in der

Tabelle 11.4

knives	lemon	locomotive	map	milkman	muddy
knob	lemonade	log	maple	mill	mug
knock	lend	lone	marble	miller	mule
knot	length	lonely	march (M)	million	multiply
know	less	lonesome	mare	mind	murder
known	lesson	long	mark	mine	music
lace	let	look	market	miner	must
lad	let's	lookout	marriage	mint	my
ladder	letter	loop	married	minute	myself
ladies	letting	loose	marry	mirror	nail
lady	lettuce	lord	mask	mischief	name
laid	level	lose(r)	mast	miss (M)	nap
lake	liberty	loss	master	misspell	napkin
lamb	library	lost	mat	mistake	narrow
lame	lice	lot	match	misty	nasty
lamp	lick	loud	matter	mitt	naughty
land	lid	love	mattress	mitten	navy
lane	lie	lovely	may (M)	mix	near
language	life	lover	maybe	moment	nearby
lantern	lift	low	mayor	Monday	nearly
lap	light(ness)	luck(y)	maypole	money	neat
lard	lightning	lumber	me	monkey	neck
large	like	lump	meadow	month	necktie
lash	likely	lunch	meal	moo	need
lass	liking	lying	mean(s)	moon	needle
last	lily	ma	meant	moonlight	needn't
late	limb	machine	measure	moose	Negro
laugh	lime	machinery	meat	mop	neighbor
laundry	limp	mad	medicine	more	neighborhood
law	line	made	meet(ing)	morning	neither
lawn	linen	magazine	melt	morrow	nerve
lawyer	lion	magic	member	moss	nest
lay	lip	maid	men	most(ly)	net
lazy	list	mail	mend	mother	never
lead	listen	mailbox	meow	motor	nevermore
leader	lit	mailman	merry	mount	new
leaf	little	major	mess	mountain	news
leak	live(s)	make	message	mouse	newspaper
lean	lively	making	met	mouth	next
leap	liver	male	metal	move	nibble
learn(ed)	living	mama	mew	movie	nice
least	lizard	mamma	mice	movies	nickel
leather	load	man	middle	moving	night
leave(ing)	loaf	manager	midnight	mow	nightgown
led	loan	mane	might(y)	Mr., Mrs.	nine
left	loaves	manger	mile	much	nineteen
leg	lock	many	milk	mud	ninety

Dale-Liste enthalten sind, für jede Stichprobe berechnet. Der Lesbarkeitsrohwert R wird nun mit Hilfe des folgenden Ausdrucks berechnet:

(11.3) $R = 0{,}0496sl + 0{,}1579d + 3{,}6365$

Dieser Wert bzw. bei mehreren Stichproben der Mittelwert aller Lesbarkeitswerte wird anhand von Tabelle 11.5 korrigiert.

Tabelle 11.5

R	korrigierter Wert
< 5	4. Klasse und darunter
> 5 bis 6	5. bis 6. Klasse
> 6 bis 7	7. bis 8. Klasse
> 7 bis 8	9. bis 10. Klasse
> 8 bis 9	11. bis 12. Klasse
> 9 bis 10	13. bis 15. Klasse (College)
> 10	16. Klasse und darüber (College graduiert)

Der korrigierte Lesbarkeitswert soll aussagen, in der wievielten Klasse bzw. mit welcher Schulbildung ein Text gelesen und vor allem verstanden werden kann. Demnach müßte z. B. ein Buch mit einem korrigierten Wert von 9–10 von Schülern in der 9. oder 10. Klasse bzw. von Erwachsenen mit 9- oder 10klassiger Schulbildung verstanden werden.

Zu diesem Modell können ähnliche Überlegungen wie zum Flesch-Modell angestellt werden. Darauf wird im einzelnen verzichtet, das Resultat unterscheidet sich tendenziell nicht von dem beim Flesch-Modell. Eine zusätzliche Schwierigkeit entsteht hier jedoch durch die Verwendung einer Wortliste, die das Modell von einer bestimmten Sprache abhängig macht und in einen engen kulturellen Rahmen stellt, da – abgesehen von anderen Problemen – eine Übersetzung der Wörter der Dale-Liste das Modell keineswegs für eine andere Sprache adäquat gestaltet. Insofern ist das Dale-Chall-Modell von noch geringerem Nutzen als das Flesch-Modell.

11.3. Cloze Procedure

Ein völlig anderer, von der Formulierung immer weiterer, gleichwohl stets zweifelhafter Lesbarkeitsformeln abweichender Ansatz zur Analyse der Lesbarkeit von Texten ist die Cloze Procedure. Die erste Arbeit hierzu wurde 1953 von Taylor veröffentlicht und stellt dieses Modell im wesentlichen zunächst einmal in seinen Grundzügen dar. Spätere Veröffentlichungen berichten dann von weiteren Anwendungsgebieten und Experimenten und Untersuchungen mit der Cloze Procedure (Taylor 1956 a, 1956 b, 1957).

Die Bezeichnung Cloze Procedure ist abgeleitet von dem Wort «Closure» (Schluß), das in der Gestaltpsychologie für die Fähigkeit verwendet wird, bekannte, aber unvollständige Dinge zu komplettieren. So ist der Mensch z. B. ohne weiteres in der Lage, einen nur teilweise gezeichneten Kreis trotzdem als Kreis zu sehen oder ein Auto ohne Räder als Auto zu erkennen. Diese Fähigkeit beruht im wesentlichen darauf, daß Dinge einen solchen Bekanntheitsgrad haben, daß schon eine Teilinformation zu ihrem Erkennen genügt.

Dieses Phänomen kann auch bei Sprache beobachtet werden, wie wohl jeder aus Erfahrung weiß. Man hat bereits eine Vorstellung vom Ende eines Satzes, bevor er zu Ende gehört wurde, und man versteht auch einen Text, in dem einzelne Wörter unleserlich sind. Dies ist der Ausgangspunkt der Cloze Procedure. Wenn man nämlich in einem Text einzelne Wörter ausläßt und durch den Leser ersetzen läßt, so sind bestimmte Wörter in einem Kontext wahrscheinlicher als andere. Je eher diese Wörter den tatsächlich fehlenden Wörtern entsprechen, desto einfacher ist ein Text lesbar. Dort, wo die Ergänzung fehlender Wörter in einem Text außerordentlich schwierig ist, die tatsächlich fehlenden Wörter in dem jeweiligen Kontext also im Rahmen des üblichen Sprachgebrauchs und Sprachverständnisses eine geringe Wahrscheinlichkeit haben, ist die Lesbarkeit hingegen sehr gering.

Zur Ermittlung der Lesbarkeit mit Hilfe der Cloze Procedure ist ein Text im einzelnen folgendermaßen zu bearbeiten:

1. Aus den Texten, deren Lesbarkeit untersucht werden soll, wird jeweils per Zufall eine bestimmte Anzahl Wörter gestrichen. Wie viele Wörter das sein sollten, wird später noch diskutiert. Ein Wort ist durch den Einschluß in Leerzeichen (Zwischenräume) definiert, d. h. Wörter mit Bindestrich, Apostroph o. ä. werden als ein Wort betrachtet, ebenso Zahlen und Abkürzungen, auch wenn sie z. B. durch Punkte getrennt sind. Demnach ist «F.D.P.» ein Wort, «Freie Demokratische Partei» sind hingegen drei Wörter.

2. Die gestrichenen Wörter werden durch freie Felder ersetzt. Um keinen Schluß von der Länge des freien Feldes auf das fehlende Wort zu ermöglichen, müssen alle Felder die gleiche Länge aufweisen.

3. Kopien des Textes werden nun an die Testpersonen verteilt, die die fehlenden Wörter einsetzen sollen. Da die Frage der Lesbarkeit sinnvoll nur in Verbindung mit einer bestimmten Leserschaft beantwortet werden kann, stellen die Testpersonen normalerweise eine Stichprobe aus einer bestimmten Leserschaft dar. Auf den Zusammenhang zwischen Lesbarkeit und Leserschaft wird später noch einzugehen sein.

4. Die Testpersonen werden aufgefordert, die fehlenden Wörter in den Texten so zu ersetzen, wie sie es im Kontext der vorhandenen Wörter für richtig erachten.

5. Für jeden Text werden die richtig eingesetzten Wörter gezählt. Ihre jeweilige Gesamtzahl ergibt den Lesbarkeitswert. Je höher der Wert ist,

desto einfacher ist ein Text für eine bestimmte Leserschaft zu lesen und zu verstehen.

Die Unterschiede zu den bis zur Veröffentlichung dieses Modells üblichen Lesbarkeitsformeln sind sehr deutlich. Dadurch, daß die aus einem Text zu streichenden und später wieder zu ersetzenden Wörter per Zufall ausgewählt werden – etwa per Zufallszahlentafel oder durch die Wahl von jedem n-ten Wort –, ist die sonst notwendige Klassifizierung von Wörtern überflüssig. Damit verbunden ist jedoch die Frage, inwieweit der Lesbarkeitswert dadurch beeinflußt wird, daß einzelne Wörter, z. B. Artikel, wesentlich leichter zu ersetzen sind als andere. Die Antwort darauf ist abhängig von der Zahl der gelöschten Wörter. Da die Lesbarkeit eines Textes prinzipiell nicht nur von bestimmten Wörtern, sondern von der Gestaltung des gesamten Textes abhängt, sollten sinnvollerweise auch alle Wörter in der Cloze Procedure entsprechend ihrer Häufigkeit im Text Berücksichtigung finden. Je mehr Wörter per Zufall gestrichen werden, desto besser ist die Verteilung dieser Wörter an die Verteilung aller Wörter im Text angenähert. Andererseits wird es mit steigender Zahl gestrichener Wörter auch immer schwieriger, sie zu ersetzen. Das Problem kann in allgemeiner Form kaum gelöst werden. Lösungsansätze für den Einzelfall bieten die Stichprobentheorie, die sich mit dieser Fragestellung ausführlich befaßt, und experimentelle Versuche, indem man z. B. in einem Text jeweils unterschiedlich viele Wörter streicht und dann vergleichbaren Testpersonen den Text zur Vervollständigung vorlegt, um so Erfahrungswerte für die Zahl der auszuwählenden Wörter zu finden.

Ein weiterer Unterschied der Cloze Procedure zu den sonst üblichen Lesbarkeitsformeln ist die Berücksichtigung der Kenntnisse einer Testperson von dem Gebiet, mit dem sich ein Text befaßt. Dies ist sinnvoll und sogar notwendig, denn ein Aufsatz z. B. zu soziologischen Fragestellungen ist natürlich für einen Soziologen viel einfacher zu verstehen als für irgendeinen anderen Leser, und Entsprechendes gilt für jeden anderen Text. Nonsense-Konstruktionen von Texten, z. B. durch zufällige Abfolge beliebiger Wörter gebildet, erreichen folglich bei der Cloze Procedure nur geringe Lesbarkeitswerte, was auch der Definition von Lesbarkeit entspricht, während die Lesbarkeitsformeln dazu durchaus eine sehr gute Lesbarkeit anzeigen können.

Während sich die Cloze Procedure also einerseits deutlich von den Lesbarkeitsformeln unterscheidet, darf sie andererseits auch nicht als Satzvervollständigungstest mißverstanden werden. Zwar wird in beiden Fällen einer Testperson ein unvollständiger Text vorgelegt mit der Aufforderung, ihn zu vervollständigen; während es jedoch beim Satzvervollständigungstest normalerweise darum geht, das Wissen von oder die Einstellung zu irgendeinem Thema in Erfahrung zu bringen, und solche Tests folglich auch für jedes Thema neu konstruiert werden müssen, so ist die Cloze Procedure nicht direkt abhängig von einem bestimmten Thema. Sie mißt die Übereinstimmung zwischen den Sprachmustern, die ein Autor benutzt hat, und denen, die jemand beim Lesen antizipiert. Demnach fließt das Wissen eines Lesers über ein Thema zwar in den Lesbarkeitswert mit ein – wie bereits oben betont –, zentral ist jedoch vielmehr die Vermutung über Sprachmuster des Autors, die um so eher zutrifft, je einfacher ein Text zu lesen ist.

Ungeklärt blieb bisher die Frage, was eigentlich «richtiges» Ersetzen der fehlenden Wörter heißt. Neben dem Wort, das der Autor eines Textes verwendet hat, können von einer Testperson ja auch mehr oder weniger gut passende Synonyme eingesetzt werden. Es handelt sich hier also um ein Kontinuum von unterschiedlich gut das fehlende Wort treffenden Entscheidungen. Diese Feststellung kann aber aus pragmatischen Überlegungen kaum in operationale Anweisungen der Cloze Procedure mit einbezogen werden, denn wie sollte eine Bewertung der Ähnlichkeit des eingesetzten im Verhältnis zum fehlenden Wort getroffen werden? Damit würde auch der große Vorteil dieses Modells gegenüber den Lesbarkeitsformeln, nämlich möglichst unabhängig von irgendwelchen Spekulationen zu sein, aufgegeben. Aus diesen Gründen werden nur die eingesetzten Wörter als Lesbarkeitswert gezählt, die mit den fehlenden Wörtern präzise übereinstimmen.

Dieser Wert sagt wegen seiner Abhängigkeit von Textumfang, Zahl der gestrichenen Wörter und der Leserschaft für sich allein kaum etwas aus. Sinnvoll ist nur die Aussage, daß ein Text für die gewählte Leserschaft desto einfacher zu lesen ist, je höher die Zahl der richtig ersetzten Wörter ist. Erst im Vergleich mehrerer Lesbarkeitswerte, die auf gleich langen, mit gleich vielen Streichungen versehenen Texten basieren, sind relevante Interpretationen möglich. So kann entschieden werden, welcher von mehreren Textentwürfen zu einem Thema von einer bestimmten Leserschaft am besten verstanden wird oder was für ein Leserkreis einen bestimmten Text am ehesten versteht. Auf diese Anwendungsmöglichkeit wird weiter unten noch einmal eingegangen. Zu beachten ist, daß zwei Maximalwerte nicht unbedingt auf gleiche Lesbarkeit hindeuten, sondern die Folge einer zu geringen Zahl gestrichener Wörter sein können. Wenn man in einem schwierigen und einem leichten Text jeweils nur sehr wenige, vielleicht zufälligerweise auch sehr einfach zu ersetzende Wörter löscht, so wird wahrscheinlich in beiden Fällen ein maximaler Lesbarkeitswert erreicht. Anstatt dies im üblichen Sinne zu interpretieren, ist es notwendig, das Modell noch einmal mit einer größeren Zahl fehlender Wörter anzuwenden.

Der Anwendungsbereich der Cloze Procedure beschränkt sich nicht allein auf Lesbarkeitsuntersuchungen, wofür das Modell ursprünglich konzipiert wurde. Eine sehr naheliegende Erweiterung war die auf die Verständlichkeit beim Hören eines Textes (Listenability). Der einzige Unterschied im Vorgehen besteht darin, daß ein Text nicht vorgelegt, sondern vorgelesen wird, wobei bestimmte Wörter ausgelassen werden, die die Testpersonen notieren sollen. Dabei sollte genug Abstand zwischen den fehlenden Wörtern gehalten werden, um Zeit zum Niederschreiben zu lassen.

Ein weiterer Schritt war die Untersuchung, inwieweit eine Beschränkung der Cloze Procedure auf die englische Sprache – wie sie anfangs gemacht wurde – notwendig ist. Zu diesem Zweck wurde das Modell auf eine besonders deutlich von der englischen abweichende Sprache, nämlich Koreanisch, angewandt (siehe Taylor 1954). Dabei zeigte sich, daß die Cloze Procedure auch in diesem Fall ein adäquates Modell ist, und es scheint zulässig zu sein, die Unabhängigkeit des Modells von bestimmten Sprachen anzunehmen.

Die letzte hier wiedergegebene Überlegung zur Cloze Procedure befaßt sich weniger mit einem bestimmten Text, sondern mit der Testperson. Da Lesbarkeit zugleich Verständlichkeit bedeutet, muß sich mit diesem Modell bei einem gegebenen Text ebenfalls die Auffassungskraft einer Testperson messen lassen. Die Auffassungskraft ist abhängig von der Intelligenz der Testperson und ihrem Vorwissen vom Thema des Textes. Das Vorwissen basiert auf dem Behalten neuer Informationen. Dies wiederum ist neben der Auffassungskraft der zweite Faktor, der Lernen ausmacht. Somit müßte die Cloze Procedure sich zur Messung von Intelligenz, Vorwissen zu einem bestimmten Thema, Lernerfolgen und Erinnerungsvermögen eignen, was mehrere Experimente auch bestätigt haben (siehe Taylor 1956 a, 44 ff; 1957).

Insgesamt betrachtet ist mit der Cloze Procedure auf einem Teilgebiet der Inhaltsanalyse, der Lesbarkeitsforschung, ein vergleichsweise hoher Entwicklungsstand erreicht worden. Das Modell weicht ab von den sonst üblichen Formeln, indem es eine Sprache nicht in ein Korsett wichtiger und unwichtiger, bestimmter und unbestimmter oder sonstiger Wortgruppen zwängt, sondern einen Text in seiner diffizilen Form beläßt bzw. seine Unversehrtheit zur Aufgabe der Testpersonen macht. Damit erweist sich die Cloze Procedure bei zahlreichen Fragestellungen als adäquates Modell, und es bleibt zu prüfen, inwieweit Ansätze ähnlicher Art entwickelt werden können, die sich auch auf anderen Gebieten der Inhaltsanalyse als geeignet erweisen.

Über die Verfasser

Ralf Lisch: Geboren 1951 in Bremen. Studium der Soziologie an der Universität Bielefeld. 1975 Diplom in Soziologie. Von 1976 bis 1978 wissenschaftlicher Angestellter an der Gesamthochschule Kassel in der Organisationseinheit Wirtschafts-, Sozial- und Regionalwissenschaften, schwerpunktmäßig tätig in den Bereichen empirische Sozialforschung, Statistik und elektronische Datenverarbeitung. 1977 Promotion zum Dr. phil. an der Universität Bremen. Seit 1978 wissenschaftlicher Mitarbeiter für Methoden der empirischen Sozialforschung, Statistik und EDV an der Universität Bremen.

Wichtigste Veröffentlichungen:

FORTRAN IV. Eine Einführung in die elektronische Datenverarbeitung zum Selbststudium. Stuttgart 1975 (zusammen mit Klaus Merten) / Totale Institution Schiff. Berlin 1976 / Inhaltsanalyse – Eine kritische Betrachtung des gegenwärtigen Entwicklungsstandes und Ansätze zur weiteren Entwicklung. Phil. Diss. Bremen 1977.

Jürgen Kriz: Geboren 1944 in Ehrhorn/Soltau. Studium an der Universität Hamburg – Psychologie und Sozialpädagogik –, ab 1965 Psychologie (Nebenfach: Philosophie) und Astronomie als zweites Hauptfach an der Universität Wien. 1969 Promotion in dieser Fächerkombination zum Dr. phil. 1967–1970 «Institut für Höhere Studien und Wissenschaftliche Forschung» (Institute for advanced studies), Wien, erst als Scholar, später als Forschungsassistent im Rechenzentrum. Von 1970 bis 1972 wissenschaftlicher Rat am Seminar für Sozialwissenschaften der Universität Hamburg. Von 1972 bis 1974 Professor für «Empirie und Statistik» an der Fakultät für Soziologie der Universität Bielefeld. Seit 1974 o. Professor für «Empirische Sozialforschung und Statistik und ihre wissenschaftstheoretischen Grundlagen» im Fachbereich Sozialwissenschaften der Universität Osnabrück.

Wichtigste Veröffentlichungen:

Subjektive Wahrscheinlichkeiten und Entscheidungen. Phil. Diss. Wien 1968 / Die PMP-Verteilung. In: Statistische Hefte, 1972 / Statistik in den Sozialwissenschaften. Reinbek bei Hamburg 1973 / Datenverarbeitung für Sozialwissenschaftler. Reinbek bei Hamburg 1975.
Weitere Publikationen vorwiegend über Entscheidungstheorie, Statistik, empirische Sozialforschung und EDV-Probleme.

Literaturverzeichnis

Abend, Michael, 1974: Die Tagesschau: Zielvorstellungen und Produktionsbedingungen. Rundfunk und Fernsehen 22, 166–187

Albig, William, 1938: The Content of Radio Programs 1925–1935. Social Forces 16, 338–349

Amidon, Edmund J., John B. Hough, 1967: Interaction Analysis: Theorie, Research and Application. Reading, Mass. (Addison-Wesley)

Apel, Karl-Otto, 1973: Charles W. Morris und das Programm einer pragmatisch integrierten Semiotik. In: Morris 1973, 9–66

Arbeitsgruppe Bielefelder Soziologen (Hg.), 1973: Alltagswissen, Interaktion und gesellschaftliche Wirklichkeit. Reinbek bei Hamburg. 2 Bde. (= rororo studium Bd. 54 und 55)

Arbeitsgruppe Bielefelder Soziologen, 1976: Kommunikative Sozialforschung. München

Atteslander, Peter, 1975: Methoden der empirischen Sozialforschung. Berlin. 4. erweiterte Aufl.

Aufermann, Jörg, Gernot Wersig, 1965: Analyse des Anzeigenteils ausgewählter Zeitungen und Zeitschriften. Publizistik 10, 78–86

Auster, Donald, 1954: A Content Analysis of ‹Little Orphan Annie›. Social Problems 2, 26–33

Auster, Donald, 1956: Content Analysis in AV Communication Research. Audio-Visual Communication Review 4, 102–108

Backer, Jack, E., 1964: The «Prestige Press» and News Management in the Cuban Crisis. Journalism Quarterly 41, 264–265

Backmann, Carl W., 1956: Sampling Mass Media Content: The Use of the Cluster Design. American Sociological Review 21, 729–733

Baldwin, Alfred L., 1942: Personal Structure Analysis: A Statistical Method for Investigating the Single Personality. Journal of Abnormal and Social Psychology 37, 163–183

Bales, Robert F., 1950: A Set of Categories for the Analysis of Small Group Interaction. American Sociological Review 15, 257–263. Deutsch in: König 1972 b, 148–167

Bandura, Albert, David H. Lipsher, Paula E. Miller, 1960: Psychotherapists' Approach-avoidance Reactions to Patients' Expressions of Hostility. Journal of Consulting Psychology 24, 1–8

Barcus, Francis E., 1959: Communications Content: Analysis of the Research, 1900–1958. A Content Analysis of Content Analysis. Diss. University of Illinois. Ann Arbor, Mich. (University Microfilms, Inc.)

Barcus, Francis E., 1961: A Content Analysis of Trends in Sunday Comics, 1900–1959. Journalism Quarterly 38, 171–180

Barcus, Francis E., 1962: Advertising in the Sunday Comics. Journalism Quarterly 39, 196–202

Barcus, Francis E., 1969: Education in Content Analysis: A Survey. In: Gerbner u. a. 1969, 539–554

Bartlett, Kenneth G., 1941: Trends in Radio Programs. Annals of the American Academy of Political and Social Science 213, 15–25

Bateson, Gregory, 1953: An Analysis of the Nazi-Film «Hitlerjunge Quex». In: Mead, Métraux 1953, 302–314

Batlin, Robert, 1954: San Francisco Newspapers' Campaign Coverage: 1896, 1952. Journalism Quarterly 31, 297–303

Bennett, E. M., M. R. Alpert, A. C. Goldstein, 1954: Communications through Limited Response Questioning. Public Opinion Quarterly 18, 303–308

Berelson, Bernard, 1952: Content Analysis in Communication Research. Glencoe, Ill. (Free Press)

Berelson, Bernard, Patricia J. Salter, 1946: Majority and Minority Americans: An Analysis of Magazine Fiction. Public Opinion Quarterly 10, 168–190

Berkman, Dave, 1963: Advertising in «Ebony» and «Life»: Negro Aspirations vs. Reality. Journalism Quarterly 40, 53–64

Bernsdorf, Wilhelm (Hg.), 1969: Wörterbuch der Soziologie. Stuttgart

Bessler, Hansjörg, 1972: Aussagenanalyse. Düsseldorf. 2. Aufl.

Bijnen, E. J., 1973: Cluster Analysis. Tilburg (Tilburg University Press)

Blücher, Viggo Graf, 1959: Content Analysis of the Press in the East German Republic. Gazette 5, 89–107

Blumer, Herbert, 1973: Der methodologische Standort des symbolischen Interaktionismus. In: Arbeitsgruppe Bielefelder Soziologen 1973, 80–146

Boder, David P., 1940: The Adjective-Verb Quotient: A Contribution to the Psychology of Language. Psychological Record 3, 310–343

Bogart, Leo, 1956: Magazines since the Rise of Television. Journalism Quarterly 33, 153–166

Böhm, Stefan, Gerhard Koller, Jürgen Schönhut, Erich Strassner, 1972: Rundfunknachrichten. In: Rucktäschel 1972, 153–194

Breed, Warren, 1958: Comparative Newspaper Handling of the Emmett Till Case. Journalism Quarterly 35, 291–298

Breiman, Leo, 1973: Statistics. With a View Toward Applications. Boston (Houghton Mifflin)

Brown, Lee M., 1961: A Content Analysis of Anti-Catholic Documents Circulated through the Mails during the 1960 Presidential Election Campaign. University of Iowa

Bruntz, George G., 1938: Allied Propaganda and the Collapse of the German Empire in 1918. Stanford (Stanford University Press)

Bryson, Lyman (Hg.), 1948: The Communication of Ideas. New York (Harper)

Budd, Richard W., Robert K. Thorp, 1963: An Introduction to Content Analysis Including Annotated Bibliography. Iowa City (University of Iowa School of Journalism)

Budd, Richard W., Robert K. Thorp, Lewis Donohew, 1967: Content Analysis of Communications. New York, London (Macmillan)

Budlong, Dale H., 1952: Analysis of Radio Programs by Four Commentators. Journalism Quarterly 29, 458–459

Bungard, Walter, Helmut E. Lück, 1974: Forschungsartefakte und nicht-reaktive Meßverfahren. Stuttgart

Büschges, Günter, Peter Lütke-Bornefeld, 1977: Praktische Organisationsforschung. Reinbek bei Hamburg (= rororo studium Bd. 105)

Busemann, Adolf, 1948: Stil und Charakter. Meisenheim

Bush, Chilton R., 1951: The Analysis of Political Campaign News. Journalism Quarterly 28, 250–252

Bush, Chilton R., 1960: A System of Categories for General News Content. Journalism Quarterly 37, 206–210

Carnap, Rudolf, 1942: Introduction to Semantics. Cambridge, Mass.

Cartwright, Dorwin P., 1953: Analysis of Qualitative Material. In: Festinger, Katz 1953, 421–470

Chotlos, J. W., 1944: Studies in Language Behavior: IV. A Statistical and Comparative Analysis of Individual Written Language Samples. Psychological Monographs 56, 75–111

Cherry, Colin, 1956: Information Theory. London (Butterworths)

Cochran, W. G., 1950: The Comparison of Percentages in Matched Samples. Biometrika 37, 256–266

Cochran, William G., 1972: Stichprobenverfahren. Berlin, New York

Colby, B. N., George A. Collier, Susan K. Postal, 1963: Comparison of Themes in Folktales by the General Inquirer System. Journal of American Folklore 76, 318–323

Conover, W. J., 1971: Practical Nonparametric Statistics. New York (Wiley)

Cronbach, Lee J., Paul E. Meehl, 1955: Construct Validity in Psychological Tests. Psychological Bulletin 52, 281–302

Dale, Edgar, Jeanne S. Chall, 1948 a: A Formula for Predicting Readability. Educational Research Bulletin 27, 11–20, 28

Dale, Edgar, Jeanne S. Chall, 1948 b: A Formula for Predicting Readability: Instructions. Educational Research Bulletin 27, 37–54

Dale, Edgar, Ralph W. Tyler, 1934: A Study of the Factors Influencing the Difficulty of Reading Materials for Adults of Limited Reading Ability. Library Quarterly 4, 384–412

Danielson, Wayne A., Sam Dunn Bryan, 1963: Computer Automation of Two Readability Formulas. Journalism Quarterly 40, 201–206

Danielson, Wayne A., James J. Mullen, 1965: A Basic Space Unit for Newspaper Content Analysis. Journalism Quarterly 42, 108–110

Davis, F. James, Lester W. Turner, 1951: Sample Efficiency in Quantitative Newspaper Content Analysis. Public Opinion Quarterly 15, 762–763

Deese, James, 1965: The Structure of Associations in Language and Thought. Baltimore (John Hopkins Press)

Deetjen, Gottfried, 1977: Industriellenprofile in Massenmedien. Ein neuer Ansatz zur Aussagenanalyse. Hamburg

Deichsel, Alexander, 1973 a: Hamburger kommunikationssoziologisches Wörterbuch (HKW). Hamburg (Seminar für Sozialwissenschaften der Universität Hamburg)

Deichsel, Alexander, 1973 b: Ein Beobachtungsinstrument für Symbolwelten aus Sprache. Referat vor dem Methodenausschuß der Deutschen Gesellschaft für Soziologie. Vervielfältigtes Manuskript

Deichsel, Alexander, 1975 : Elektronische Inhaltsanalyse. Zur quantitativen Beobachtung sprachlichen Handelns. Berlin

Deichsel, Alexander, Knut Holzscheck (Hg.), 1976: Maschinelle Inhaltsanalyse. Materialien 1. Hamburg (Seminar für Sozialwissenschaften der Universität Hamburg)

Dietrich, Rainer, Wolfgang Klein, 1974: Computerlinguistik. Eine Einführung. Stuttgart

Dolch, E. W., 1948: Problems in Reading. Champaign, Ill. (Garrard Press)

Dollard, John, O. Hobart Mowrer, 1947: A Method of Measuring Tension in Written Documents. Journal of Abnormal and Social Psychology 42, 3–32

Donohew, Lewis, 1966: Decoder Behavior of Incongruent Political Material: A Pilot Study. Journal of Communication 16, 133–142

Donohew, Lewis, 1967: Newspaper Gatekeepers and Forces in the News Channel. Public Opinion Quarterly 31, 62–68

Dovring, Karin, 1954: Quantitative Semantics in 18th Century Sweden. Public Opinion Quarterly 18, 389–394

Dunnette, Marvin D., Paul W. Maloney, 1953: Factorial Analysis of the Original and the Simplified Flesch Reading Ease Formulas. Journal of Applied Psychology 37, 107–110

Eisenberg, Peter (Hg.), 1976: Maschinelle Sprachanalyse. Berlin

Eisenberg, Peter (Hg.), 1977: Semantik und künstliche Intelligenz. Berlin

Emery, F. E., 1959: Psychological Effects of the Western Film: A Study in Television Viewing. Human Relations 12, 195–213, 215–232

England, George W., Margaret Thomas, Donald G. Paterson, 1953: Reliability of the Original and the Simplified Flesch Reading Ease Formulas. Journal of Applied Psychology 37, 111–113

Ertel, Suitbert, 1972: Erkenntnis und Dogmatismus. Psychologische Rundschau 23, 241–269

Ertel, Suitbert, 1976: Dogmatism: An Approach to Personality. In: Deichsel und Holzscheck 1976, 33–44

Eto, Shinkichi, Tatsumi Okabe, 1965: Content Analysis of Statements in Regard to Japan Made by the People's Republic of China. The Developing Economies 3, 48–72

Farr, James N., James J. Jenkins, Donald G. Paterson, 1951: Simplification of Flesch Reading Ease Formula. Journal of Applied Psychology 35, 333–337

Festinger, Leon, Daniel Katz (Hg.), 1953: Research Methods in the Behavioral Sciences. New York (Dryden Press)

Fischer, Gerhard, 1974: Einführung in die Theorie psychologischer Tests. Bern (Verlag Hans Huber)

Fisher, J. L., 1963: The Socio-Psychological Analysis of Folktales. Current Anthropology 4, 235–295

Flesch, Rudolf, 1943: Marks of Readable Style. A Study in Adult Education. New York (Columbia University)

Flesch, Rudolf, 1946: The Art of Plain Talk. New York (Harper & Brothers)

Flesch, Rudolf, 1948: A New Readability Yardstick. Journal of Applied Psychology 32, 221–233

Flesch, Rudolf, 1950: Measuring the Level of Abstraction. Journal of Applied Psychology 34, 384–390

Friedman, Milton, 1937: The Use of Ranks to Avoid the Assumption of Normality Implicit in the Analysis of Variance. Journal of the American Statistical Association 32, 675–701

Friedrich, Walter (Hg.), 1970: Methoden der marxistisch-leninistischen Sozialforschung. Berlin (Deutscher Verlag der Wissenschaften)

Friedrichs, Jürgen, 1973: Methoden empirischer Sozialforschung. Reinbek bei Hamburg (= rororo studium Bd. 28)

Galtung, Johan, 1973: Theory and Methods of Social Research. London (Allen & Unwin). 4. Aufl.

Garth, Thomas R., 1916: A Statistical Study of the Contents of Newspapers. School and Society 3, 140–144

Garver, Richard A., 1958: The Labor Press as a Leadership Tool. Journalism Quarterly 35, 324–332

Garver, Richard A., 1961: Polite Propaganda: «USSR» and «America Illustrated». Journalism Quarterly 38, 480–484

Gerbner, George, Ole R. Holsti, Klaus Krippendorff, William J. Paisley, Philip J. Stone (Hg.), 1969: The Analysis of Communication Content. Developments in Scientific Theories and Computer Techniques. New York (Wiley)

Gieber, Walter, 1955: Do Newspapers Overplay «Negative» News? Journalism Quarterly 32, 311–318

Gillie, Paul J., 1957: A Simplified Formula for Measuring Abstraction in Writing. Journal of Applied Psychology 41, 214–217

Ginglinger, Genevieve, 1955: Basic Values in «Reader's Digest», «Selection» and «Constellation». Journalism Quarterly 32, 56–61

Goffman, Erving, 1969: Strategic Interaction. Philadelphia (University of Pennsylvania Press)

Goldberg, Janice B., 1966: Computer Analysis of Sentence Completions. Journal of Projective Technique and Personal Assessment 30, 37–45

Gray, W. S., Bernice E. Leary, 1935: What Makes a Book Readable. Chicago (University of Chicago Press)

von Greiff, Bodo, 1976: Gesellschaftsform und Erkenntnisform. Frankfurt am Main

Grünzig, H. J., H. Kächele, U. Büscher, 1976: Methodische Probleme bei der Anwendung der Inhaltsanalyse in der psychoanalytischen Verlaufsforschung. In: Deichsel und Holzscheck 1976, 12–32

Gunning, Robert, 1952: The Technique of Clear Writing. New York (McGraw-Hill)

Hagemann, Walter, 1958: Der Wochenrhythmus der westdeutschen Tagespresse. Publizistik 3, 259–271

Harder, Theodor, 1965: Prognose der Anzeigenresonanz aus ihrem Inhalt. forschen, planen, entscheiden 4, 150–155

Harder, Theodor, 1974: Werkzeug der Sozialforschung. München

Hart, Jim A., 1961: The Flow of International News into Ohio. Journalism Quarterly 38, 541–543

Hart, Jim A., 1966: Foreign News in U.S. and English Daily Newspapers: A Comparison. Journalism Quarterly 43, 443–448

Hartmann, Heinz (Hg.), 1967: Moderne amerikanische Soziologie. Neuere Beiträge zur soziologischen Theorie. Stuttgart

Harvey, John, 1953: The Content Characteristics of Bestselling Novels. Public Opinion Quarterly 17, 91–114

Haskins, Jack B., 1961: A Simple Technique for Describing Time Trends. Journalism Quarterly 38, 83–84

Hauge, Ragnar, 1962: Kriminalstoffet i pressen. Tidsskrift for samfunnsforskning 3, 193–214

Hays, William L., 1973: Statistics for the Social Sciences. London, New York (Holt, Rinehart and Winston). 2nd ed.

Hayworth, Donald, 1930: An Analysis of Speeches in the Presidential Campaigns from 1884 to 1920. Quarterly Journal of Speech 16, 35–42

Herkner, Werner, 1974: Inhaltsanalyse. In: van Koolwijk und Wieken-Mayser 1974, 158–191

Herkner, Werner, 1975: Einführung in die Sozialpsychologie. Bern (Verlag Hans Huber)

Hirsch, Walter, 1958: The Image of the Scientist in Science Fiction: A Content Analysis. American Journal of Sociology 63, 506–512

Hoffmann, Dietram, Michael Müller-Töpler, 1976: Textanalysesystem «Passat». Automatische Selektion von Stichwörtern aus Texten. In: Deichsel, Holzscheck 1976, 90–122

Hofstätter, Peter R., 1957: Gruppendynamik. Reinbek bei Hamburg (= rde Bd. 38, 1.–11. Aufl.)

Hofstätter, Peter R., 1963: Einführung in die Sozialpsychologie. Stuttgart

Hofstätter, Peter R., 1971: Psychologie. Frankfurt am Main (Fischer Lexikon)

Holsti, Ole R., 1964: An Adaptation of the «General Inquirer» for the Systematic Analysis of Political Documents. Behavioral Science 9, 382–388

Holsti, Ole R., 1968: Content Analysis. In: Lindzey, Aronson 1968, 596–692

Holsti, Ole R., 1969: Content Analysis for the Social Sciences and Humanities. Reading, Mass. (Addison-Wesley)

Holzer, Horst, Reinhard Kreckel, 1967: Jugend und Massenmedien. Eine inhaltsanalytische Betrachtung der Jugendzeitschriften Bravo und Twen. Soziale Welt 18, 199–215

Hörmann, Hans, 1970: Psychologie der Sprache. Berlin, Heidelberg, New York

Hubert, Lawrence, 1972: Some Extensions of Johnson's Hierarchical Clustering Algorithms. Psychometrika 37, 261–274

Hund, Wulf D., 1968: Zur Sprache der NPD. Eine Analyse des Parteiorgans «Deutsche Nachrichten». Blätter für Deutsche und Internationale Politik 13, 183–189

Iker, Howard P., Norman I. Harway, 1965: A Computer Approach towards the Analysis of Content. Behavioral Science 10, 173–182

Iker, Howard P., Norman I. Harway, 1969: A Computer Systems Approach toward the Recognition and Analysis of Content. In: Gerbner u. a. 1969, 381–406

Janis, Irving, Raymond Fadner, 1942: A Coefficient of Imbalance for Content Analysis. Library of Congress. Experimental Division for the Study of War-Time Communications, Document No. 31. Washington D. C. Abgedruckt unter demselben Titel in: Psychometrika 8 (1943), 105–119. Ebenfalls abgedruckt unter dem Titel: The Coefficient of Imbalance. In: Lasswell, Leites u. a. 1949, 153–169

Johnson, George R., 1930: An Objective Method of Determining Reading Difficulty. Journal of Educational Research 21, 283–287

Johnson, Stephen C., 1967: Hierarchical Clustering Schemes. Psychometrika 32, 241–254

Johnson, W., 1944: Studies in Language Behavior. I. A Program of Research. Psychological Monographs 56

Jones, Robert L., Roy E. Carter, 1959: Some Procedures for Estimating «News Hole» in Content Analysis. Public Opinion Quarterly 23, 399–403

Kaeding, F. W., 1897: Häufigkeitswörterbuch der deutschen Sprache. Berlin-Steglitz. Neuabdruck in: Grundlagenstudium in Kybernetik und Geisteswissenschaft 4 (1963), Beiheft

Kaplan, Abraham, Joseph M. Goldsen, 1949: The Reliability of Content Analysis Categories. In: Lasswell, Leites u. a. 1949, 83–112

Kearl, Bryant, 1948: A Closer Look at Readability Formulas. Journalism Quarterly 25, 344–348

Keiler, Peter, 1975: Ertels «Dogmatismus-Skala». Eine Dokumentation. Psychologische Rundschau 26, 1–25

Kellerer, Hans, 1963: Theorie und Technik des Stichprobenverfahrens. Eine Einführung unter besonderer Berücksichtigung der Anwendung auf soziale und wirtschaftliche Massenerscheinungen. München. 3. Aufl.

Kingsbury, Susan Myra, Hornell Hart and Associates, 1933: Measuring the Ethics of American Newspapers. I. Spectrum Analysis of Newspaper Sensationalism. Journalism Quarterly 10, 93–108

Kingsbury, Susan Myra, Hornell Hart and Associates, 1937: Newspapers and the News: An Objective Measurement of Ethical and Unethical Behavior by Representative Newspapers. New York (Putnam's Sons)

Kirsch, Werner, 1970: Entscheidungsprozesse. Band 2: Informationsverarbeitungstheorie des Entscheidungsverhaltens. Wiesbaden

Klare, George R., 1963: The Measurement of Readability. Ames (Iowa State University Press)

Klare, George R., Byron Buck, 1954: Know Your Reader. The Scientific Approach to Readability. New York (Hermitage House)

König, René (Hg.), 1972 a: Das Interview. Formen, Technik, Auswertung. Köln. 7. Aufl. (Praktische Sozialforschung Bd. 1)

König, René (Hg.), 1972 b: Beobachtung und Experiment in der Sozialforschung. Köln. 8. Aufl. (Praktische Sozialforschung Bd. 2)

König, René (Hg.), 1973: Handbuch der empirischen Sozialforschung. Band 2: Grundlegende Methoden und Techniken. Erster Teil. Stuttgart. 3. Aufl.

König, René (Hg.), 1974 a: Handbuch der empirischen Sozialforschung. Band 3 a: Grundlegende Methoden und Techniken. Zweiter Teil. Stuttgart. 3. Aufl.

König, René (Hg.), 1974 b: Handbuch der empirischen Sozialforschung. Band 3 b: Grundlegende Methoden und Techniken. Dritter Teil. Stuttgart. 3. Aufl.

König, René (Hg.), 1974 c: Handbuch der empirischen Sozialforschung. Band 4: Komplexe Forschungsansätze. Stuttgart. 3. Aufl.

van Koolwijk, Jürgen, Maria Wieken-Mayser (Hg.), 1974: Techniken der empirischen Sozialforschung, Bd. 3: Erhebungsmethoden: Beobachtung und Analyse von Kommunikation. München

Koszyk, Kurt, 1962: Die Inhaltsanalyse der deutschen Presse. Publizistik 7, 142–146

Koszyk, Kurt, 1965: Zur Inhaltsanalyse der deutschen Presse während des Wahlkampfes 1961. Publizistik 10, 404–411

Kracauer, Siegfried, 1952: The Challenge of Qualitative Content Analysis. Public Opinion Quarterly 16, 631–642

Kris, Ernst, Howard White, Hans Speier, Margaret Otis, Hans Herma, 1944: German Radio Propaganda. New York

Kriz, Jürgen, 1973: Statistik in den Sozialwissenschaften. Reinbek bei Hamburg (= rororo studium Bd. 29)

Kriz, Jürgen, 1975 a: Datenverarbeitung für Sozialwissenschaftler. Reinbek bei Hamburg (= rororo studium Bd. 45)

Kriz, Jürgen, 1975 b: Über den Unterschied zwischen Bedeutungsfeldern und Assoziationsstrukturen. Anmerkungen zu Ansgar Weymanns gescheitertem Versuch, ein neues Verfahren der Inhaltsanalyse zu entwickeln. Kölner Zeitschrift für Soziologie und Sozialpsychologie 27, 312–317

Küchenhoff, Erich, u. a., 1972: Bild-Verfälschung. Frankfurt am Main. 2 Bde.

von Kutschera, Franz, 1975: Sprachphilosophie. München

Laffal, Julius, 1960: The Contextual Associates of Sun and God in Schreiber's Autobiography. Journal of Abnormal and Social Psychology 61, 474–479

Laffal, Julius, 1965: Pathological and Normal Language. New York (Atherton)

Lasswell, Harold D., 1927: Propaganda Technique in the World War. London (Kegan Paul, French, Trubner), New York (Knopf)

Lasswell, Harold D., 1938: A Provisional Classification of Symbol Data. Psychiatry 1, 197–204

Lasswell, Harold D., 1941: The World Attention Survey. Public Opinion Quarterly 5, 456–462

Lasswell, Harold D., 1948: The Structure and Function of Communication in Society. In: Bryson 1948, 37–51

Lasswell, Harold D., and Associates, 1942: The Politically Significant Content of the Press: Coding Procedures. Journalism Quarterly 19, 12–23

Lasswell, Harold D., Nathan Leites and Associates, 1949: Language of Politics. Studies in Quantitative Semantics. Cambridge, Mass. (M.I.T. Press)

Lasswell, Harold D., Daniel Lerner, Ithiel de Sola Pool, 1952: The Comparative Study of Symbols. An Introduction. Stanford (Stanford University Press)

Lerner, Daniel, Ithiel Pool, Harold D. Lasswell, 1951: Comparative Analysis of Political Ideologies: A Preliminary Statement. Public Opinion Quarterly 15, 715–733

Lewis, Howard L., 1960: The Cuban Revolt Story: AP, UPI and 3 Papers. Journalism Quarterly 37, 573–578, 664

Lindzey, Gardner, Elliot Aronson (Hg.), 1968: Handbook of Social Psychology. Vol. II. Philippines. 2. Aufl.

Lingenberg, Jörg, 1966: Das Fernsehspiel in der DDR. Rundfunk und Fernsehen 14, 296–323

Lisch, Ralf, 1976: Totale Institution Schiff. Berlin

Lisch, Ralf, 1977: Inhaltsanalyse – Eine kritische Betrachtung des gegenwärtigen Entwicklungsstandes und Ansätze zur weiteren Entwicklung. Bremen (Dissertation)

Lively, Bertha A., S. L. Pressey, 1923: A Method for Measuring the «Vocabulary Burden» of Textbooks. Educational Administration and Supervision 9, 389–398

Lomax, Alan, 1962: Song Structure and Social Structure. Ethnology 1, 425–451

Lorge, Irving, 1939: Predicting Reading Difficulty of Selections for Children: Elementary English Review 16, 229–233

Lorge, Irving, 1944: Predicting Readability. Teachers College Record 45, 404–419

Lorge, Irving, 1949: Readability Formulae – An Evaluation. Elementary English 26, 86–95

Lynch, Mervin D., Atiya Effendi, 1964: Editorial Treatment of India in the New York Times. Journalism Quarterly 41, 430–432

Lyons, John, 1971: Einführung in die moderne Linguistik. München

MacGill Hughes, Helen, 1940: News and the Human Interest Story. Chicago (University of Chicago Press)

Magnus, Uwe, 1965: Periodizität, Aktualität und Universalität im Fernsehen und in der Presse. Rundfunk und Fernsehen 13, 167–172

Magnus, Uwe, 1966: Aussagenanalyse. Eine Untersuchung des 1. Fernsehprogramms. Hamburg

Magnus, Uwe, 1967: Zur Frage der Typologie von Sendeformen in Hörfunk und Fernsehen. Rundfunk und Fernsehen 15, 41–49

Markel, Norman N. (Hg.), 1969: Psycholinguistics. An Introduction to the Study of Speech and Personality. Georgetown (Dorsey)

Mayntz, Renate, Kurt Holm, Peter Hübner, 1972: Einführung in die Methoden der empirischen Soziologie. Opladen. 3. Aufl.

McCall, William A., Lelah M. Crabbs, 1926: Standard Test Lessons in Reading. New York (Teachers College Columbia University Press)

McPherson, W. R., D. C. Dunphy, R. F. Bales, P. J. Stone, D. M. Ogilvie, 1963: A Revised Psychological and Sociological Dictionary for the General Inquirer. Harvard University

Mead, Margaret, Rhoda Métraux (Hg.), 1953: The Study of Culture at Distance. Chicago (University of Chicago Press)

Meier, H., 1964: Deutsche Sprachstatistik (Band I und II). Meisenheim

Merten, Klaus, 1977: Kommunikation. Eine Begriffs- und Prozeßanalyse. Opladen

Mittenecker, Erich, 1951: Eine neue quantitative Methode in der Sprachanalyse und ihre Anwendung bei Schizophrenen. Monatsschrift für Psychiatrie und Neurologie 121

Morris, Charles W., 1938: Foundations of the Theory of Signs. Chicago

Morris, Charles W., 1946: Signs, Language, and Behavior. Englewood Cliffs, N. J. (Prentice-Hall)

Morris, Charles W., 1973: Zeichen, Sprache und Verhalten. Düsseldorf

Murphy, Donald R., 1947: How Plain Talk Increases Readership 45 % to 66 %. Printers' Ink 220, 35–37

Nehnevajsa, Jiri, 1973: Analyse von Panel-Befragungen. In: König 1973, 191–227

Neurath, Paul, 1974: Grundbegriffe und Rechenmethoden der Statistik für Soziologen. In: König 1974 b

Noelle-Neumann, Elisabeth, Winfried Schulz (Hg.), 1971: Publizistik. Frankfurt am Main (Fischer-Lexikon)

North, Robert C., Ole R. Holsti, M. George Zaninovich, Dina A. Zinnes, 1963: Content Analysis. A Handbook with Applications for the Study of International Crisis. Ohne Ort (Northwestern University Press)

Nycander, Svante, 1958: Pressen i tre valörelser. Statsvetenskaplig tidskrift för politik, statistik, ekonomi 40, 85–92

Ogden, C. K., 1932: The Basic Dictionary. London (Kegan Paul)

Osgood, Charles E., 1959: The Representational Model and Relevant Research Methods. In: Pool 1959, 33–88

Osgood, Charles E., Sol Saporta, Jum C. Nunnally, 1956: Evaluative Assertion

Analysis. Litera 3, 47–102

Osgood, Charles E., Lois Anderson, 1957: Certain Relations Between Experienced Contingencies, Associative Structure, and Contingencies in Encoded Messages. American Journal of Psychology 70, 411–420

Osgood, Charles E., George J. Suci, Percy H. Tannenbaum, 1957: The Measurement of Meaning. Urbana (University of Illinois Press)

Pool, Ithiel de Sola, 1951: Symbols of Internationalism. Stanford (Stanford University Press)

Pool, Ithiel de Sola, 1952 a: Symbols of Democracy. Stanford (Stanford University Press)

Pool, Ithiel de Sola, 1952 b: The «Prestige Papers»: A Survey of their Editorials. Stanford (Stanford University Press)

Pool, Ithiel de Sola (Hg.), 1959: Trends in Content Analysis. Urbana, Ill. (University of Illinois Press)

Raimy, V. C., 1948: Self Reference in Counseling Interviews. Journal of Consulting Psychology 12, 153–163

Riesman, David, 1950: The Lonely Crowd. New Haven. Deutsch: Die einsame Masse. Berlin 1956, Taschenbuchausgabe Hamburg 1958 (= rde Bd. 72)

Ritsert, Jürgen, 1972: Inhaltsanalyse und Ideologiekritik. Ein Versuch über kritische Sozialforschung. Frankfurt am Main

Roget, Peter M., 1918: Thesaurus of English Words and Phrases. New York (Longmans, Green)

Rose, Arnold M., 1967: Systematische Zusammenfassung der Theorie der symbolischen Interaktion. In: Hartmann 1967, 219–231

Roshal, Jean J. G., 1953: The Type-Token Ratio as a Measure of Changes in Behavior Variability during Psychotherapy. In: Snyder 1953, 94–104

Ross, Dieter, 1967: Die dritten Fernsehprogramme. Dokumentation und Analyse. Hamburg

Rucker, Bryce W., 1960: News Services' Crowd Reporting in the 1956 Presidential Campaign. Journalism Quarterly 37, 195–198

Rucktäschel, Annamaria (Hg.), 1972: Sprache und Gesellschaft. München

Sanders, Luther W., 1965: A Content Analysis of President Kennedy's First Six Press Conferences. Journalism Quarterly 42, 114–115

Schatz, Heribert, 1971: Tagesschau und Heute. Politisierung des Unpolitischen? In: Zoll 1971, 109–123

Scherer, Klaus R., 1974: Beobachtungsverfahren zur Mikroanalyse non-verbaler Verhaltensweisen. In: van Koolwijk und Wieken-Mayser 1974, 66–109

Scheuch, Erwin K., 1974: Auswahlverfahren in der Sozialforschung. In: König 1974 a, 1–96

Scheuch, Erwin K., Klaus Roghmann, 1969: Inhaltsanalyse. In: Bernsdorf 1969, 459–463

Schlismann, A., 1948: Sprach- und Stilanalyse mit einem vereinfachten Aktionsquotienten. Wiener Zeitschrift für Philosophie, Psychologie und Pädagogik II, 42

Schlosser, Otto, 1976: Einführung in die sozialwissenschaftliche Zusammenhangsanalyse. Reinbek bei Hamburg (= rororo studium Bd. 89)

Schoeck, Helmut, 1971: Soziologisches Wörterbuch. Freiburg im Breisgau. 4. Aufl.

Schramm, Wilbur (Hg.), 1954: The Process and Effects of Mass Communication. Urbana (University of Illinois Press)

Schramm, Wilbur, 1957: Twenty Years of Journalism Research. Public Opinion Quarterly 21, 91–107

Schramm, Wilbur, 1958: Newspapers of a State as a News Network. Journalism Quarterly 35, 177–182

Schulz, Winfried, 1971: Inhaltsanalyse. In: Noelle-Neumann, Schulz 1971, 51–56

Schütz, Alfred, 1971: Gesammelte Aufsätze. Bd. I–III. Den Haag

Schutz, William C., 1958: On Categorizing Qualitative Data in Content Analysis. Public Opinion Quarterly 22, 503–515

Scott, William A., 1955: Reliability of Content Analysis: The Case of Nominal Scale Coding. Public Opinion Quarterly 19, 321–325

Sebeok, Thomas A., 1957: Toward a Statistical Contingency Method in Folklore Research. Indiana University Publications, Folklore Series 9, 130–140

Shannon, Claude E., Warren Weaver, 1949: The Mathematical Theory of Communication. Urbana (University of Illinois Press)

Shannon, Lyle W., 1954: The Opinions of Little Orphan Annie and her Friends. Public Opinion Quarterly 18, 169–179

Shepard, David W., 1956: Henry J. Taylor's Radio Talks: A Content Analysis. Journalism Quarterly 33, 15–22

Sherman, L. A., 1893: Analytics of Literature: A Manual for the Objective Study of English Poetry and Prose. Boston (Ginn)

Shuey, Audrey M., 1953: Stereotyping of Negroes and Whites: An Analysis of Magazine Pictures. Public Opinion Quarterly 17, 281–288

Siegel, Arthur I., Estelle Siegel, 1953: Flesch Readability Analysis of the Major Pre-election Speeches of Eisenhower and Stevenson. Journal of Applied Psychology 37, 105–106

Siegel, Sidney, 1956: Nonparametric Statistics for the Behavioral Sciences. New York (McGraw-Hill)

Silbermann, Alphons, 1974: Systematische Inhaltsanalyse. In: König 1974 c, 253–339

Simmons, George E., 1948: The «Cold War» in Large-City Dailies of the United States. Journalism Quarterly 25, 354–362, 385

Snider, James G., Charles E. Osgood (Hg.), 1969: Semantic Differential Technique. Chicago (Aldine)

Snyder, W. U., 1953: Group Report of a Program of Research in Psychotherapy. Pennsylvania (State College)

Sodeur, Wolfgang, 1974: Empirische Verfahren zur Klassifikation. Stuttgart

Stamm 1976: Presse und Medienhandbuch, Leitfaden durch Presse und Werbung.

Essen. 29. Ausgabe

Stempel, Guido H., 1955: Increasing Reliability in Content Analysis. Journalism Quarterly 39, 449–455

Stempel, Guido H., 1961: The Prestige Press Covers the 1960 Presidential Campaign. Journalism Quarterly 38, 157–163

Stempel, Guido H., 1962: Content Patterns of Small and Metropolitan Dailies. Journalism Quarterly 39, 88–90

Stone, Philip J., Robert F. Bales, J. Zvi Namenwirth, Daniel M. Ogilvie, 1962: The General Inquirer: A Computer System for Content Analysis and Retrieval Based on the Sentence as a Unit of Information. Behavioral Science 7, 484–498

Stone, Philip J., Dexter C. Dunphy, Marshall S. Smith, Daniel M. Ogilvie u. a., 1966: The General Inquirer. A Computer Approach to Content Analysis. Cambridge, Mass. (M.I.T. Press)

Stone, Philip J., Dexter C. Dunphy, Marshall S. Smith, Daniel M. Ogilvie, 1967: User's Manual for the General Inquirer. Cambridge, Mass. (M.I.T. Press)

Stone, Philip J., Cambridge Computer Associates, Inc., J. Kirsch (Technical Editor), 1968: User's Manual for the General Inquirer. Cambridge, Mass. (M.I.T. Press)

Sussmann, Leila A., 1945: Labor in the Radio News: An Analysis of Content. Journalism Quarterly 22, 207–214

Swanson, Charles E., Harland G. Fox, 1953: Validity of Readability Formulas. Journal of Applied Psychology 37, 114–118

Tannenbaum, Percy H., Mervin D. Lynch, 1960: Sensationalism: the Concept and its Measurement. Journalism Quarterly 37, 381–392

Taylor, Wilson L., 1953: «Cloze Procedure»: A New Tool for Measuring Readability. Journalism Quarterly 30, 415–433

Taylor, Wilson L., 1954: KM Readers Lend Hand to Science: «Cloze» Method Works in Written Korean and May Serve as a Tool for Korean Language Reform. Korean Messenger 3, 5–4

Taylor, Wilson L., 1956 a: Recent Developments in the Use of «Cloze Procedure». Journalism Quarterly 33, 42–48, 99

Taylor, Wilson L., 1956 b: Cloze Procedure. Agrisearch 2, 1–4

Taylor, Wilson L., 1957: «Cloze» Readability Scores as Indices of Individual Differences in Comprehension and Aptitude. Journal of Applied Psychology 41, 19–26

Thimme, Hans, 1932: Weltkrieg ohne Waffen. Stuttgart, Berlin

Thorndike, Edward L., 1921: The Teacher's Word Book. New York (Teachers College, Columbia University)

Tiemann, R., 1973: Algorithmisierte Inhaltsanalyse. Prozeduren zur Inhaltsanalyse verbaler Verhaltensweisen. Hamburg

Turksma, L., 1955: Readability Research. Gazette 1, 127–129

Vogel, Mabel, Carleton Washburne, 1928: An Objective Method of Determining Grade Placement of Children's Reading Material. The Elementary School Journal 28, 373–381

Warr, Peter B., Chris Knapper, 1965: A Content Analysis of the English National Daily Press. Gazette 10, 139–147

Washburne, Carleton, Mabel Vogel Morphett, 1938: Grade Placement of Children's Books. Elementary School Journal 38, 355–364

Watzlawick, Paul, Janet H. Beavin, Don D. Jackson, 1969: Menschliche Kommunikation. Bern (Verlag Hans Huber)

Weissenborn, Rainer, 1966: Quantitative Hörspielanalyse. Rundfunk und Fernsehen 14, 276–295

Wersig, Gernot, 1968: Inhaltsanalyse. Einführung in ihre Systematik und Literatur. Berlin

Weymann, Ansgar, 1973 a: Zur Konzeption von politischer Bildung in der Erwachsenenbildung. Eine inhaltsanalytische Studie. Zeitschrift für Soziologie 2, 182–203

Weymann, Ansgar, 1973 b: Bedeutungsfeldanalyse. Versuch eines neuen Verfahrens der Inhaltsanalyse am Beispiel Didaktik der Erwachsenenbildung. Kölner Zeitschrift für Soziologie und Sozialpsychologie 25, 761–776

Weymann, Verena, 1973/74: Das Bild des Verbrechens in Massenmedien: Methodologische Probleme und eine empirische Untersuchung anhand von ausgewählten Zeitschriften. Bielefeld. Soz. wiss. Diplomarbeit

White, Ralph K., 1944: Value Analysis: A Quantitative Method for Describing Qualitative Data. Journal of Social Psychology 19, 351–358

White, Ralph K., 1947: Black Boy: A Value-Analysis. Journal of Abnormal and Social Psychology 42, 440–461

White, Ralph K., 1949: Hitler, Roosevelt, and the Nature of War Propaganda. Journal of Abnormal and Social Psychology 44, 157–174

Willey, Malcolm MacDonald, 1926: The Country Newspaper. A Study of Socialization and Newspaper Content. Chapel Hill (University of North Carolina Press)

Woodward, Julian Laurence, 1930: Foreign News in American Morning Newspapers. A Study in Public Opinion. New York (Columbia University Press)

Zaninovich, M. George, 1962: Pattern Analysis of Variables within the International System: The Sino-Soviet Example. The Journal of Conflict Resolution 6, 253–268

Zaninovich, M. George, 1963: Pattern Analysis and Factor Analysis. In: North u. a. 1963, 105–128

Zoll, Ralf (Hg.), 1971: Manipulation der Meinungsbildung. Opladen

Register

Namenregister

Sachregister

studium rororo

Betriebswirtschaftslehre

rororo studium · Herausgegeben von Ernesto Grassi

Hans Kellerer

Statistik im modernen Wirtschafts- u. Sozialleben

rowohlts deutsche enzyklopädie

- Theorie und Technik der Statistik
- Die Gewinnung des statistischen Ausgangsmaterials
- Statistische Aufbereitungsmethoden
- Verhältniszahlen
- Indexzahlen
- Zeitreihen und ihre Analyse
- Stichprobenverfahren
- Die statistische Messung von Zusammenhängen
- Die Statistik im Wirtschafts- und Sozialleben
- Die amtliche und nichtamtliche Statistik
- Grenzen und Gefahren der Wirtschafts- und Sozialstatistik
- Enzyklopädisches Stichwort: «Geschichte der Statistik»
- Literaturhinweise / Personen- und Sachregister

rowohlts deutsche enzyklopädie Band 103

Politikwissenschaft

rororo studium · Herausgegeben von Ernesto Grassi

Axel Görlitz
Politikwissenschaftliche Propädeutik [25]

Inhalt:

Zur Logik der Politikwissenschaft

- Das Sprachproblem
- Das Wertproblem
- Das Methodenproblem
- Das Theorieproblem

Normative, universalistische, kritische und
rationalistische Theorien

- Das Erkenntnisproblem
- Das Rationalitätsproblem

Vom Gegenstand der Politikwissenschaft

- Reduzierte Komplexität
- Struktureller und funktionaler Ansatz
- Stabilisierte Verhaltensmuster. Differenzierung,
  Institutionalisierung und Organisierung
- Funktionale Analyse
- Politisches System

Politische Willensbildung, Ökonomie, Partizipation,
Kultur, Sozialisation und Reflexivität

- Über den Verfasser
- Bibliographie

studium rororo

Psychoanalyse

rororo studium · Herausgegeben von Ernesto Grassi

Rechtswissenschaften

rororo studium · Herausgegeben von Ernesto Grassi

Thomas Blanke / Rainer Erd /
Ulrich Mückenberger / Ulrich
Stascheit (Hg.) (Univ. Frankfurt)
Kollektives Arbeitsrecht
Quellentexte zur Geschichte des
Arbeitsrechts in Deutschland
Band 1 (1840–1932) [74]
Band 2 (1933–1974) [75]

Anne-Eva Brauneck
(Univ. Gießen)
Allgemeine Kriminologie [57]

Erhard Denninger
(Univ. Frankfurt/Main)
Staatsrecht 1
Einführung in die Grundprobleme
des Verfassungsrechts der
Bundesrepublik Deutschland **[34]**

Bernhard Grossfeld
(Univ. Münster)
**Praxis des Internationalen Privat-
und Wirtschaftsrechts [67]**
Rechtsprobleme multinationaler
Unternehmen

Winfried Hassemer
(Univ. Frankfurt/Main)
**Strafrechtsdogmatik und
Kriminalpolitik [56]**

Martin Kriele (Univ. Köln)
Einführung in die Staatslehre [35]
Die geschichtlichen Legitimitäts-
grundlagen des demokratischen
Verfassungsstaates

Karl Kroeschell (Univ. Göttingen)
**Deutsche Rechtsgeschichte 1
(bis 1250) [8]
Deutsche Rechtsgeschichte 2
(1250–1650) [9]**

Niklas Luhmann (Univ. Bielefeld)
Rechtssoziologie 1 + 2 [1 + 2]

Peter Noll (Univ. Zürich)
Gesetzgebungslehre [37]

Karl-Dieter Opp (Univ. Hamburg)
Soziologie im Recht [52]

Peter Raisch (Univ. Bonn)
Unternehmensrecht 1 + 2
Band 1. Unternehmensprivatrecht:
Handels- und Gesellschaftsrecht
[46]
Band 2. Aktien- und Konzern-
recht. Mitbestimmung
und Fusionskontrolle **[47]**

Eberhard Schmidhäuser
(Univ. Hamburg)
Einführung in das Strafrecht [12]

Klaus Tiedemann (Univ. Gießen)
**Subventionskriminalität in der
Bundesrepublik**
Erscheinungsformen, Ursachen
und strafrechtliche Folgerungen
[53]
**– Wirtschaftsstrafrecht und Wirt-
schaftskriminalität 1 + 2**
1. Allgemeiner Teil **[85]**
2. Besonderer Teil **[86]**